集人文社科之思　刊专业学术之声

集 刊 名：中华文化海外传播研究
主办单位：大连外国语大学中华文化海外传播研究中心
主　编：刘　宏　张恒军　唐润华
执行主编：郑　敏
副 主 编：芦思宏

Chinese Culture Overseas Communication No.7

■ 总第七辑

集刊序列号：PIJ-2018-254

中国集刊网：www.jikan.com.cn

集刊投约稿平台：www.iedol.cn

中华文化海外传播研究

CHINESE CULTURE
OVERSEAS COMMUNICATION
No.7

总第七辑

刘宏　张恒军　唐润华　主编

大连外国语大学中华文化海外传播研究中心　主办

社会科学文献出版社
SOCIAL SCIENCES ACADEMIC PRESS (CHINA)

卷首语

深度挖掘中华文明的世界影响力

张恒军*

自文化曙光时代开始，直至近代以前，中华文明向来以其丰富多彩、博大精深的内涵影响友邦，以其灿烂辉煌的底蕴辐射四邻、泽被远方，持续传播海外，对世界文明做出了极为重要的贡献。即使在近代经历了西方文化的强烈冲击，发生了历史性嬗变，中华文明仍能在不断的自我更新中绵延发展、传承不绝，推动创造了人类文明新形态。

中华文明何以数千年持续不断地发展传播、发扬光大、道统不绝，在世界文明之林中独树一帜？这需要研究者向过去致敬、向历史回眸，正本清源，厘清从古至今中华文明从发源、发展到传播至海外，进而影响世界文明发展格局的脉络，真正深入体会中华文明的伟大魅力。

如何厘清这数千年来由祖先创造流传下来的极为丰富的文化形态和文化内容，从纷繁芜杂的浩瀚史海中钩沉线索？武斌先生毕生致力于这项极具挑战性的工作，已出版著作数十种，近年出版的著作有：《故宫学与沈阳故宫》《丝绸之路全史》《中华文化海外传播史》《文明的力量：中华文明的世界影响力》《孔子西游记：中国智慧在西方》《中华传统文化传承史纲》等。其中《丝绸之路全史》入选中国出版协会"2018 年度中国 30 本好书"，《文明的力量：中华文明的世界影响力》入选《中国新闻出版广电报》2019 年度好书、"中国好书"2019 年 9 月月榜图书。他最近出版了

---

* 张恒军，大连外国语大学中华文化海外传播研究中心教授，研究方向为中华文化国际传播。

《记疫：祈祷、隔离与共生》《瘟疫与人类文明的进程》《孔子西游记：中国智慧在西方》等著作，目前还在写一本《西方典籍里的中国》。

在深度挖掘中华文明世界影响力的研究中，武斌聚焦中华文明在世界各地的传播与影响，从中华文明在其他民族文化中所发挥的作用来切入，并迈向更多元、更广阔的场域。他善于从众多古老传说和历史故事中找到灵感，从"物种与物产""技术发明""典籍与教育""思想与艺术"等方面对中华优秀传统文化进行概括总结，并从物质文明开始讲起。所谓物质文明，包括中国原生的物种，无论黄河流域最早栽培的粟，还是在湖南发现的世界上最古老的稻谷，都并非自然生长的作物，而是经过人工培育而成，其中包含复杂的农耕技术和生产组织方式。而物产方面，最广为人知的莫过于丝绸、瓷器、茶叶，它们甚至可以说是中国传统文化的符号。从"驼铃古道丝绸路"的丝绸，到"且将新火试新茶"的茶叶，再到"陶舍重重倚岸开，舟帆日日蔽江来"的瓷器，武斌研究中华文明在长期大量向国外输出的过程中，是如何从生活习惯到审美文化，影响世界各族人民的生活的。这些研究沿着从物质、技术到思想、艺术的脉络，形成了武斌先生的代表作之一《文明的力量：中华文明的世界影响力》，这本书是在全球视野下思考和深挖中华文明对世界的影响力，是一部中华文明的微型百科全书。

本期稿件，我们得到了北京外国语大学中华文化国际传播研究院特聘教授、沈阳故宫博物院原院长、中国中外关系史学会副会长武斌，清华大学新闻与传播学院教授、副院长史安斌，中国人民大学新闻学院教授、副院长李彪，教育部长江学者特聘教授、杭州师范大学外国语学院教授施旭，中国对外文化集团有限公司新闻总监王洪波，大连理工大学人文与社会科学学部教授、副部长武文颖，四川外国语大学新闻传播学院教授刘昊，中南财经政法大学新闻与文化传播学院教授吴玉兰等诸位学者、专家的大力支持，同时还要特别感谢中国人民大学教授、副校长胡百精的大力支持。各位专家学者在百忙之中为集刊建设出谋划策，撰写稿件，在此深表感谢！

《中华文化海外传播研究》是以中华文化的海外传播为研究对象，由大连外国语大学中华文化海外传播研究中心组织编撰，社会科学文献出版社出版发行，是我国中华文化海外传播领域唯一的学术集刊，集中推出当前中华文化海外传播领域研究的最新成果。自 2018 年起，《中华文化海外传播研究》已被 CNKI（中国知网）中国期刊全文数据库全文收录。我们愿与各位同仁一道，携手前行，共同推动中华文化海外传播事业的健康发展！

目录
Contents

◆ **本期特稿**

中华文明对西方的激励与启发 ……………………… 武　斌 / 1

全球传播视野下的城市国际化策略与世界名城战略

  ——杭州国际化的历史经验与未来构想

  ………………………………… 施　旭　钱莹超 / 19

文化折扣视域下的国家形象片传播效果研究

  ——基于认知神经科学的实验手段 …………… 李　彪 / 36

◆ **名家访谈**

中华文化海外传播研究的历史与未来

  ——武斌教授访谈录 ………………… 郑　敏　李小男 / 48

由跨向转：新时代跨文化传播理论升维与实践创新

  ——史安斌教授访谈录 ………………… 蔡馥谣 / 61

◆ **中华文化"走出去"研究**

中华文化艺术国际传播的四个关键词 …………… 王洪波 / 75

中华传统文化中的人本精神与当代价值 ………… 林　刚 / 83

李白酒诗国际传播的三次飞跃 ………………… 卢　婕 / 92

◆ **"一带一路"传播研究**

大型纪录片《一带一路》国际传播策略研究

  ………………………………… 武文颖　梁　路 / 109

21 世纪全球传播秩序研究的回顾与展望

　　——基于中国知网文献的知识图谱分析

　　………………………………… 刘　昊　孙逸潇 ／ 129

"一带一路"背景下中国国际贸易故事的主题建构

　　——以《海上丝路看深商》为例 … 吴玉兰　陈佩芸 ／ 147

◆ **跨文化传播研究**

数字游戏的跨文化：技术、文本与交互 ……… 张　路 ／ 159

新时代国际传播和跨文化传播的研究视角创新

　　——基于乌尔里希·贝克的世界主义理论 … 吴潇阳 ／ 181

国际传播语境下中国当代体育电影艺术研究 … 张　帅 ／ 202

◆ **汉语国际传播研究**

中文国际传播的命运共同体：新时代孔子学院品牌的

　　"距离"调适 ……………… 张恒军　刘　宏　傅　琼 ／ 218

越南汉语国际传播现状及对策

　　——以河内大学孔子学院为例 …… 谢春辉　罗　军 ／ 236

◆ **海外汉学研究**

叶维廉传释学理论与国际传播能力建设 ……… 于　伟 ／ 247

初始规范视角下婚礼礼制的文化传递

　　——以《左传》最新合译本为例 … 陶　源　崔　珊 ／ 264

韩国学界"扬州八怪"研究综述 ……………… 宗千会 ／ 280

◆ **本期发布**

2020—2021 年度中华文化国际传播十大案例

　　……………… 唐润华　韩　蕾　冯明惠　张恒军 ／ 292

征稿启事 ……………………………………………… 297

中华文明对西方的激励与启发

武　斌[*]

摘　要： 中华文化是持续传播的文化，最早可以追溯到新石器时代。中国的产品运到西方，包括瓷器、茶叶、丝绸、漆器和其他工艺品，对西方的物质生活产生了巨大影响。同时，传教士来华极大程度地沟通了中西方的文化，以万历年间的利玛窦为首，欧洲先后有1000余位传教士来到中国，对中华文化的传播产生了积极作用。中华文化的海外传播，呈现出时间长、范围广的特点，中华文化海外传播的历史是没有间断的历史，其在各个时期有不同的文化内容，以不同的形式传播到不同的区域，这个过程呈现出波浪曲线。中华文化能够长期进行海外传播，在于其先进性，中国创造的器物文化、艺术文化、制度文化，丰富了西方的物质生活和精神世界。

关键词： 中华文化　中西交流　世界文明　文化传播

一

马克思和恩格斯在《共产党宣言》中说：

美洲的发现、绕过非洲的航行，给新兴的资产阶级开辟了新天

---

* 武斌，现任北京外国语大学中华文化国际传播研究院特聘教授、研究员，兼任北京中外文化交流研究基地特聘研究员、上海师范大学丝绸之路研究中心研究员、黑河学院远东研究院客座教授。曾经担任辽宁省社会科学院副院长、沈阳市文史研究馆副馆长、沈阳故宫博物院院长、中国中外关系史学会副会长、辽宁省文联副主席等职务。

地。东印度和中国的市场、美洲的殖民化、对殖民地的贸易、交换手段和一般商品的增加，使商业、航海业和工业空前高涨，因而使正在崩溃的封建社会内部的革命因素迅速发展。①

在马克思和恩格斯之前，18 世纪英国经济学家、哲学家亚当·斯密（Adam Smith）也说过同样意思的话："美洲的发现及绕好望角到东印度通路的发现，是人类历史上最大而又最重要的两件事。"②

发现新大陆和开辟新航路，是世界历史上最重大的事件之一。人类正是从那个时刻开始了大航海运动，开始了空前的向海洋的大进军，千帆竞发，百舸争流，数不清的大帆船游弋在广袤的海洋上，把数不清的巨量物质财富从东方搬运到西方。从那以后的 16 ～ 18 世纪，西方世界经历了一场全面的、历史性的伟大变革。这场变革的直接结果，就是创造了完全不同于中世纪传统文化的西方近代文化，创造了一种体现资本主义发展形态的物质文明和精神文明。"这是一个发现的时代，一个对人类的未来产生无法估量的重大意义的时代。"③

16 ～ 18 世纪西方文化的这一转折性变化，不仅对西方社会历史产生影响，而且对整个人类历史产生巨大的影响。实际上，虽然近代文明一开始是在欧洲萌发的，但资本主义所创造的不是一个地域的文明，而是一个世界性文明。正像马克思和恩格斯所指出的："资产阶级，由于一切生产工具的迅速改进，由于交通的极其便利，把一切民族甚至最野蛮的民族都卷到文明中来了。"④ 从此，过去相对隔绝的各大洲、各民族都在大帆船的贸易中连接起来，形成了全球性的贸易体系，世界经济进入全球化的时代，各民族也在普遍的交往中实现了文明的交流和共享。

这是一个激动人心的时代，是人类文明全球性大变革的时代。现代的

---

① 《马克思恩格斯选集》（第 1 卷），人民出版社，2012，第 401 页。
② 〔英〕亚当·斯密：《国民财富的性质和原因的研究》下卷，郭大力、王亚南译，商务印书馆，1974，第 194 页。
③ 〔美〕邓恩：《从利玛窦到汤若望——晚明的耶稣会传教士》"著者前言"，余三乐、石蓉译，上海古籍出版社，2003，第 1 页。
④ 《马克思恩格斯选集》（第 1 卷），人民出版社，2012，第 404 页。

历史学家们都把发现新大陆和开辟新航路作为现代社会文明的起点，作为人类社会从古代中世纪向现代文明发展的转折点。我们今天仍然生活在从那个转折点开始的现代文明的时代。

大航海是由欧洲人发动的，新航路和新大陆是由欧洲人发现的，因此也可以认为是欧洲人创造了那个世界历史的转折点，现代文明是从西方发轫的。这正是西方人引以为傲的地方。但是，对于历史现象的认知，还需要进一步探究，欧洲人最初发动大航海运动的目的是什么？他们为什么一代又一代人，前赴后继，不畏艰险，冒着惊涛骇浪，去寻找新的航路，去陌生的大陆探险？

自古罗马时代开始，2000 多年来，与东方的贸易就是欧洲重要的财富来源。漫长的丝绸之路，承载着大陆两端各民族的交往、交换和交流。世世代代都有无数的商队行走在丝绸之路上，促进各民族的经济发展和文化繁荣。特别是 13～14 世纪的元帝国时代，更是东西交流大畅通的时代。但是，14 世纪后半期，传统的丝绸之路受到阻碍，于是，他们踏上了陌生的旅途，走向远方，去寻找新的通往东方的航线。寻访东方是大航海这篇壮丽史诗的灵魂。

这是远方"契丹"的诱惑，是东方财富的召唤。与其说欧洲人发现了新航路和新大陆，最初是出于自身文明扩张的意愿，不如说这是出于东方文明的巨大引力。他们是被东方的引力吸引而来。有一位英国学者说："现代的航行地理学者实导源于当时探寻契丹的热诚。"

寻找东方是他们一代又一代人的梦想。在这个时候，在寻找"契丹"的激励下，马可·波罗的传奇再次唤醒他们深刻的历史记忆，这个"文化基因"再次被"激活"了。于是，16 世纪大航海时代的来临，第一次建立了全球性的交通和贸易体系，世界迎来了全球化时代的第一次浪潮。

欧洲人找到了通往东方的新航路，开始了大规模的远程贸易。最初，他们的目标是产自印度、东南亚的香料，这是市场巨大、利润巨大的商品。但是，在他们进一步深入东方，来到中国的时候，又发现了丰富、高雅的中国商品，精美的丝绸、瑰丽的瓷器和飘香的茶叶，成为他们竞相追逐的目标。于是，在他们进行贸易的商品中，香料的比重逐渐让位于中国的这"三大商品"，中国成为他们远程贸易的最后目的地。出口的中国商品，不仅有丝绸、瓷器和茶叶，还有其他各种各样的农副产品、手工业产品和精美的工艺品、艺术品。包括棉、麻、毛纺织品，服装衣物、食品香料、家具漆器、珠宝首饰、生活日用品、工艺美术品、药品和中草药，等等，几乎涵盖了日常生活领域的各个方面，另外，还有火炮、火器等军需品。

美国学者菲利普·D. 柯丁（Philip D. Curtin）指出："跨文化领域的贸易与交易在人类历史上扮演着一个关键性的角色，抛开军事征服不可估量但略显消极的影响不说，它可能是引起历史变迁的最为重要的外部因素。"①

从 16 世纪初开始一直持续了 3 个多世纪的远东贸易，为西欧各国积累了大量的财富，这为它们完成资本原始积累、开始现代工业化进程奠定了雄厚的物质基础。而中国为这个时期的全球贸易贡献了巨大的物质财富。

二

来自遥远中国的、充满异国情调的、新颖奇特的各类物产，大大地开阔了人们的眼界，丰富了人们的知识，满足了人们极大的好奇心。所以，在那个时代，痴迷地追逐新奇的中国物品，在生活的各个领域、各个方面拥有、收藏、使用、品评鉴赏中国的物品，成为社会普遍的时尚。

大量的中国商品在涌进欧洲后，成为在当时的欧洲人看来时髦、时尚、流行的东西。在那个时候，拥有和享用来自中国的商品，是一种身份的标志，是跟上时代的象征。中国物品是高雅与先进的象征，人们以拥有中国物品为时尚和荣耀。欧洲大陆上，掀起了一股持续两个多世纪的充满异域风情的时尚"中国风"。

早在古罗马时代，中国丝绸就在罗马的社会生活中引起了巨大的波澜，形成了一种社会风尚，这种追求异域风情和奢侈浮华的风气弥漫于整个社会。也可以说，这是中国文化在欧洲掀起的第一股"中国风"，这股

---

① 〔美〕菲利普·D. 柯丁：《世界历史上的跨文化贸易》，鲍晨译，山东画报出版社，2009，第 1 页。

"中国风"以丝绸为主要载体,虽然当时的人们还不知道"中国"。有一位法国学者说:"自从罗马的贵族夫人们身穿透明罗纱以来,欧洲就已经非常向往中国了。"①

在世界文明的历史上,曾有过几次大的"中国风"流行。比如在奈良时代的日本出现的"全面唐化"风潮,在幕府时代的日本出现的"唐物趣味",在元帝国时代的波斯即伊儿汗王朝时代出现的"中国风情",等等。这几次"中国风"的共同特征是,中华文化的传播和影响,是通过进入消费领域的具体物质载体实现的。因而,其具有这样四个特征:一是深入公众的日常生活层面,部分地成为当地人们日常生活的组成部分,甚至改变人们的生活方式;二是以贸易的形式,使大宗的中国物品进入消费领域,并且成为人人喜爱的物品;三是带有明显的美学性质,部分地改变了人们的审美情趣;四是带有大众文化的特征,成为一个时期内人们争先恐后谈论、模仿、追逐的社会时尚。而所有这些,都是源于当地人们对于"中国"的想象,以及对于来自遥远中国的"异国情调"的向往。中国也适时地提供了可以看得到、摸得着的带有鲜明中国文化色彩的创造物,起先是丝绸,而后是瓷器、漆器、茶叶以及其他许许多多美好的东西。

与之前的几次"中国风"相比,17~18世纪欧洲流行的"中国风"影响更广泛,持续的时间更长。这股"中国风",深入人们的日常生活领域:家里摆着中国的瓷器,聚会时喝着中国茶,穿着中国丝绸制作的服装。还影响到当时的舆论场,当时的各种报刊和其他出版物,都以谈论中国为时髦的话题。

"18世纪的欧洲以享有中国器物为时尚,它不仅表现在对政府中理性的儒家道德与慈善专制的理想化印象,其中还包括对中国艺术、建筑风格、陶瓷、家具及装饰艺术的狂热追求。"② 人们生活在充满中国情调的气氛之中。遥远的东方、遥远的中国,改变了欧洲人的生活方式,创造了欧洲人的新生活。商业的沟通从来就是文化的交流。"贸易总是包含着文化

---

① 〔法〕F.-B.于格、E.于格:《海市蜃楼中的帝国——丝绸之路上的人、神与神话》,耿昇译,喀什维吾尔文出版社,2004,第5页。
② 〔美〕费正清等:《东亚文明:传统与变革》,黎鸣等译,天津人民出版社,1992,第247页。

影响的复杂趋势。"① 从商品的形式来看，无论以自然形态出现的物产、原料，还是被赋予劳动价值和文化要素的人工产品，都会对交易的双方产生文化的影响。自然产品，可以丰富和改善人们的生活，同时也造成了人们生活习惯的变迁；人工产品，更是直接传递了不同文明的文化信息，不但会影响人们的生活方式，而且会在更深层次的领域对人们的理念、情感产生重要影响。通过贸易输入的这些外来商品，可以"刺激当地民族去模仿，采用和改变他们所羡慕的"文明，进而"创造他们自己的文明生活方式"。②

18 世纪法国启蒙思想家孔多塞指出："商业活动给工业、给航海，并且出于一种的链索关系，也给所有的科学以及所有的艺术，都装上了新翅膀。"③ 物质领域的交换和交流，进一步发展为艺术、思想、文化的交流，中华民族创造的精神文化产品也走进了欧洲大陆，成为"公共的财产"，成为"世界的文化"。英国科学史家李约瑟（Joseph Terence Montgomery Needham）也抱有同样的看法，他指出："在 19 世纪初期以前，中国对于欧洲的产品简直毫无需要，而相反地，欧洲却派遣了不少的调查团到中国去探求中国传统工艺（如陶瓷、纺织、印染、茶叶、漆器等等）的奥秘。"④

中国的产品不仅改变了欧洲人的日常生活方式，也改变了欧洲人的文化观念和审美情趣，中国的艺术风格也广为流行，对流行一时的洛可可艺术风格产生了一定影响。而各种工艺品都流行中国风的设计图样，甚至房间的装饰都充满了中国情趣。中国的园林艺术也颇受推崇，出现了所谓"中—英花园"。

英国学者艾兹赫德（S. A. M. Adshead）对这个问题有比较深入的论述，他指出，在 17 ~ 18 世纪，"中国在世界历史上的影响达到了顶峰。……中国在世界历史和世界地理上都引人注目，其哲学、花卉和重农思想受到密切的

---

① 〔美〕威廉·麦克尼尔：《西方的兴起——人类共同体史》上册，孙岳等译，中信出版社，2015，第 174 页。
② 〔美〕威廉·麦克尼尔：《西方的兴起——人类共同体史》上册，孙岳等译，中信出版社，2015，第 174 页。
③ 〔法〕孔多塞：《人类精神进步史表纲要》，何兆武、何冰译，三联书店，1998，第 107 页。
④ 〔英〕李约瑟：《四海之内》，劳陇译，三联书店，1987，第 10 页。

关注，其经验被视为典范。正如法国耶稣会士钱德明神父所言，中国就是'文化界的秘鲁和波托西（Potosi）'"。艾兹赫德还说道："世界历史上任何一个时期都没有像启蒙时期这样，使得中国的商业贸易相对而言如此重要，世界知识界对中国的兴趣如此之大，中国形象在整个世界上如此有影响。"①

三

来往于中国和欧洲之间的商船，劈波斩浪，扬帆渡海，交换着两地人民创造的物质文明成果，也架设着中西文化交流的桥梁。人员的往来在增多，文化信息的交流在增加，而且彼此都增长着进一步互相了解、互相认识的愿望。

大航海时代中的欧洲各国大帆船，绕过好望角，来到亚洲，来到东方，这也大大开阔了他们的眼界，让他们看到了一个以前所不知道的世界，看到了他们以前所不知道的文明。美国学者顾立雅（Herrlee Glessner Creel）指出："东方的发现开阔了欧洲人的视野，正如伏尔泰所生动说明的，它是'一种新的精神的和物质的宇宙'。"② 欧洲人在走向大海、走向东方的过程中，也不断地开阔着自己对于外部世界的认识，扩大着自己的世界眼光和文化胸怀。

在16世纪之前，欧洲人对中国所知不多。早在希腊罗马时代，由于丝绸的关系，欧洲人对遥远的东方和中国，有一些传闻，有一些想象，有一些比较模糊但却很有趣味的认识。在此以后，直到马可·波罗的游记出版，人们开始对他所描述的"大契丹"有了一些了解，更多的是有了一些向往和憧憬，尽管这种向往和憧憬的目标仍然是模糊不清的。而且，相当多的人都把马可·波罗的故事当作一个怪诞的传说。随着16世纪大批欧洲人的东来，欧洲关于中国的知识也逐渐丰富起来。起初是一些旅行家陆续发回了一些关

---

① 〔英〕S. A. M. 艾兹赫德：《世界历史中的中国》，姜智芹译，上海人民出版社，2009，第275～276页。
② 〔美〕顾立雅：《孔子与中国之道——现代欧美人士看孔子》，高专诚译，山西人民出版社，1992，第380页。

于中国的初步印象。到了17世纪以后，大批传教士东来，成为中西文化交流的使者。他们进入中国，发现了一个令人向往的、巨大的、统一的帝国。中华帝国对他们的吸引力，不仅展现在财富与风俗上，还有其作为一个文明国家的各个方面，从器物、制度到思想。这一切都令他们惊叹不已。他们通过书信、著作、翻译等方式，把古老的中国文化介绍给西方，向西方人展示古老而神秘的中华帝国的辉煌画卷。英国学者小约翰·威尔斯（John E. Wills, Jr.）指出："从利玛窦入华起，耶稣会开始接触到中国文明，这是近代世界史初期全球文化沟通的一件大事。"① 艾兹赫德指出："欧洲和中国是那时两个欣欣向荣的世界，通过广州和恰克图，通过北京的耶稣会士，通过清朝对西亚的征服，两者之间的交往日益增多。"② 历史学家许倬云也说："经过这些天主教教士的中介，中西双方的有识之士，方能避免道听途说的虚妄，对于大洋另一端的世界，掌握较为具体的讯息。"③

　　经过传教士们持续深入的研究和介绍，到了17世纪末18世纪初，欧洲关于中国的知识已经比较完整、比较全面了。从中国的地理、历史、行政区划和政治运作，到物产、经济、教育和民间文化，以至于以孔子儒家思想为代表的哲学文化，都得到了比较多的介绍。在中国，欧洲获得了重大的发现。

　　欧洲人为中国的新文明所吸引，并发出由衷的赞叹。法国汉学家毕诺（Virgile Pinot）指出："如果16世纪的人发现了美洲，那么17世纪的人则获得了发现中国的成功。"④ 当时的人们已经认识到这种"发现"的重大意义，传教士曾德昭的《大中国志》出版于17世纪中期，作者在《致读者》中开宗明义地说：

　　　　我把这部期待已久，最真实的大中国法律、政治、风俗，及现在

---

① 〔英〕小约翰·威尔斯：《1688年的全球史》，赵辉译，海南出版社，2004，第194页。
② 〔英〕S. A. M. 艾兹赫德：《世界历史中的中国》，姜智芹译，上海人民出版社，2009，第314页。
③ 许倬云：《万古江河——中国历史文化的转折与开展》，上海文艺出版社，2006，第231页。
④ 〔法〕维吉尔·毕诺：《中国对法国哲学思想形成的影响》，耿昇译，商务印书馆，2000，第212页。

情况的历史献给你。……（我敢于说）自从美洲发现以来，这是我们世界的最有价值的发现；因此今天远东和西方一样，也得到揭示，并向现世开放。①

阎宗临指出："中国的被发现……起源于两种迥然不同而又平行存在的精神。一方面是唯利是图的精神，一种对财富疯狂追求的精神，它推动着人们来到中国的沿海；另一方面，是一种企图向全人类传播福音的精神。"② 正是这两种"精神"，形成了这一时期中西文化交流的基本特点：成千上万的商船航行在广袤的大海之上，在中国"发现"了巨大而丰富的物质财富，从而形成大规模的物质文化交流；一代又一代传教士背井离乡，来到遥远而陌生的神秘土地，在中国"发现"了发达而丰富的灿烂文化，从而形成大规模的精神文化交流。于是，中国与欧洲，进入从物质到精神的全面相遇、相识的大交流时代。而一位美国历史学家认为，没有亚洲就没有今日的西方文化，只是在西方掌握了这个世界以后，他们编造出了"东方与西方""现代与传统"这样二元对立的模式，真实的历史其实不是这样的。

16~18世纪的中国，正处在古代封建社会发展的最后一个高峰，一切都还显得那么成熟、完备和强大，显得那么气度恢宏和辉煌灿烂。许倬云说："明代的中国，各方面的发展都已到达极致。"③ 在这一时期的世界文化总体格局中，无论就发展的成熟程度来说还是就创造的文明成果来说，中国文化都明显高于西方文化。"到1700年，中国仍是一派强大繁荣的太平盛世景象，古已有之的法规、习俗和文化仍按其古老的传统正常发展着。"④ "西方在17世纪时，各方面并不比中国占据优势，中西在这个时代有许多相互学习的机遇和内容。"⑤ 英国学者赫德逊（G. F. Hudson）指出：

① 〔葡〕曾德昭：《大中国志》"致读者"，何高济译，上海古籍出版社，1998，第1页。
② 阎宗临：《传教士与法国早期汉学》，大象出版社，2003，第32页。
③ 许倬云：《历史大脉络》，广西师范大学出版社，2009，第97页。
④ 〔美〕威廉·麦克尼尔：《西方的兴起——人类共同体史》下册，孙岳等译，中信出版社，2015，第666页。
⑤ 〔法〕谢和耐：《中国与基督教——中西文化的首次撞击》（增补本），耿昇译，上海古籍出版社，2003，第4页。

在 18 世纪的一段时期内，中国在巴黎比起欧洲在北京来，在文化上是一个更强大的国家。这是中国古代文化的晚期。18 世纪的古老中国伸张出去并且迷惑了它的未来的征服者，给欧洲文化留下了不可磨灭的痕迹。①

艾兹赫德也说：

……这时中国在世界历史上的影响达到了顶峰。启蒙时期的中国是世界中的世界，这为她对世界上其他国家产生影响提供了最理想的条件。世界历史上任何一个时期都没有像启蒙时期这样，使得中国的商业贸易相对而言如此重要，世界知识界对中国的兴趣如此之大，中国形象在整个世界上如此有影响。②

"在 1500—1800 年代，中国是一个真正强大的世界大国。当时的欧洲还处在发展的起步阶段，美国则仍是一片美丽的荒原。"③ 这一时期正是古老的哈布斯堡王朝解体、近代民族国家建立的时期，不少欧洲思想家并不满意于四分五裂、治理能力低下且整体实力弱小的欧洲民族国家状况，他们把学习的目光对准东方世界尤其是传说中的中华帝国。

李约瑟曾经认为，作为一个彻底的他者，中国文明具有头等的美，只有这种彻底的他者才能引起彻骨之爱和最深切的学习的欲望。在欧洲遇到繁荣、发达和宏大的中国文明的时候，其足以令他们惊叹不已。史景迁说，中国对西方体现的是一种复杂的魅力，西方被中国迷住了。那些来到中国的耶稣会教士们，在他们的各类记述和著作中，以高度赞扬的语言称颂中国文化，以浓烈的热情记述、介绍、推行中国文化。那些正在创造新

① 〔英〕赫德逊：《欧洲与中国》，王遵仲、李申、张毅译，中华书局，1995，第 214 页。
② 〔英〕S. A. M. 艾兹赫德：《世界历史中的中国》，姜智芹译，上海人民出版社，2009，第 275～276 页。
③ 〔美〕孟德卫：《1500—1800：中西方的伟大相遇》，江文君、姚霏译，新星出版社，2007，第 2 页。

文化的欧洲各国的大师们，都对中国文化充满了热情的赞誉。他们把中国文化看作更为优越的文化。他们欣赏中国文化、学习中国文化并从中得到启发，获得来自东方的文化动力和文化灵感。

美国学者孟德卫（David E. Mungello）说过一句很经典的话：

> 要从西方历史中发现西方对中国的敬意，我们必须回到 1500～1800 年这一时段。①

中国文化由于它的悠久、它的成熟、它的优异特质、它的高层次文化品位，它的文化势能是强于欧洲和西方的；也还由于它在总体精神上、在文化原型上，是迥异于西方的，所以它对于西方存在很大的互补性，也存在能够激发西方文化在发展中的灵感和启发文化精英们的思路的能量。

所谓西方对中国的发现，不是一种简单意义上的"看见了原来未曾看见过的事物"，比如哥伦布发现美洲新大陆，那只是原来不知道有这块土地而现在发现了，其为"土地"（陆地）是同"旧大陆"一样的。而西方对中国文化的发现大为不同，具有一种发现"新的品质"的意义：原来人类还可以这样生活，原来人类还有这样一种生活方式——这样来对待"天"——自然、对待社会、对待生活、对待人自身。与此相关联的则是：原来还有这样一种文化，人们拥有一片新的、不同于西方的文化天地，他们这样来思考、认识，这样来反映世界（用各种物质的、精神的手段与方式），这样过一种理性的、情感的生活。

所以，伏尔泰指出，欧洲的王公和商人们发现东方，追求的只是财富，而哲学家在东方发现了一个新的精神和物质的世界。

这才是真正的发现。

在深层和本质的意义上，西方对中国的发现，正是这种"另一种模式的文化范型"的发现。有了这种发现，西方才在文化上有了一个参照系，并从这个参照系中获得刺激、启迪，从而推动自己文化的提高和发展。

---

① 〔美〕孟德卫：《1500—1800 中西方的伟大相遇》，江文君、姚霏等译，新星出版社，2007，第 15～16 页。

四

在 16～18 世纪那个时代，欧洲发现了中国，发现了高度发达的中华文明。英国历史学家汤因比（Arnold Joseph Toynbee）说，西方遭遇东方在我们时代是具有头等意义的世界大事。这种发现对欧洲社会变革产生了深刻的影响。这种影响是全方位的、多层次的。美国历史学家麦克尼尔（William Hardy McNeill）认为，各个文明之间的相互影响和处于不同文化的人群之间的交流是文明发展演变的主要动力。他说："社会变革常常是与其他社会接触后的产物。"① 他还认为，人类变通性的最终活力在于我们是否有能力去创造新的思想、新的经验和新的制度。但是，与外来者接触，不同的思想和行为方式由于受到关注而被迫彼此竞争的时期，同样也是这些创造最为兴盛的时期。

文化交流首先是不同文化的相遇和接触。这种相遇和接触对于双方都会产生一定影响。我国考古学家李济说："我认为今日或过去所有伟大文明的发生都是由于文化接触的结果。"② 许倬云也说，文化比较研究最重要的着眼点就是："文化与文化接触时发生了什么事？"许倬云指出："一个文化与另一个文化相接触，先是冲突，继而交流，继而融合，最后整合为一个范围更大，内容更为复杂的文化。"③ 这一过程也使得民族文化获得了世界文化、全球文化的意义。

西方文化与东方文化、中国文化的接触，就具有这样的意义，而且其所受影响之广泛，对于西方文明发展意义之重大，怎么估计也不过分。美国学者孟德卫指出："1500～1800 年的 300 年间，欧洲与中国的广泛接触产生了巨大影响。""1500～1800 年的 3 个世纪，是中国对欧洲乃至整个世

---

① 〔美〕威廉·麦克尼尔：《西方的兴起——人类共同体史》上册，孙岳等译，中信出版社，2015，第 2 页。
② 李济：《中国文明的开始》，江苏教育出版社，2005，第 18 页。
③ 许倬云：《献曝集——许倬云自选集》，上海人民出版社，2013，第 14 页。

界产生较强影响的时期。"① 另一位美国学者艾尔曼（Benjamin A. Elman）也谈到中国文化对于欧洲历史进程的巨大影响，他指出："1600 年以后欧洲在全球史中的崛起，以及大英帝国在 18 世纪的兴起，这一历史进程的很多方面和明清中国直接相关，比如它的文官制度、强大的经济，以及它的茶叶和瓷器产业。"②

在这三个世纪里，巨量的中国商品向欧洲传输，为欧洲提供了极大的物质财富，为资本主义的早期发展提供了原始积累和物质准备。远程贸易改变了欧洲的经济结构，同时也促进了社会结构的变革。中国的多项科学技术发明为欧洲即将到来的农业革命和工业革命提供了技术支持。中国的艺术风格和审美趣味，渗入西方人的日常生活领域，成为社会追求的时尚，部分地改变了他们的生活方式。丰富的中国知识大大地开阔了欧洲人的眼界，改变了他们的世界观以及对自身文明的看法。中国的儒家伦理思想给启蒙思想家们以新鲜的思想材料，被理想化的中华帝国成为巨大的乌托邦宝藏。在针对基督教神学和封建制度的批判斗争中，孔子化的中国和中国开明的君主制度成为一种有力的思想武器和良好的参照系。当时的欧洲文化正处在历史性转折的关键时期，亦正处在由中世纪神学文化向近代科学文化蜕变的历史演进过程中。文化交流是推动文化发展的动力。在这时大量西传的中国文化，为这一转折和演进过程提供了新鲜的思想源泉和刺激力量。

"在海外大发现时期，欧洲人充分地见识了被迅速打开的外部世界，并因其神奇、广袤和多姿多彩而深感震惊。"③ 随着对外交流的扩大，人们的眼界开阔了，这就改变了欧洲人对自身、对世界的看法。他们看到，西方文明并不是唯一的文明，也不是最优秀的文明。东方文化为欧洲文化的发展提供了借鉴和参照，在有的情况下甚至提供了文化的理想模式，

---

① 〔美〕孟德卫：《1500—1800 中西方的伟大相遇》，江文君、姚霏等译，新星出版社，2007，第 12~13 页。

② 〔美〕艾尔曼：《日本是第二个罗马（小中华）吗？18 世纪德川日本"颂华者"和"贬华者"的问题——以中医和汉方为主》，载复旦大学文史研究院编《从周边看中国》，中华书局，2009，第 2 页。

③ 〔美〕唐纳德·F. 拉赫：《欧洲形成中的亚洲》（第 2 卷），刘绯等译，人民出版社，2013，第 3 页。

对欧洲文化的发展起到了激励、刺激、开发、推动的作用，为其发展提供了刺激动力，进而激发了欧洲民族进行文化创造的灵感和智慧。美国历史学家唐纳德·拉赫（Donald F. Lach）指出："在西方，所有一切中最有意义的是对于东方的认识。西方认识到，并非所有的真理和美德都包含在它自己的文化和宗教传统中……地理大发现世纪可以被认为是这样一个时代，从这时起，西方人开始自觉地质疑他们自己的文化前提假定，并以其他高级文化的前提假定和造诣来对他们的文化加以权衡，并对他们自己的世界、人和未来观念开始了根本的修正。"①

总之，正如莱布尼茨所说，中国使他们"觉醒"了。

简单地说，正是东方文明，包括中国文化的大规模西传，对西方文化的结构性演变发挥了重要的作用，"它们使西方的崛起成为可能"；"英国的工业化只是更早的中国先进发明向外传播的最后阶段"；"东方在促进近代西方文明的崛起方面发挥了至关重要的作用"。② 英国学者约翰·霍布森（John Hobson）指出："西方并非是在没有东方帮助的情况下自主地开拓自身的发展，因为如果没有东方的贡献，西方的崛起无法想象。"③

因为欧洲向中国学习的东西，无疑要比它向中国传授的内容多得多，中国对于这个时代欧洲的伦理、政治和科学思想的变化绝非置身事外。中国的政治制度、国家组织机构、独立于任何宗教的道德观念、经济、占统治地位的哲学观念及技术的例证，都强有力地影响了欧洲，向它提供了一种宝贵的借鉴。④

历史学家们对于这次伟大的文化交流、伟大的文化发现给予了高度的评价。德国学者汉斯·波塞尔（Hans Poser）说道：

---

① 〔美〕唐纳德·F. 拉赫：《欧洲形成中的亚洲》（第 1 卷第 2 册），刘绯等译，人民出版社，2013，第 419 页。
② 〔英〕约翰·霍布森：《西方文明的东方起源》，孙建党译，山东画报出版社，2009，第 1、2、3、5 页。
③ 〔英〕约翰·霍布森：《西方文明的东方起源》，孙建党译，山东画报出版社，2009，第 3 页。
④ 〔法〕谢和耐：《中国与基督教——中西文化的首次撞击》（增补本），耿昇译，上海古籍出版社，2003，第 241、242 页。

17 世纪欧洲文化方面最伟大的发现是认识了中国，发现了与西方旗鼓相当的文化，一个高度发达而又陌生的帝国。①

对于美洲的发现曾给欧洲带来巨大的财富，对于中国的发现同样曾给欧洲带来财富，不过与金银不同，这种财富可以传到世界各地并同样发挥作用，却不会随着外传而在自己的发源地日益减少。这一财富的特点决定了：从一开始对中国的发现便是对文化的发现。②

另一位西方学者也曾指出："在 19 世纪以前，中国对欧洲的影响不仅胜过欧洲对中国的影响，而且比多年来人们一般想象的要大得多。"③

五

在 16～18 世纪的中西文化交流中，中华文明在西方的大规模传播，以及其对西方文明的激励与开发，对西方社会文化变革产生的重大影响，是人类文明交流与互鉴的突出范例，是一段辉煌壮丽而激动人心的历史。但是，这一段历史，这一时期的文明互鉴，却被刻意地回避和遗忘了。

在 18 世纪后期，欧洲爆发了法国的政治大革命和英国的工业革命。经过近 3 个世纪的社会变革和转型，欧洲完成了从农业文明向工业文明的转变，进入"现代"社会。随着工业革命的兴起和社会变革的实现，随着全球殖民主义步伐的加快，欧洲逐渐赢得文明的优势。这之后，欧洲人兴奋了，他们制造了一个"西方中心"论，制造了一个殖民主义的"世界眼光"。他们忘记了自己曾经对东方，尤其是对中华文明有过热烈的赞扬和向往，忘记了那个时候对东方充满激情的仰望。这时候他们热衷于说的不再是魅力无穷的东方，而是先进的西方和落后的东方。

---

①　李文潮、〔德〕H. 波塞尔编《莱布尼茨与中国——〈中国近事〉发表 300 周年国际学术讨论会文集》，科学出版社，2002，第 1 页。

②　李文潮、〔德〕H. 波塞尔编《莱布尼茨与中国——〈中国近事〉发表 300 周年国际学术讨论会论文集》，科学出版社，2002，第 1 页。

③　〔法〕米歇尔·德韦兹、达观：《十八世纪中国文明对法国、英国和俄国的影响》，《法国研究》1985 年第 2 期。

19 世纪上半叶，西欧社会的急速发展使其走在世界前列，也深刻地改变了西方人的观念和态度，"西方中心论"形成。较早提出"西方中心主义"的是英国哲学家穆勒（John Stuart Mill），他把世界的统一性"压缩"为欧洲（指西欧）的统一性，并公开宣称：他只关心人类种族的欧洲部分。德国史学家兰克（Leopold von Ranke）是早期典型的"西方中心主义"者。在他看来，"有些民族完全没有能力谈文化……人类思想只是在伟大的民族（指西欧各国）中历史地产生的"。他直说："印度和中国根本就没有历史，只有自然史。"影响最大的"西方中心主义"者是韦伯（Max Weber）。他在《新教伦理与资本主义精神》一书中，把作为理论形态的"西方中心主义"发挥得淋漓尽致。

西方中心主义也是西方殖民主义政策的基础。英国学者雷蒙·道森（Raymond Dawson）认为，"英国势力的增长和随着国内工业的发展和海外领土的扩张而产生的优越感"，是西方人中国观变化的"一个更为确实的因素"。① 这种变化首先与西方的资本主义和殖民主义的发展有关。在殖民主义膨胀时期，欧洲把包括中国在内的其他世界各地区看作它们重商主义和扩张主义的附庸。加拿大学者卜正民（Timothy Brook）指出：

　　西方 18 世纪后期以后，其对中国的描述越趋轻蔑，时正当欧洲在亚洲的殖民力量获得惊人的发展与巩固的时期，同时，欧洲的新机械化产业对原料与市场的需要促使资本主义更有系统地利用亚洲的经济潜力。殖民主义的巩固使得为非欧洲地域书写历史时或是描绘了一个品质上本来就是劣等的过去，或是认为其他地域虽然其封建的过去与欧洲情况相类似，但却缺乏像欧洲由封建社会过渡到资本主义社会的能力。在这一知识的体制中，中国表现奇惨。中国多难的衰弱史事被作为欧洲成功现代化的划时代故事的一部分。②

---

① 〔英〕雷蒙·道森：《中国变色龙——对于欧洲中国文明观的分析》，常绍民、明毅译，中华书局，2006，第 167 页。

② 〔加〕卜正民、格力高利·布鲁主编《中国与历史资本主义：汉学知识的谱系学》，古伟瀛等译，新星出版社，2005。

　　更重要的是，这种片面性往往来自一种意识形态的偏见。美国汉学家阿里夫·德里克（Arif Dirlik）指出：这些林林总总的话语，都是"东方主义的再现"，它们都是在"用一种从当代意识中吸取的意象、概念和标准重写中国历史，'西方'思想，包括'东方主义'的'想象地理学'，则都是这个意识的组成部分"。① 西方中心主义，是基于西方现代资本主义实践所建构起来的排斥但又将非西方视为欧洲扩张对象的价值观念及意识形态，表现为生活方式、制度、价值与信仰等方面的优越感乃至霸权意识。西方中心主义主要是西方资本主义兴起的产物，并随着殖民扩张及其种族主义的盛行大行其道。

　　英国学者霍布森指出："东方主义或欧洲中心论是一种世界观，它声称西方比东方有着固有的优越性。更确切地说，东方主义塑造了一种永恒的优越的西方形象（'自我'），这是相对于虚构的'他者'——对落后和低等的东方的消极界定。"② 在带有变色的文化侵略的西方话语看来，东方充满原始的神秘色彩。在西方的巨型想象中，"东方"成为验证西方自身文化镜像的"他者"，西方以此将一种"虚构的东方"形象反过来强加于东方，并在制度上、文化上、观念上将东方纳入西方中心权力结构，进而完成文化语言上被殖民的过程。这种观点"制造出一种'充满活力的西方'与'停滞不变的东方'的永久印象"。③

　　近几十年来，西方中心论和东方主义"神话"受到了许多学者的批评。斯宾格勒（Oswald Arnold Gottfried Spengler）的《西方的没落》和汤因比的《历史研究》最早对西方中心主义提出了质疑。20 世纪 50 年代以后，全球史观兴起，提出要从全球的视角而不是从某一个国家或地区的视角对世界各地区文明的产生和发展进行考察，如斯塔夫里阿诺斯（L. S. Stavrianos）的《全球通史》、巴勒克拉夫（Geoffrey Barraclough）的

---

① 引自张剑《庞德与中国："东方主义"和民族身份的建构》，《中华读书报》2011 年 3 月 16 日。
② 〔英〕约翰·霍布森：《西方文明的东方起源》，孙建党译，山东画报出版社，2009，第 7 页。
③ 〔英〕约翰·霍布森：《西方文明的东方起源》，孙建党译，山东画报出版社，2009，第 7 ~ 8 页。

《当代史学主要趋势》和麦克尼尔的《西方的兴起》等都在这方面进行了探索。从 20 世纪 90 年代开始，一些学者开始重新解释历史，其中重新厘定中国在世界历史中的地位成为一种学术思潮。美国历史学家唐纳德·拉赫以巨大的篇幅完成的《欧洲形成中的亚洲》，详细地讨论了亚洲文明，尤其是中国文明在现代西方文明兴起中的重要作用。弗兰克（Andre Gunder Frank）在《白银资本：重视经济全球化中的东方》中提出，世界体系不是从欧洲向资本主义过渡起计算的 500 年，而是 5000 年，其中在 18 世纪末工业革命之前，东亚是世界体系的中心。又如彭慕兰（Kenneth Pomeranz）的《大分流：欧洲、中国及现代世界经济的发展》认为，1800 年以前的世界是一个多元、没有经济中心的世界，西方没有任何明显的、完全为其独有的内生优势，只是到 19 世纪工业化充分发展后，一个占支配地位的"欧洲中心"才有了实际意义。在反思"西方中心论"的进程中，许多西方史学家正在抛弃"西方中心论"，以客观的态度看待非欧洲地区，尤其是中国的发展。

西方学者对西方中心主义的批判，不仅是出于学术良心，而且是对于历史认识的深化，是对以往历史阐释的反思。这也是回到历史、还原历史的过程，即回到当年中西文化交流的盛大景象。

全球传播视野下的城市国际化策略
与世界名城战略

——杭州国际化的历史经验与未来构想

施　旭　钱莹超[*]

摘　要：城市国际化问题近年来越来越受到学术界的关注，然而至今学界仍没有全面系统地从全球传播的角度对此进行研究。本文以"文化话语研究"为框架，聚焦杭州自新中国成立以来的城市国际化历程，目的是从中发掘和梳理其为自身国际化而采用的全球传播策略，进而为打造世界名城谋划全球传播的新战略，也希望杭州经验为其他相似城市的国际化发展提供启发和思路。

关键词：城市国际化　全球传播　世界名城　杭州国际化

一　问题、目标与路径

城市国际化问题近年来越来越受到学术界的关注，然而学界至今尚未从全球传播角度对此进行全面系统的研究。本文将聚焦杭州自新中国成立以来的城市国际化历程，目的是发掘和梳理杭州为实现自身国际化而使用的全球传播策略，进而为打造世界名城筹划全球传播的新战略

---

* 施旭，教育部长江学者特聘教授，杭州师范大学外国语学院教授，博士研究生导师，"当代中国话语研究中心"主任，研究方向为话语语言学；钱莹超，杭州师范大学话语与传播专业研究生，研究方向为对外话语传播。卢美艳、郭海婷、葛恬、汪敏、赵锐、刘冬、楼诗杭分别为本研究做了前期材料收集和分析，作者谨表示衷心的感谢。

（目标＋策略）①。

城市全球传播，可以涉及城市发展的多个领域，如政治、经济、社会、文化、艺术、教育、卫生、科技。本文选择最能突出反映杭州特色的（不同于国内其他城市的）传播实践为标准，划分下列六个范畴：其一，杭州政府全球传播；其二，杭州企业全球传播；其三，杭州旅游全球传播；其四，杭州节会全球传播；其五，杭州峰会全球传播；其六，杭州媒体全球传播。因此，我们希望本研究设定的范围能够较为全面、典型地反映杭州全球传播的面貌。当然，这些传播活动在一些情况下，在一些方面有联系、重合的地方，但这里为了清晰地表述不同传播活动各自的特点，以分论的形式处理。另外，其他领域，比如教育、科技、文学、艺术，也值得研究，希望本研究可以启发这些领域的研究，也希望本研究能够引发更广泛的探索，比如国内外城市全球传播比较。

就分析程序来说，本文将首先对每一类全球传播活动给予历史概述，然后从不同交际要素的视角，对历史材料进行分析，整理出重要突出的话语策略，最后在整体综合评判的基础上，为杭州打造世界名城的目标，提出该类型全球传播的新战略，即关于建设并实践全球传播话语体系的目标与策略。须知，每一项传播活动都有自己的特点，其发展战略对其他相关传播活动有借鉴意义但不可完全替代，因此，在本文的最后，笔者将对杭州全球传播做出总体的战略筹划。

全球传播是交际各方互动的过程。本研究的重点是以杭州为主体进行的全球传播，这是第一位的；它所产生的效果，是第二位的（尽管非常重要），由于研究范围所限，这里只将此作辅助用途（比如用以显示杭州传播行动的国际关联性、国际社会的参与度），而且是在条件允许的情况下。毕竟，全球传播作为交际行为终会产生社会效应。另外，为了尽量准确得

---

① 杭州"世界名城"建设相关内容见《中共杭州市委关于高举习近平新时代中国特色社会主义思想伟大旗帜　加快建设独特韵味别样精彩世界名城的意见》，http://www.hangzhou.gov.cn/art/2018/1/18/art_1345197_15206649.html，最后访问时间：2021年11月10日；《干在实处 走在前列 勇立潮头 为加快建设独特韵味别样精彩世界名城而奋斗——在中国共产党杭州市第十二次代表大会上的报告》，http://www.hangzhou.gov.cn/art/2017/3/1/art_812258_5825883.html，最后访问时间：2021年11月8日。

出杭州全球传播实践的经验教训，在材料允许的条件下，本研究也将做相应的跨文化、跨城市对比。

杭州在 2021 年由新华社参考消息报社、新华社新闻信息中心联合主办的首届"中国城市国际传播论坛"中，荣膺"中国国际传播综合影响力先锋城市"称号。对杭州全球传播进行研究，将不仅对其打造"世界名城"有积极的指导作用，而且对国内外城市的国际化发展也有借鉴意义。

二 文化话语研究视野下的城市国际化及全球传播话语体系

为全面系统地调查、分析、阐释、评价、筹划杭州全球传播实践，我们将运用"文化话语研究"范式。它强调整体、联系、系统地研究全球传播实践，并注重从"文化主义"的立场去理解和评判全球传播，这就是说，城市全球传播，不仅仅是语言符号现象，也不仅仅是媒介技术现象；不仅仅是城市本身现象，也不仅仅是国家本身现象；不仅仅是精神差异现象，也不仅仅是物质差异现象。城市全球传播，关系到交际活动多元要素如何联动的问题，而且关系到其与其他相关交际活动形成怎样的社会文化关系（差异、联合、合作、融汇、渗透、排斥、压迫、对抗等）问题。因此，本研究的关注点作为一种方法原则，将不仅涉及谁（不）在说，（如何）（不）说什么，运用了什么媒介，而且涉及其中有怎样的历史关系和文化关系，包括是否显现了民族文化的特色和人类文化的和谐。当然，这些问题的探讨还需根据研究对象的性质和研究目标而定。

新中国成立之后，杭州便迈开了城市国际化的步伐，并在目标、范围、路径上努力求新。城市国际化，是指城市面向国际社会，为提升国际联系的水平而进行的交际实践。城市的这种国际交往，可以是生成向度的，比如展示自己的面貌、提供帮助；可以是接应向度的，比如感知对方、回应对方，或顺应对方改变自己；也可以是建立某种联系，比如开展合作。本文要探究的对象正是以杭州为主体（包括杭州的政府、企事业、团体、个体），自新中国成立以来所进行的（生成向度的）城市国际化实践。

　　（城市）国际化的最重要途径和手段，是全球传播。不了解、不认识、不运用全球传播对于城市国际化的功能，不可能实现城市国际化的目的。全球化背景下，全球传播的重要性不可估量。全球传播，是指一定社会主体（如城市、国家、地区、群体、个人），运用媒介（如语言、音像、互联网），以一定模式（如叙事、书信、会晤、集会），在一定历史和文化语境中，与国际社会进行的交际实践。显然，这种交际实践由多元要素组成，一般地说包括：第一，对话主体（参与个体或团体及其身份、地位、社会关系等）；第二，言语（"说的"）/行动（"做的"）；第三，媒介（新媒体）/场域（时空选择）；第四，目的/效果（包括原因、后果）；第五，文化关系（思维、价值、规则等，以及民族或社群的权力关系）；第六，历史关系（与以往相关话语的传承、排斥、创新关系）。在这里，全球传播研究的范围将视对象具体情况而定，比如，杭州对于某个特定国家或地区的传播活动，也将纳入全球传播研究的范畴（本文关注的全球传播对象是中国以外的国际社会，因此不包含对港澳台地区的传播活动）。

　　语言的使用，是社会交际交往中必不可少的、最为普遍的环节，让我们称这种多元要素组成的交际实践为话语。其实，一个城市在政治、经济、社会、文化、教育、科技、环境等领域的对外交流中，都必须以个人和团体作为交际主体，通过语言和其他媒介渠道，运用合适的内容和方式，达到交际的目的。尽管货物贸易也可以实现全球传播的目标，但话语是不可或缺的，也更加举足轻重。

　　城市全球传播与城市本土传播，是城市传播体系的两面，它们相互依存，相得益彰；两者分别有自己的话语体系，但同时又共同形成一个综合话语体系。本文考察的重点是杭州的全球传播，但在可能的情况下将以本土传播视角作为研究的辅助手段。

　　城市全球传播的成功与否，在一定程度上取决于其话语体系的强弱。话语体系，指特定社会群体在特定社会领域里，就某个问题或目标进行话语实践所依托的"交际体制"和"交际原则"的统筹系统；一般地说，交际体制包括为了达到交际目的而可供操作的群体、机构、媒介、设备、渠道，等等，是话语实践的"骨骼系统"；交际原则包括为了达到交际目的而可供操作的概念、价值、理论、策略，等等，是话语实践的"神经系统"。在功能上，话语体系引导、构成、支撑特定群体的话语实践，是该群体的交际能力所在，因而在一定程度上决定交际的结果。因此，一个城市的全球传播水平如何、效果如何，要看其话语体系是否全面、是否坚固、是否协调；为了保障话语实践的成功概率，必须加强话语体系的建设。本文关心的重要内容之一便是杭州全球传播的话语体系问题；在本文的最后部分我们将讨论如何建设一个完善的杭州全球传播话语体系。

话语体系的实际效能通过话语策略而实现。话语策略，指在特定话语体系的指导支撑下，为了实现某种交际而对交际要素的选择性使用。比如，为了吸引国际社会对杭州的关注，运用新媒体而非传统媒体，市政府与民众合作而非市政府单独行动，以国际性语言讲杭州故事而非以中国语言讲述，等等，这都是话语策略。话语策略将是本文追踪的核心内容，因为它们反映的是全球传播的实际操作手法，同时也映射了深层次的话语体系。

话语（体系/策略），因不同的民族生活方式——文化——而不同；正如上文已经暗示，城市全球传播作为话语，如同其他一切话语形式，具有文化性。文化，指特定民族生活方式中的思维、概念、认知、价值、信仰、语言、符号、习俗，等等；这些都因历史关系而形成某种传统。然而，人类不同民族的生活方式，或者说不同的文化（文化圈、文化体系），并非相互隔离，也并非相互平等。恰恰相反，它们相互作用，因而也形成权力关系：相互联系、渗透、影响、合作，或形成竞争、压迫、反抗。文化的特殊性，文化间的差异关系、竞争关系都反映在话语的全方位、全过程。每座城市的演变发展，包括其传播实践，都深深折射了其植根的民族文化特性和这种民族文化在世界民族文化秩序中的位置。本文的一个重要方面就是杭州全球传播的文化特点，因为是否恰当地传达主体的民族文化、是否顺利地被对方认识和认同，同样决定了城市全球传播的功效如何。

三 杭州的全球传播实践

1. 政府全球传播

杭州市政府为国际化而进行的全球传播起码可以追溯到 1929 年的第一届西湖博览会。从历史角度看，政府主导的传播范围不断扩大、内容不断增加、形式不断变化。在传播活动类型上，杭州市委、市政府举办了金砖国家 5 个部长级会议、城地组织世界理事会会议；定期或不定期主办西博会、休博会、文博会、云栖大会、动漫节、国际人才大会等；协办了 G20 杭州峰会等。在城市品牌塑造上，杭州市委、市政府推动了城市国际化定位发展：2004 年推进杭州旅游国际化；2006 年打造"生活品质之城"；2008 年提出提升"城市国际化"；2012 年打造"东方品质之城"；2016 年 G20 峰会后，推动杭州成为"独特韵味、别样精彩"的"世界名城"；2018 年打造"全国数字经济第一城"，创建具有全球影响力的"互联网＋"创新创业中心、国际会议目的地、国际重要旅游休闲中心、东方文化国际交流重要城市。在媒介使用上，市政府以市属报纸、电视、网站等媒介为重点，利用境内外有效的宣传媒介和推广渠道进行立体宣传。在传播内容上，除了不断变化城市品牌本身，比如增添了打造"全国数字经济第一城"的目标，还要继续创建具有全球影响力的"互联网＋"创新创业中心、国际会议目的地、国际重要旅游休闲中心、东方文化国际交流重要城市、"独特韵味、别样精彩"的"世界名城"，等等。然而，作为城市国际化、建设"世界名城"的主导者和顶层设计者，杭州市委、市政府仍面临诸多挑战和机遇，在全球传播方面尚可发挥重要作用，或者说，应该采取全球传播的新战略：以打造"世界名城"为指针，其一，建立专门、专业机构引领全球传播工作；其二，用"世界方式"讲"杭州故事"；其三，推动创立更加清晰独特的城市品牌；其四，加强城市双语能力建设；其五，鼓励市民成为城市代言人；其六，借船出海，借口说话，借筒发声。

2. 企业全球传播

大型企业在城市国际化方面起着举足轻重的作用。然而企业与城市的关系，尤其是前者的全球传播与后者的国际化的关系，尚未有系统的研究。本文聚焦杭州企业（的全球传播），目的是发掘其中的传播策略，进而为杭州建设"世界名城"筹划企业全球传播的战略。通过对位于杭州的阿里巴巴、海康威视、吉利等企业的全球传播实践的分析发现：它们与各级政府合作传播；走过了从产品到产品＋品牌、价值观、文化的内容传播过程；走过了从国内到国内＋国外的受众传播过程；有与时俱进地兼用传统媒体和新媒体并且手法多样化。而所有这些传播策略中都含有关于杭州的城市宣传。特别是对于打造"世界名城"的目标来说，企业在城市全球传播的工作上还有诸多策略可以加以应用：其一，与市政府确立建设"世界名城"的全球传播方针，以使企业全球传播在城市国际化上的任务和目标更加明确；其二，统筹企业的本土传播和全球传播两面，让城市国际化更加均衡高效；其三，加强企业的全球传播综合体系建设，让企业提升自我形象，助力城市国际化的平台与工具更加全面有效。

3. 旅游全球传播

在 20 世纪 90 年代，杭州提出了"国际风景旅游城市"口号，建设国际化旅游城市成为杭州的目标和任务；随着时代的进步发展，杭州的旅游宣传迈进新媒体时代；特别是西湖"申遗"成功、G20 峰会成功举办以及后续的海外宣传，对国际旅游产生了积极的影响。本文从传播策略视角分析发现，杭州国际旅游行业及相关主体采取了一系列行动：借国际活动传播杭州，借国际媒体传播杭州，借主题活动传播杭州，杭州 - 世界联合传播杭州，国际媒体转播杭州，国际友人自主传播杭州。面对新时代和大国竞争新形势，杭州旅游事业需建立并实践一套全球传播的新战略：在打造世界名城目标的指引下，其一，凸显本市—本国—全球融合优势；其二，提升国际节会 - 峰会城市形象；其三，助力城市品牌创新；其四，培育城市外语交流能力；其五，打造全媒体传播体系。

4. 节会全球传播

大型城市节会是全球传播的重要基地和途径。本文聚焦杭州最为大型、典型的三个节会个案：西湖博览会、世界休闲博览会和中国动漫节。从传播策略视角出发，我们发现杭州采取的行动有：市政府持续积极参与组织；符号彰显杭州意韵；拓宽传播渠道；开足媒体马力；借助国际峰会；组织多样活动；吸纳国际节会；采取"走出去"方针；缔结中外战略合作协议；中外媒体双向传播。在未来的杭州节会发展中，杭州需在反观历史经验的基础上，采取新的全球传播战略。为了加快建设"世界名城"的步伐，其一，强化市民参与节会的意识，使其主动成为参与者、贡献者、传播者。这里特别需要鼓励普通民众运用社交媒体，通过节会宣传杭州。其二，利用新兴信息传播技术，建立强大可持续的网络系统，向本土和全球网民提供有关节会、杭州、中国与世界关系的交流平台。其三，更加积极广泛地运用外语，包括除英语外的其他重要语种。其四，挖掘和凸显杭州当代特色优势，比如电商、智能化。其五，让杭州节会的内容渗透到国际社会生活中。

5. 峰会全球传播

城市主办、承办、协办国际峰会（"城市峰会"）是城市全球传播的重要形式，也是提升城市国际化水平的重要手段。所谓"城市峰会"，即由该城市主办、承办或协办的国际性、区域性的政经或文体集会。本文聚焦杭州峰会中最大型典型的四个个案：G20领导人峰会、杭州"国际日"、杭州马拉松，以及即将召开的2022年亚运会。从全球传播视角出发，我们发现种类繁多的话语策略：杭州市政府/杭州市旅委/个人参与、发布（动画）宣传片，登录外媒传播，运用宣传（口号）牌，进行会外采访，分发宣传品，企业参与接待，志愿者服务，市/省/中央政府与媒体合作，与外国媒体合作，制作发布（动漫）影视作品，组织"里程活动"，举办文艺晚会，邀请境外媒体参与，使用多语种，利用互联网和新媒体（社交网站、新闻客户端、手机网站、手机报），多频道转播，以及多国媒体/记者参与报道。在未来，为了实现打造世界名城的目标，杭州必须在借鉴历史经验的基础上，其一，创新官媒以改变其国际形象；其二，一鼓作气趁势而上以快速提升全球传播水平；其三，深耕细作以精准施策；其四，以峰会精神为指针排除干扰，彰显各峰会初心。

6. 媒体全球传播

媒体，尤其新媒体，是一个城市强化自身全球传播能力，提升自身国际化、全球化水平的有效工具（"媒体"指媒介技术使用，包括互联网、数字移动技术的应用）。本文聚焦杭州最为突出的对外媒体工具和窗口——"韵味杭州"。从媒体传播的跨文化视角出发，我们发现以下媒体传播策略的优缺点：内容呈现丰富，手段运用多元，但过于官方化，缺乏互动，慢直播趣味性弱，团队专业性低。反观国际社会，UGC影响更大；Visit Seoul专业性更强、内容更多、质量更高；西雅图账号更多元、分类更细。纵观历史横观文化，我们提出：其一，在传播内容上，既要烘托传统文化，更要点亮当代奇迹；其二，在传播形式上，要创新展现形式，融入日常生活；其三，在传播主体上，要提升自身专业性，与新媒体人合作。

四　传播杭州的媒介使用

以上是对杭州不同领域全球传播实践的概括，下面让我们转而聚焦全球传播最为前沿、最为有效的手段：媒介的使用，以及对相关时空的把握。对话语进行这个层面的分析具有重要意义，尤其是在信息技术、移动网络跨越式发展的时代。在这里，我们主要关注的对象，是网络平台、手机应用、（长、短）视频、广播、电视、电影、（室内外）广告，目标是了解哪些政府组织、企业集团和媒体机构，运用哪些形式内容，展现哪些特点，以传播交流杭州品牌、优势、特点等。

首先，让我们观察网站的情况。比如，杭州文化创意产业发展中心网（http：//www. 0571ci. gov. cn/），由中共杭州市委宣传部主管，杭州市文化创意产业办公室具体指导；杭州创意设计中心、杭报集团、杭州文广集团、杭州文投创业投资有限公司等主办。网站有文创资讯、信息公告、政策法规、展会活动、创意空间、创意精品、行业矩阵等板块；内容包括信息服务、动漫游戏、设计服务、现代传媒、艺术品业、教育培训、休闲旅游、文化会展等方面的产业活动动态和资讯。其他较为有名的网站如表1所示。

表1　传播杭州的相关网站

门户网站	网址	主办单位
杭州市人民政府门户网站	http：//www. hangzhou. gov. cn（中文） http：//eng. hangzhou. gov. cn（英语）	中共杭州市委、杭州市人民政府
杭州市发展和改革委员会	http：//drc. hangzhou. gov. cn	杭州市发展和改革委员会
杭州网	https：//www. hangzhou. com. cn/（简体/繁体中文） https：//en. hangzhou. com. cn/（英语） https：//jp. hangzhou. com. cn/（日语） http：//korean. hangzhou. com. cn/（韩语）	
杭州市文化广电旅游局资讯网	http：//wgly. hangzhou. gov. cn/cn（简体中文） http：//www. gotohz. com. tw（繁体中文） http：//wgly. hangzhou. gov. cn/en（英语） http：//wgly. hangzhou. gov. cn/fr（法语） http：//wgly. hangzhou. gov. cn/es（西班牙语） http：//wgly. hangzhou. gov. cn/de（德语） http：//wgly. hangzhou. gov. cn/kr（韩语）	杭州市文化广电旅游局

续表

门户网站	网址	主办单位
杭州文化广电旅游局电子门户网站	http://wgly.hangzhou.gov.cn	杭州市文化广电旅游局
杭州宣传网	http://hzxcw.hangzhou.com.cn/index.htm	中共杭州市委宣传部
杭州文广网	http://www.hcrt.cn	杭州文化广播电视集团
浙江在线（杭州）	http://hangzhou.zjol.com.cn	国务院新闻办确定的地方重点新闻网站，浙江省委、省政府官方新闻网站

其次，让我们看看腾讯网上的短视频情况（见表2）。

表 2　传播杭州的部分视频

标题	网址
杭州不仅是一首诗	http://m.v.qq.com/play/play.html? coverid = &vid = b0626hk863w&vuid24 = lxgoJFDR0U1G2wtPa%2Fv0vg%3D%3D&ptag = 2_7.2.0.19720_copy
亚运城市形象宣传片	https://v.qq.com/x/page/s0859omvcem.html? vuid24 = lxgoJFDR0U1G2wtPa%2Fv0vg%3D%3D&ptag = 2_7.2.0.19720_copy
杭州城市大脑宣传片《未来已来》	http://m.v.qq.com/play/play.html? coverid = &vid = v0932bf3ne9&vuid24 = lxgoJFDR0U1G2wtPa%2Fv0vg%3D%3D&ptag = 2_7.2.0.19720_copy
G20杭州城市形象宣传片	https://v.qq.com/x/page/k0323kddn38.html? vuid24 = lxgoJFDR0U1G2wtPa%2Fv0vg%3D%3D&ptag = 2_7.2.0.19720_copy

最后，再看广告在公共时空中的（移动、未来）使用。近二十年来，借助杭州的名胜、特产和大型节事会展，杭州创造并通过各种场域和工具使用了许多不同的室内和室外广告（见图1）。这些广告的内容包括杭州的城市徽标、节事会展徽标、品牌名称、景点、特产（包括纪念品），等等；另外，也有反映未来将要出现的事物等内容。它们被安置在广泛的公共空间里，尤其是人员流动大的地方，如大街、公交站、地铁站；另外也有出现在移动体，如公共汽车上的。

杭州还有一种具有政府与民众互动意味的展览、广告形式。在这里，政府的城建计划公布于众，欢迎他们了解或提意见。

图1 杭州常见广告示例

除此之外，杭州还有传统媒体平台，如《钱江晚报》《都市快报》《杭州日报》；杭州电视台以及西湖之声、交通之声、交通经济、浙江城市之声等。

总之，以上多元多面的研究，为城市国际化研究提供了一种较为明晰的框架（方向与路径）：以文化主义为指针，以全球传播为视角，全面、多元、系统地分析城市全球化策略。这些研究，第一，展示了杭州国际化实践的历史图景；第二，整理了杭州国际化主要且重要领域的全球传播策略；第三，对这些领域为实现"世界名城"目标应该采取的全球传播战略做出了筹划。

然而，上述研究结果，特别是对各领域提出的发展战略，不应分而治之，因为其间不仅存在联系，也存在合作机遇，甚至还存在矛盾。因此，我们必须站在更高的层面做出综合性的战略构想——"大战略"，以统筹和指引杭州全球传播的可持续高效发展。

五 杭州"世界名城"全球传播的新战略

本文的目的，是从全球传播的视域梳理新中国成立以来杭州的国际化实践，总结和吸取其中的经验和教训，并在此基础上，结合当代全球传播理论和实践，为杭州争创"世界名城"筹划一套全球传播的新战略。所谓战略，就是指导行动的目标和策略。

那么，杭州全球传播的目标应该是，在未来八年到十年的时间里，建设并实践一个完善的全球传播话语体系，让全球传播成为杭州提升国际化水平、打造"世界名城"的最普遍、最有效的形式与手段。对于杭州来说，一个"完善的全球传播体系"应该具有下列特征。

（1）主体鲜明：杭州人具有杭州、中国、世界三重视野与特色，且特别具有杭州精神；

（2）体制健全：具有全面、有力、协调的话语要素系统——从组织、思想、信息、设备、渠道、程序到检测；

（3）队伍精良：有一支训练有素、品质优秀，领导管理全球传播的专业团队；

（4）原则分明：有明确的概念、价值、理论体系指导全球传播的目标、内容与形式；

（5）信息准确：掌握较为全面、充分、准确的信息和知识；

（6）策略丰富：具备较为充分、多元、巧妙的传播策略；

（7）技术尖端：拥有先进的传播条件和技术；

（8）协调高效：能进行内外协调、上下通畅、可持续的交际活动，尤其是能够运用"世界方式"交流"杭州/中国故事"，以突破理解樊篱、打破价值隔阂、化解权力冲突；

（9）检测有方：掌握评估话语体系效力的方法和工具。

要实现上述目标，只有依靠实践：在建设该体系的实践过程中，只有通过该体系的运用实践，才能让杭州全球传播成为不断提升城市国际化水平、打造"世界名城"的有效途径和工具。而目标的成功实现和实践的有效性，则决定于策略的设计和选取。所谓策略，指为实现特定目的而采用的一切任务、程序、行动、行动方式；而策略本身应该是开放的，应该在实践中不断改进。

在传播组织方面，建立一个专门、专业的全球传播机构，以指导、统筹、管理对外话语体系的建设与实施。目前，杭州全球传播有不同的主体，不同的规模，不同的利益，不同的水平，不同的内容，不同的对象，不同的传统，等等。这些差异矛盾可能导致目标冲突，重点不明，特点模糊，资源浪费，效果低下。因此必须建立一个专门、专业的组织，以综合设计部署管理相关传播的主体、内容、方式、媒介、目标、进程等。

专门、专业的全球传播组织作为城市的一种智库，可以为政府提供政策支持，可以为实践提供技术指导和资讯（比如发掘海外平台的算法规律、平台广告推广方法），还可以对实践做出评估。比如杭州频道从内容策划到拍摄，暴露其专业性的不足，没有固定主题系列、没有自制视频、没有高清画质等，也没有研究平台推广机制，账号注册至今，粉丝量少，缺少涨粉、固粉的活动策划。没有一支专业的、有运营海外社交平台经验的团队，无法实现真正有效传播。又比如在内容混杂的情况下，专门机构可以作为内容把关人，健全内容审核机制、内容优化机制，帮助新媒体人创作更好的作品，及时剔除不合适的内容。

在传播平台方面，创新建设一个大型综合高效的社交平台，以强化城市对外交流工具和渠道。目前，杭州全球传播还没有一个便捷、全面、高效的供市民和国际社会搜寻、宣传、交流的网络平台。在全球化、数字化、移动化、社交化、大国竞争条件下，杭州需要具备一个强有力的社交阵地，供本地与全球网民就杭州风物交流信息，加强联系。这需要借助前沿科技，创新传播网络，为网民和各种组织搜寻、宣传、交流城市讯息，建立、维系跨国跨文化关系，提供全面、丰富、便捷的网络平台；让政府、企业、旅游、节会、峰会、教育、科技、金融、文化等社会各界得以跨界、跨国、跨文化交互。

在谷歌搜索引擎中输入"Hangzhou"进行检索，前两位是维基百科，而后出现的是杭州政府官网海外版（http://eng.hangzhou.gov.cn/）。这里只有英语、中文界面，缺少其他常用语言；很多内容转载自 China Daily，与杭州的关联性低，在网站中寻找有效信息难度大，网页布局中重点不突出，缺少方便海外人士使用的导览；网站中还缺少提问服务，缺少互动性。在新冠肺炎疫情防控常态化背景下，在举办线下可交互、交际的展会的同时，可以利用科技前沿技术游戏、VR 实景体验、人机互动等开展线上虚拟体验活动，让在海外对杭州感兴趣的人可以"切身"体会。建立线下多媒体数字互动体验场所，展现杭州城市风貌、"非遗"技术、文化遗产、前沿科技等。前沿科技甚至可以运用于演唱会、交响音乐会等。杭州正在推出的宋式生活体验区也可以与线上活动结合，与游戏厂商合作开发线上实景游戏，让海内外玩家了解杭州。市政府可与企业合作，以此为基础提升打造一个大型综合可持续发展的数字平台，首先可以是网站，用户量上升后，可发布 App，更方便手机端用户使用。

在传播主体方面，与海内外新媒体联动联合，以增强全球交际音量，丰富全球传播内容。目前，杭州全球传播的主体基本体现在官方组织机构上（政府、企业、主办方）；市民的主体性、积极性没有充分反映出来，国际社会特别是海外媒体还有巨大的利用空间。全球传播社会化时代，必须改善已形成的官方形象，应该一方面借助国际平台和力量，另一方面（也许更重要）鼓励扶持社会组织和普通市民成为传播主体。比如，唤起企业、市民国际化全球传播的意识和义务，使其主动成为杭州国际化的参与者、贡献者、传播者；又比如，官方隐于背后，推动正面网络红人在海外平台发展，与海外红人合作发声。

在城市/地方的国际形象展示方面，普通民众的自制视频、摄影作品如风光摄影、航拍视频等往往更容易被接受，UGC 视频的播放量与互动量往往特别高。运营者应重视用户的自制视频，官方宣传团队应一方面多挖掘国内优秀的新媒体人，向海外平台输送，给予其流量支持；另一方面寻找在海外平台已有一定粉丝量基础的海外博主，可以是在国外的中国人尤其是杭州人，或者在杭州或中国其他地区生活的外国博主，寻求与他们的合作，鼓励其发布与其自身活跃领域相关的杭州内容。比如，官方可以隐于背后，推动正面网络红人在海外平台发展，与海外红人合作发布杭州话题内容，把控传播内容。可以挖掘国内优秀的红人，并予以相应的激励机制，向海外平台输送，给予红人流量支持。另外，可以建立外籍人士交流宣传平台，充分利用过去和现在的国内外跟杭州有联系的人员和机构。来杭的留学生、海外商务人士、游客在抵达杭州后都可以关注这个平台，它可以是一款 App、一个小程序、一个公众号。建立专门的外籍人士交流平台不是为了"隔离"外籍人士，其宗旨是使相关政策信息能够传达到位，宣传内容能够切实送达，帮助外籍人士深入了解杭州这座城市。这一平台的职能可以包括政策法规、就医指南、旅游指南、政务指南等行政功能，宣传杭州智能高效的市政管理；除此以外，应丰富文旅活动、企业体验等项目，从生活的方方面面传递杭州是"生活品质之城"的理念。对于留学生群体，将其与本土学生分开管理弊端明显，那么在其他生活方面应提供机会让留学生和本土学生一起活动，提高学生体验，加强口碑。成立校友会，加强学生之间的联络。同时，激励本地、全国乃至全球的网民了解、宣传和使用该平台，杭州市内的展讯、演出信息、咖啡店地图等市民活动内容可发布在此平台，作为引流措施，可举办抽票活动、纪念品抽奖活动等。若本地居民能够使用该平台更好地了解自己的城市，那么该平台可以在全国、全球推广使用。其中一个重要的方法是鼓励网民将该平台推介到其他国际社交媒体，至少达到在杭州生活的、曾在杭州生活的海外人士对此平台了解，并能够推荐自己的好友使用的目标。

在传播内容方面，既烘托文化传统，更点亮当代奇迹，以更加与时俱进，吸引世界。目前，杭州全球传播的事务议题一方面缺乏鲜明的特点，另一方面弱于全面的表现，特别是对现代性的观照。因此，有必要在现有传播内容的基础上，更加突出跨境电子商务、"互联网＋"、智慧化、绿色生态等杭州亮点；更加强化东方文化交流；更加凸显杭州的本市—本国—全球三重特质融会的优势；更加深耕细作以精准施策。

比如，选用民间博主进行推广，可以避免上述"韵味杭州"的毛病，并且秉承术业有专攻的思路，实现合适的博主在合适的平台发布合适的内容。官方可提供希望得到推广的内容主题，比如强调突出杭城智能生活的便利、高效。同样，利用不同的博主也可以达到类似的效果，因为他们可以从不同的视角展现自己心中的杭州，展现其在杭州的不同生活方式，以多种多样的生活方式展现杭州风貌。还可以举办短视频大赛等，从民间选拔作者作品，这样往往能看到一些非常规视角的有趣作品（比如 YouTube博主 LKs OFFICAL CHANNEL 曾发布一则视频："用 3 档预算分别玩 1 天杭州，穷游和高端游差距真的那么大吗？"），同时也能提高账号在国内的知名度，建立奖励激励制度也是必不可少的（奖励制度可以是奖金、与市政府合作制作视频，给予一些展览、亚运会场馆的优先参观权等措施）。另外，国际社会对于杭州最深的印象，最感兴趣的东西，不是山水美食人物等，而是杭州的数字化、杭州的智能化；在他们眼中，这才是真正的世界奇观。在这些方面，还可参考借鉴首尔旅游局运营的 Visit Seoul 频道，那里的内容均为自制原创视频，且有多个系列主题。

在传播品牌方面，重塑一个更加独特、更加明晰、更加国际化的城市品牌，以高效提升杭州知名度。目前，杭州全球传播似乎还没有体现和实施杭州品牌的外宣战略。"独特韵味、别样精彩"的"世界名城",无论其表述还是内涵,都有必要在本土性、区域性与全球性、传统性与现代性等维度上发掘连接线、平衡点。比如,可以展开引领杭州"世界名城"建设的城市品牌取名系列活动。

城市品牌的选择既要体现本土特点,又要与国际接轨,既要紧扣城市的当代优势,又要容纳城市的传统文化。在新时代,为快速提升国际化水平,杭州市政府应该与相关部门组织合作,统筹运用交流传播的各个环节,让杭州市民、全国公众,国外过去来过、现在居住,或出于其他原因关心杭州的人士,通过不同交际渠道,相互交流交往,以共同为杭州城市创立一个植根本土、放眼世界的新品牌。比如,可以借"杭州国际日"的舞台,以新城市品牌的提案、票选为主线,开展系列主题活动,提案和票选的活动由来自海内外的杭州居民(在杭州居住生活过的都有权利)和专家们参与。需认识到,居民参与城市品牌取名的国际活动,本身就是城市国际化过程的一部分。

在传播对象方面,续故人,交新友,连接姊妹城,以巩固和扩大杭州的国际朋友圈。目前,杭州全球传播似乎也没有建立和实施一个有序持续扩大城市国际朋友圈的体系。迄今为止,杭州各行各业已经开展了大量的国际活动,建立了众多的国际联系,积累了广泛的人脉和交际网络。因此,应该充分利用好这一社会文化资源,积极巧妙地维系、深化并拓展国际联系,比如,鼓励大学、留学生在国际交往中宣传杭州。又比如,可以利用新媒体平台扩大活动影响力,积极调动民众的参与度,设立适宜的奖励机制。还可相应地开展城市形象短视频制作比赛、文化创意产品设计比赛等,活动可以与企业合作组织,群策群力,强调共治民主的思想活动成果。除了获得奖励以外,其作品也应有相应的媒体曝光。为了避免国内热闹、海外没有任何水花的现象出现,新媒体组织应利用海外平台的流量机制,推送内容至海外。再比如,将杭州的医疗优势转化为吸引力,吸引海外人士来杭赴诊。

在传播场景方面,生产服务面向世界提升杭州风物国际化水平,以全方位地宣传杭州。目前,杭州全球传播的主阵地还是本土、网络,没有在地理意义上延伸至全球地域(除了外贸和零星的餐饮展示活动)。因此,需要人员走出去，信息数字化，将杭州的形象、风俗、服务送到世界的不同角落，比如在国外投资开设杭州茶馆、杭州餐厅、杭州中医馆。

具体地说，应该开拓海外宣传窗口，利用友好城市的资源。新冠肺炎疫情期间难以控制何时可开国门，落地活动的开展可以先考虑友好城市。在友好城市当地和杭州都可开展双方文化交流活动，可在对方城市的宣传平台加入杭州内容，增加文化层面的交流机会。除了政治、经济上的合作，城市民间的互动交流也应该加强；活动形式也可结合新兴科技手段，提高群众参与兴致；利用新技术，也可以实现与友好城市合作，在海外举办线下活动，建立线下多媒体数字互动体验场所，同样能让人"身临其境"，生动展现杭州古今城市风貌、"非遗"技术、文化遗产、前沿科技、生活方式等，比如用VR技术"漫步西湖"，用游戏体验在杭州的便捷、智能生活，用"集邮"的方式科普杭州各个景点，不局限于传统景点，借此机会推广新的景点和以前并不出名的优秀景区。与相关企业、国际知名企业合作在海外开设店铺。以友好城市为起点，比如开一家茶馆，可以体验茶文化、品茶，观看杭州曲艺节目，品尝杭帮菜，或开一家著名国药老店——胡庆余堂，可以体验中国的医疗方法和医术。

在传播语言方面，提升跨文化交际能力，以提高市民的国际素质，加大城市国际化的力度。目前，杭州全球传播尚未显现卓越而充分的城市国际语言交流能力；比如，外文网站少而且语种数量少，全体市民的外语能力、杭城意识、大国意识、全球意识尚未显露出来。因此，有必要培育市民的城市荣誉感、民族自豪感，增进其对于世界的认识，开阔其对于人类的胸怀，一方面提升智慧交流的能力，另一方面提升自主运用外语（包括除英语外的其他语种）的能力。

比如，杭州政府官网海外版只提供英语、中文界面，缺少其他常用语言。从中吸取教训，杭州的特色服务企业，应该建立完善的支持多语言的国际网站，便于外国人获取信息。比如，杭州的医疗品牌众多，且具有国际级别的实力，如果有了外语平台，便可以有效提升杭州的国际知名度。

文化折扣视域下的国家形象片
传播效果研究

——基于认知神经科学的实验手段

李 彪[*]

摘 要：本文使用文化折扣（culture discount）作为理论架构，对《中国国家形象宣传片——人物篇》（以下简称《人物篇》）在全球9个不同文化背景的国家通过有偿的方式选取实验被试对象，利用认知神经科学中的实验设备与手段作为研究工具，得出由于与中国文化的接近性，相较于其他文化圈层，日本等儒文化圈的国家对《人物篇》的熟悉度和认知度更高，文化合意空间更大；而东欧等东正教文化圈国家对《人物篇》的熟悉度和认可度较低，文化合意空间更小，相应的文化折扣值更低。通过测量发现，人类社会除了认同文化多元互异的本质属性以外，人类认知的确存在底层的共性——文化之下的认知本性，因此在跨文化传播中不仅要尊重共性存在，更要寻找基本认知共识。

关键词：国家形象片 跨文化传播 文化折扣 额叶不对称范式FAP

一 研究缘起

新中国成立后我国第一部严格意义上的国家形象片于2011年1月在号

---

[*] 李彪，中国人民大学新闻学院副院长、教授、博士生导师，研究方向为新闻传播学研究方法、网络舆情。本文系国家社会科学基金重大项目"健全重大突发事件舆论引导机制与提升中国国际话语权研究"阶段性成果（项目编号：20&ZD319）。

称"世界十字路口"的美国纽约时报广场的电子显示屏上播出，整个国家形象片由包括袁隆平、杨利伟等的各行业优秀人物组成，因此又被称为《人物篇》，其播出目的是通过人物风貌来展示真实、立体的中国。形象片播出后，民众对这一国家形象片褒贬不一，但很多研究者从中国民众自身的视角来探讨该宣传片的效果，而忽略了目标受众视角；还有研究者就宣传片论宣传片，利用问卷调查等传统研究方法进行相关研究。

本研究拟使用文化折扣、心理理论中的认知模块等作为理论架构，在全球9个不同文化背景的国家通过有偿的方式选取实验被试对象，利用认知神经科学中的实验设备与手段作为研究工具。本文以中国的中华文化圈为评价标杆和基准，日本作为中国近邻，代表着东亚儒文化圈层；美国作为一个多移民国家，社会价值观相对多元，属于以基督教文化为主的多元文化圈层；德国、意大利和荷兰等国则代表西欧的基督教文化圈层；罗马尼亚、斯洛文尼亚、波兰等国家代表着以东正教文化为主的东欧文化价值圈。通过这五个文化圈层的民众观看《人物篇》的脑电生理学指标变化，探讨研究《人物篇》代表的这类文化修辞的国家形象片在不同文化圈层中民众的观点生理指标变化及其差异性，对跨文化圈层传播中文化认同、文化差异和文化对话的可能性进行定量测量，改变以往国际传播研究中部分成果以案例分析、理论阐释为主的形式，强化效果测量、效果评价在国际传播研究中的重要作用与价值，以对未来的国际传播效果评估提供借鉴工具并有所裨益。

二 文献探讨

随着互联网技术的不断普及，文化全球化的步伐正在以几千年来前所未有的速度向前迈进。然而，与经济贸易的全球化相比，文化的全球化却显示出明显的不平衡性。它既没有如文化保守主义者所批判的那样，导致全球文化的同质化，也没有如全球化乐观主义者所评估的那样，带来不同区域文化的普及，而是产生了这样一种现象，即特定文化体系所生产的特定内容产品的全球化，或者，如英国学者斯莱特（Don Slater）所言，是在消费文化的卷裹之下，出现的西方大众文化（尤其是美国文化）的全球化；① 同时，对于具有大众流行消费性质的文化商品而言，基于本国文化底色的文化商品往往只在自己所在文化圈层内受欢迎，在其他国家则常常会遇到理解偏差和价值贬损的现象，这其实是因为在对文化商品的消费中，他国民众会基于自己的认知框架和文化地图对其进行再编码和再阐释，原有商品中的文化价值会被低估或者错估，从而造成文化商品价值的降低和错位，这种现象被称为“文化折扣”现象。具体而言，造成文化折扣的指标有二：一是文化背景，二是语言。霍斯金斯和米卢斯②认为“扎根于一种文化的特定的电视节目、电影或录像，在国内市场很具吸引力，因为国内市场的观众拥有与之相同的常识和生活方式，但在其他地方，其吸引力就会减退，因为那里的观众很难认同这种风格、价值观、信仰、历史、神话、社会制度、自然环境和行为模式。假如电视节目或电影使用另外的语言制作，因为需要配音和打字幕，其吸引力会减少，即使是同一种语言，口语或方言也会引出问题”。这一理论给美国的影视剧在世界范围内的畅销提供了很好的解释力度。

人类社会之间到底存不存在可沟通的认知共性，这一直是跨文化传播学者关注的问题。但在心理学研究中，这一问题已经有相对共识的结论存在。20 世纪以来，心理学界一直存在一个核心研究假设——全人类有认知共性和共同的作用机理，这一研究假设已成为现代人工智能研究的基础。③但 21 世纪以来，随着认知科学与神经科学的交叉融合，很多研究者通过认知实验等实证研究对这一假设进行了验证，得出的部分研究成果发现，不同的文化结构背景下会存在不同的认知结构，如理查德·尼斯贝特（Richard E. Nisbett）利用大量的认知实验研究证明，以北美和西欧为代表的西方文化圈中的人们与以东亚为代表的儒文化圈中的人们，在基本认知方式上是存在显著性差异的——西方人是“分析性”认知，东方人是“整体

① D. Slater, *Consumer Culture and Modernity* (Cambridge, Polity Press, 1997), pp. 8 - 9.
② C. Hoskins, & R. Mirus, " Reasons for US Dominance of the International Trade in Television Programs," *Media, Culture & Society*, 1998 (10).
③ R. Nisbett, K. Peng, I. Choi, & A. Norenzayan, "Culture and System of Thought: Holistic Versus Analytic Cognition," *Psychological Review*, 2001 (2).

性"认知。相关研究发现，西方人的"分析性"认知在观察事物时，主要观察的是事物的本质特征，[①] 而对其形式等的关注不如东方人那么多，在对事物的认知上主要采用分类方法，先将事物进行分类，并运用属于该类别的特定规律解释事物行为，在对事物进行思考归因时，更倾向于寻找事物形式和表征背后的本质特征，是一种程序性思维，以相对较强的逻辑推理来分析事物。而进行"整体性"认知的东方人，在观察事物时，会偏重于全方位地观察所有相关性因素，[②] 这是一种整体性的形式认知，在对事物进行思考归因时，更倾向于寻找社会性因素和整体性因素。东方人在进行逻辑推理时，则使用的是整体辩证思维逻辑，接受某一事物同时具有既"是"又"不是"的特性，即我们中国人所谓的"不偏之谓中，不易之谓庸"的中庸之道。但当西方人和东方人在处理分析"自我"与社会关系时，则会呈现出意识形态和社会心理上的"个人主义"与"集体主义"的差别。斯珀伯（Sperber）研究认为东方人更倾向于认为"自我"是属于家庭、宗族和国家的一部分，自我行为决策首先应遵循整体目标和要求，即集体主义；与之相对应，西方人在处理"自我"与社会关系时则表现出明显的"个人主义"，在个人社会化的过程中，西方文化鼓励对个人观点的表达和对个人意志的表现，这促使西方人在处理自己与社会的关系时注意个人精神的自由和意志的独立。[③]

彭凯平研究发现，近年来随着全球化的日益扩张，很多研究调查都显示出东方的年轻人（90后、00后）在社会化过程中不断受到西方文化产品的影响，逐步转向西方的"分析性"认知思维模式和个体主义的行为特征。在对个人价值观的调查中，他们发现许多东方人意识到自己比一些西方人更强烈地持有西方价值观；[④] 一些研究也发现，在美国，很多亚裔美国人的认知方式已经与欧裔美国人的认知方式无异，甚至更加极端，[⑤] 虽然存在东西

---

① E. Hamiliton, *The Greek Way* (New York, Avon, 1973), p. 144.

② R. Nisbett, K. Peng, I. Choi., & A. Norenzayan, "Culture and System of Thought: Holistic Versus Analytic Cognition," *Psychological Review*, 2001 (2).

③ D. Sperber, & L. Hirschfeld, "The Cognitive Foundation of Cultural Stability and Diversity," *Trends in Cognitive Science*, 2004 (8).

④ S. Baron-Cohen, *Mind Blindness* (Cambridge, MIT Press, 2005), pp. 1 - 4.

⑤ D. Premack, & G. Woodruff, "Does the Chimpanzee Have a Theory of Mind?," *The Behavior and Brain Science*, 1978 (4).

方人的"二元文化",但在这些人的研究中,他们并没有发现全球化让更多的西方人持有了东方的整体性认知和"集体主义"价值观,相反,这些西方人依然秉持着既有的"分析性"认知和"个人主义"思维方式,某种意义上,全球化是一种西方人的认知方式和价值观的全球化。

人的自我认知产生于被认知心理学称为"心理理论"(theory of mind)的认知模块,认知心理学研究认为,人类语言交际能力的发展有赖于"心理理论"模块的不断完善。自闭症患者会有不同程度的沟通障碍。[①] 具体来说,"心理理论"是指个体运用一定知识体系预测自己或他人的心理状态,并对其行为做出因果解释或预测的能力。在人类语言交流的过程中,"心理理论"模块首先赋予人类"自我认知"的能力,这种能力产生于人类大约9~15个月的婴儿期。[②] 人类在社会交往中强调个人意志的独立性和自我价值的实现。换言之,人类在交流过程中强调"自我"的行为是人类的固有本性。正是这种性质使人类能够用语言交流,而人类语言交流的过程正是这种性质的体现。这些研究从认知心理学角度提供了东西方文化在认知结构上的差异比较,但这些结论本身有无科学性,需要在未来的相关研究中进行有效探索。

三　研究方法

(一)实验被试

有偿招募在罗马尼亚、波兰、斯洛文尼亚、荷兰、德国、意大利、美国和中国等8个国家的被试各44位,日本为48位,男女各半,年龄20~40岁,均来自不同专业和社会背景,所有被试身体健康,视力或矫正视力正常,均为右利手。

---

① D. Sperber, & C. Origgi, *Evolution and the Human Mind: Modularity Language and Meta-cognition* (Cambridge University Press, 2000), pp. 140 – 169.

② M. Tomasello, M. Carpenter, J. Call, T. Behne, & H. Moll, "Understanding and Sharing Intentions: the Origins of Cultural Cognition," *Behavioral & Brain Science*, 2005 (28).

(二) 实验材料

实验材料为 60 秒的《中国国家形象宣传片——人物篇》。

(三) 实验程序

实验刺激为 60 秒《中国国家形象宣传片——人物篇》，全屏播放。实验被试端坐于屏幕前 70 厘米处，被事先告知只需要集中精神看相关画面即可完成实验任务，实验仪器会自动记录其观看画面时的各项指标，实验结束后提供相关的实验报酬。

(四) 数据的记录与分析

本实验采用脑电 EEG (Electroencephalography) 来测量神经生理反应，使用的相关研究范式为额叶不对称范式 (Frontal Asymmetry Paradigm, FAP)，该范式通过研究左右脑半球何为主导的方式，解释了额叶和前额叶区域的脑半球被激活的活动。额叶不对称范式认为脑半球主导着激活及其显著程度，简单来说，即左脑额叶区域反馈积极，激活程度较为显著，显示被试趋向于积极的正向反应；右脑额叶区域反馈积极，激活程度较为显著，显示被试趋向于回避的负向反应。[①]

本实验使用 Brain Products Quick Amp 的 40 通道 ERP 系统，分析被试在观看时出现的 EEG 信号，同时，分析大脑对该宣传片进行信息加工的总体卷入程度 (Global Engagement Level, GEL)。还包括记录皮肤电 GSR (Galvanic Skin Response) 相关数据。测试内容显示在 19 英寸的屏幕上。用 presentation™软件来展现刺激物并且使得视频与 EEG 同步化。在 (内容) 显示的过程中，我们使用一个有 32 个电极的大脑视觉放大器来记录被试的大脑皮层反应，电极的放置位置与 10－20 的国际电极插入系统保持一致，大脑皮质的前额叶和额叶区域 (Fp1，Fp2，F3，F4，F7，F8) 的反应被记录下来。我们使用快速傅立叶转换 (Fast Fourier Transformation)

---

① R. Ohme, M. Matukin, & T. Szezurko, "Neurophysiology Uncovers Secrets of TV Commercials," *Der Markt*, 2010 (49)：133－142. doi：10.1007/s12642－010－0034－7.

及连贯的放大系数修正系统（with coherent power gain correction applied）来计算每一个位于前额叶和额叶的电极的 alpha 带（8～12 赫兹）的功率。我们对位于身体同侧的电极的 alpha 带功率进行平均，并且与身体另一侧的电极的 alpha 带平均功率进行对比，如果前额叶和额叶区域的大脑左半球活动（用 alpha 带来衡量）更为强烈，表明大脑左半球占主导，反之，则说明右脑占据主导。将左右脑的活跃程度相减，就能得出不对称指数，从而知道哪个大脑半球占据主导。

四　数据结果

（一）整体效果数据分析

首先，将宣传片截出 25 个完整意义的场景，分别进行编号，结果呈现如图 1 所示。每个场景都由一系列符号所建构，代表一种社会意义。

图 1　60 秒《人物篇》的 25 个完整意义的场景

每个国家的受众脑区前额叶和额叶区域 8 个电极对该宣传片的 EEG 脑电指标，根据左右脑区不对称性原理，基准线以上深色区域表示受众对该场景产生积极的正向反馈；基准线以上浅色的区域是中性的反馈；基准线以下深色区域表示受众对该场景产生消极的负向反馈。9 个国家受众对该宣传片的脑电反应结果如下。

整体来看，在 60 秒的宣传片中仅有三个场景是完全获得 9 国受众的正向（或中性）反馈的，分别为千手观音、女模特和电视主持人，《人物篇》持续总计为 60 秒，以上三个场景仅持续 6 秒，仅占到总体的 1/10，从这个意义上看，该宣传片的传播效果值得商榷。

可以将各国受众对 25 个场景的反馈情况进行计算，将正性或中性以上的反馈场景占总场景数量的比值计算出来，同样，将不同国家受众对所有场景的反馈的 EEG 均值计算出来，然后与各国受众的 EEG 值进行均值比较，经检验，所有国家受众的 EEG 均值的显著性水平 $p < 0.05$，因此结果呈现如图 2 所示。

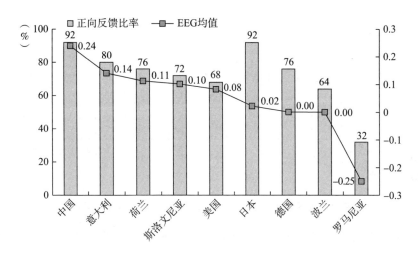

图 2　9 国受众对《人物篇》的正向反馈比率和 EEG 均值变化情况

从图 2 可以看出，中国由于其文化同构性，对该宣传片的认知水平和好评度都处在较为理想的位置；其次是日本，由于处在同一个文化圈范围内，好评度也较高，但单位场景引起的认知刺激水平却较低；再次是意大利、荷兰等西欧的国家地区；美国所代表的多元文化圈对这一宣传片的认同度却一般，好评度刚及格，平均每个场景所带来的认知刺激水平在 0.08，接近中性水平。当然，以罗马尼亚、波兰等国为代表的东欧文化圈对这一宣传片的认同度和认知水平都较低，尤其是平均认知水平，都在中性以下，即评价以负向为主。可以看出，由于日本和中国是近邻，在文化上均属于大的儒文化圈层，在人种上均属于东亚人种，其形象辨识度相较于其他文化圈层较高，所以日本对《人物篇》中人物形象的熟悉度和辨识度较高，社会认知度整体较高，文化合意空间更大；而罗马尼亚本身和中国的交往度不高，再加上意识形态局限、历史文化区隔、人种识别等方面的差异，其对形象片的社会认知度不高，文化空间合意度也相对较低。

如果借助霍斯金斯和米卢斯的文化折扣的计算方法：文化折扣＝（国内相应产品的价值－进口价值）/国内相应产品的价值，可以计算出基于该宣传片在不同国家产生的文化折扣。结果如图 3 所示。

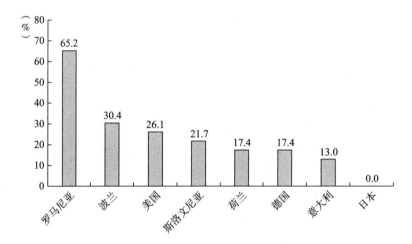

图 3　美国等 8 个国家的被试对《人物篇》的文化折扣

从图 3 可以看出，与中国文化折扣最大的国家为罗马尼亚、波兰等东欧国家，荷兰与意大利、德国等西欧国家反而不大，美国的相关数据结果和人们的常识认知具有很大的差距，其在这一宣传片上的文化折扣相当大，这也在一定程度上说明该宣传片在美国的传播效果值得商榷。

（二）宣传片诉求数据分析

一般来说，一个广告诉求的最终目的是树立良好的品牌形象，无论广告内容多么精彩，最终的品牌诉求都以此作为整个广告的核心目的，因此，使用脑区不对称方法进行的相关测量，广告的基本诉求地方应该呈现积极的正向反馈现象才相对比较理想。通过调查数据可以看出，宣传片最后三个场景整体反应一般，出现中国国家形象诉求的画面时，除中国受众外，仅有意大利的受众对此做出积极的正向反馈，其余国家都是中性乃至负向反馈，这主要是由于中国国家形象诉求场景之前出现了宇航员的相关场景。宇航员征服太空，在一定程度上代表士兵征服国家，加上宇航员本身具有军方背景，因而影响到之后人物与中国国家形象之间的良好的意义建构。

将宣传片最后中国国家整体形象诉求的相关场景提取出来，将各国除中国外受众对该场景的 EEG 数值与整体均值进行均值比较，结果呈现如图 4 所示。

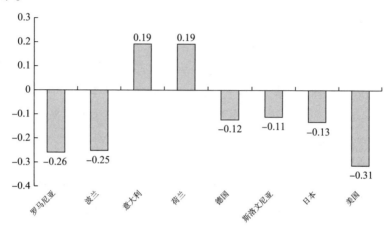

图 4   8 国受众对中国国家形象核心诉求的 EEG 值与整体均值比较

从图 4 可以看出，在出现中国国家整体形象诉求的场景画面时，仅有意大利和荷兰两个国家的受众评价是正向积极的，在其他所有国家中，美国受众对该诉求的认知刺激水平最低，其次是罗马尼亚和波兰等东欧国家，日本、德国和斯洛文尼亚平均认知刺激水平基本一致，也处在相对较低的水平。

五   结论与讨论

从以上数据分析和对该宣传片的基本效果评估可以看出，该宣传片没有达到基本社会期待。可以得出如下相关结论。

首先是应该适当缩短该宣传片的时长，30 秒或 40 秒即可，实验中很多受众反映宣传片时间过长，超过一般广告时间，很难让受众保持一贯的持续关注和注意力卷入。

其次是 25 个场景中个别场景持续时间过长，并且以静态画面为主，影响了被试的注意力卷入程度；精英人物的选取在不同社会背景和文化的人群面前呈现出巨大的区隔度，在某些国家的受众对这些人物不认识的情况下，精英人物反而成为社会普通人物。

最后是宣传片背景过于单一，使得片中的精英人物脱离了社会工作或生活场景定位，很容易引起同质化的认知，这一方面容易引起受众的关注疲劳，另一方面会降低受众对这些人物的整体社会认知坐标定位，精英人物的选取价值被大大消解。

另外，由于人物多为静态化呈现，所以背景音乐很容易影响受众的注意力卷入度，但片中音乐过于东方化，并没有起到锦上添花的效果。

还需要说明的是，整个宣传片都选取了精英人物作为整个中国形象符号，这一点与前文的文献探讨中西方文化所倡导的"个人主义"价值观和"分析性"思维是相悖的，"个人主义"价值观和"分析性"思维是源自"心理理论"模块的一种认知共性，这一理论认为不论各国之间的文化运行机制如何，人类的大脑都会按照这种"个人主义"价值观和"分析性"思维进行思考，虽可能会存在后天的驯化和归化，但不能否认这种人类认知共性的存在。因此在本实验后与美国等国的实验被试的访谈中，很多实验被试对中国使用社会精英来代表中国形象很不理解，他们认为这些人并不能代表中国，因为他们不是社会的多数主体人群。

而在上海世博会期间，美国馆则围绕着"好城市、好生活"的表达主题，使用了三部典型好莱坞叙事策略的短片，展现了一个美国普通小女孩梦想成真的都市童话，展现了美国的核心价值"梦想、创新、平等、努力、坚韧和团队精神"，通过简约、简单、简洁的故事情节，讲述了一个小女孩如何克服层层困难把一个原来肮脏不堪的地方变成了姹紫嫣红的美丽花园，短片的主角不是社会精英人物，只是普通的白人、黑人和亚裔群体等，都是一个个活生生的普通人，他们不一定是"最智慧""最勇敢""最美丽"的，却是"最真实"的，该片充分展示了美国人的亲和力和创造精神，以及这个多民族集聚的移民国家所特有的文化聚合。

另外，在文化折扣的数据中还可以看到，在文化折扣强调文化存在差异的前提下，不同文化圈群之间存在人类共有的文化认同和文化认知，这一点是未来跨文化研究中在强调差异的基础上需要重点加强研究的。在吉尔兹（Clifford Greertz）所开创的跨文化传播研究中，传统的研究者始终将目光聚焦于不同种类文化间的差异，并在了解其差异的基础上，实现文化间的相互理解，但这一经典的研究其实存在一个最重要的问题，即它假设了整个人类社会不存在认知共性，这导致了文化与认知之间相互循环论证的解释悖论，本文除了认同文化多元互异的本质属性以外，还发现人类社会不仅存在认知共性，还存在基本认知共识，只有找到在文化传播过程中的意义建构中具有共性的东西，才能找到人类文化的最大公约数，而在此基础上产生的碰撞和摩擦才有可能通过对话和协商进行有效解决。

中华文化海外传播研究的历史与未来

——武斌教授访谈录

郑 敏 李小男*

嘉宾介绍：

武斌，我国著名历史文化学者。现任北京外国语大学中华文化国际传播研究院特聘教授、研究员，兼任北京中外文化交流研究基地特聘研究员、上海师范大学丝绸之路研究中心研究员、黑河学院远东研究院客座教授。曾经担任辽宁省社会科学院副院长、沈阳市文史研究馆副馆长、沈阳故宫博物院院长、中国中外关系史学会副会长、辽宁省文联副主席等职务。

武斌主要从事中国文化史和中外文化交流史等领域的研究，且著述颇多、成就斐然，目前已出版著作数十种。近年来，武斌出版的主要著述有《故宫学与沈阳故宫》、《丝绸之路全史》（2卷）、《文明的力量：中华文明的世界影响力》、《孔子西游记：中国智慧在西方》、《中华传统文化传承史纲》（2卷）、《沈阳故宫四百年——一部叙事体的文化史记》、《新编中华文化海外传播史》（6卷）等。其中，《新编中华文化海外传播史》是迄今为止国内外第一部系统阐释中华文化海外传播历史及其影响的多卷本学术著作，具有严谨的实证性和丰富的史料性；《丝绸之路全史》首次全景式描述"丝绸之路"形成、发展、繁荣的历史，阐明"丝绸之路"在世界文化交流和发展中的重要地位及影响，该著述广征博引、思路开阔，具有极高的学术价值。

---

* 郑敏，大连外国语大学新闻与传播学院教授，中华文化海外传播研究中心副主任、研究员，研究方向为跨文化传播；李小男，大连外国语大学新闻与传播学院中华文化国际传播专业2020级硕士研究生，研究方向为国际传播。

一 发现一座"学术富矿"：世界文明格局下的中华文化海外传播

基于西方哲学研究的深厚积淀，武斌提出将"中华文化"置于更广阔的学术视野之下，从世界文明发展的角度来认识中华文化。中华文化贡献于世界文明的同时，也与世界文明的发展与繁荣共同进步。只有从世界文明发展这一更广阔的角度来认识中华文化，才能够更好地认识和了解中华文化海外传播的历史。

郑敏（以下简称郑）：进入中外文化交流史研究领域后，您经年累月、笔耕不辍地完成了多部著作。您当初为何选择这一研究方向，又是什么样的精神力量支撑您坚持不懈、不断完善"中华文化海外传播史"系列研究的呢？

武斌（以下简称武）：我当初不是先选择了中外文化交流史，然后才写《中华文化海外传播史》的，而是先写了《中华文化海外传播史》，然后才进入中外文化交流史研究领域的。我在大学毕业后，曾经历过一个比较长的学术研究方向的探索期。我起初选定的研究方向是西方哲学史，但由于主观和客观的条件影响，研究工作开展得较为缓慢。而在那个时期，就是 20 世纪 80 年代，社会文化问题成为当时研究的主要热点和难点，这就要求我们那一代的年轻学者必须直面现实生活，从而更好地服务于社会实践。1984 年，我经历了第一次学术转向，开始从西方哲学史研究转向文化史研究。文化史研究涉及人类学、社会学等多个学科的理论知识，而我主要研究中国现代化进程中的文化转型问题，尤其是人的现代化转型问题。我当时写的专著《现代中国人：从过去走向未来》，主要探讨中国现代化进程中的文化变迁及其对国人人格的影响。这本书出版后反响还不错，还有国外汉学家将这本书翻译成阿拉伯文出版。但对我自己来说，在完成这本著作后，我对自己未来的学术之路仍然缺乏清晰的认识。

1990 年前后，辽宁教育出版社准备出版一套爱国主义系列教育图书，邀请我为这套丛书撰稿。在之前文化史研究的过程中，我已经注意到，应该从中国的外部、从世界文明的角度来认识中华文化，这样会扩大我们对中华文化的认识视野。于是，我撰写了一本通识读物《中华文化在海外的传播》。虽然只是一份20多万字的稿子，但写作过程是非常艰难的，因为在此之前还没有人对这个话题进行过系统的整理和论述，所以缺乏可以参考的文献资料。

但是，正是在这本书的写作过程中，我发现了一座"学术富矿"。为什么说中华文化海外传播的历史研究是一座"学术富矿"呢？主要原因有以下三个方面：第一，中华文化在海外传播的历史研究内容丰富，但是却鲜有学者对此进行过系统化梳理；第二，中华文化海外传播史研究的核心问题，就是如何更全面、更深入地认识中华文化传统，如何认识中华文化，这个问题极具学术价值；第三，从世界文明大格局出发，中华文化在世界文明中占有举足轻重的地位，并且以多种方式、多种渠道传播至世界各地，为世界文化的发展、繁荣、进步做出重要贡献，对于这一历史的认识，具有很强的现实意义，亟待梳理和总结。

接下来，大概有三年半的时间，我一门心思闭门读书：第一，放开眼界，广泛阅读和收集各类文献资料；第二，广泛收集资料并不意味着对资料毫无目的、毫无头绪地全盘接收，而要以研究方向为核心，根据最初拟定的研究主题对其进行系统阅读和学习；第三，在阅读过程中，随时做好笔记也是关键之举。我用了三年半时间进行各类资料的收集和整理工作，大概写了十几本笔记。在广泛阅读和思考的基础上，我又用了三年时间，写成最初版的《中华文化海外传播史》。那个时候，没有电脑，我就拿钢笔写，一页稿纸200字，最终近200万字的成稿用了将近一万页稿纸。一万页稿纸，摞起来，大约是80厘米高。

1998年，《中华文化海外传播史》三卷本正式出版，受到了许多学术界同行的赞誉和鼓励。此书出版一两年后，有一天我突然收到一封信，是用铅笔写的，特别漂亮的一手字。来信者是前中外关系史学会会长、中国社会科学院历史研究所研究员耿昇先生。原来耿昇先生看到《中华文化海外传播史》这部书后想与我联系，后来辗转联系到出版社，从出版社那里得到我的通信地址，于是就给我写了封信。耿昇先生在来信中表示，他看过我著述的这部《中华文化海外传播史》后，对我多有肯定，并希望我参加中外关系史学会。此后多年，我与耿昇先生成为好朋友，得到他多年的指导、鼓励和帮助。

对于我所从事的学术研究，北京外国语大学张西平教授也给予不少支持与鼓励。我记得张西平教授在看完《中华文化海外传播史》这部书后说，这部书能够把当时所能看到的资料，都收集、整理、集中起来，本身就是一件很了不起的事情。这是对我的肯定。但在当时的条件下，"都看到了"其实也是很有限的。在这个领域，需要深入挖掘的东西还有很多。在此后多年的学术道路上，张西平教授给予我很多支持和帮助。

在《中华文化海外传播史》出版后，我仍继续在这个领域进行深入的探索，继续关注中外学术界新的研究成果，为这部书的修订做准备。2004年，我调动到沈阳故宫博物院工作，担任院长一职，直到2012年底退休。这期间，虽然工作极为繁忙，但我一直对《中华文化海外传播史》的修订工作魂牵梦萦。离开院长岗位回家的第二天，我立即着手为这部书做修订工作。因为这些年来中国文化史相关研究成果较为丰富，相当多学者的研究成果让我备受启发。我用了大概两年时间，在把这些材料都悉心搜集、整理、阅读、研究后，开始着手进行《中华文化海外传播史》这部书的修订工作。在200万字原书稿的基础上进行修订，并不是简单地增添内容，而是要不断地深入挖掘，对包括中华文化海外传播的历史脉络、叙述结构等在内的各个方面进行调整修改，最终才将400多万字的《新编中华文化海外传播史》6卷本交付出版社。这部6卷本的《新编中华文化海外传播史》已经出版了。

郑：西方哲学史的学科背景，对您从事中华文化海外传播史研究有哪些帮助和影响？

武：首先，之前学习并从事西方哲学史研究的经历，让我具备大量西方文化历史的知识储备。中西方从物质领域的交换和交流，后来发展到艺术、思想、文化层面的交流与共享，中华民族创造的精神文化产品也因此逐渐走进欧洲大陆，成为"公共财产"，成为"世界文化"。对于西方文化来说，东方文明作为一种神秘而神奇的文化想象，是其藏于历史文化心理深处的一种记忆。只有在深入了解西方历史文化的基础上，我们才能回到当年中西方文化交流的盛大景象中，才能深入了解中华文明对西方文明的激励与开发。其次，哲学专业学习本身就是一种对思维的训练，哲学的学科训练让我从研究方法的角度来思考问题，从历史的规律和普遍性的角度来思考文化的对话与交流。虽然这三十多年来，我一直深耕于中华文化海外传播研究领域，但之前对西方哲学史的学习和研究让我受益至今，它不断启发我思考问题的深度和角度。

郑：在您从事中华文化海外传播史研究的过程中，您都有哪些学术思考和感悟呢？

武：最重要的一点思考感悟，就是关于我们国家一直强调的"文化自信"。所谓"文化自信"，本质上就是文化认同。文化认同，首先源于我们对于中国文化的了解，对中华文明传统的了解，了解引发认同，认同才能自信。研究中华文化海外传播的历史与影响，首要意义在于我们能够从自身文明发展的历史进程中增强对中华文化的认识，深刻认识到生生不息的中华文明给我们中华民族提供了物质和精神双重的重要支撑。其次，我们要站在"他者"视角，从世界文明发展的角度来认识中华文化。我们在讨论中华文化世界影响力的时候，要想到中华文化不是在一个封闭的环境中独自成长的，而是在世界文化的大格局中，在与其他民族、其他文化的交流、对话和相互的激荡中成长发展的。中华文化实际上是世界文化的组成部分，而且是非常重要的、举足轻重的组成部分。从本国、本民族之外的角度来认识中华文化，从"他者"视角去认识中华文化，也就是从世界文明的高度来认识中华文化，必然会更加全面，更加深刻，也更加能够了解中华文化在世界文化史上占据的地位和产生的影响。

郑：中华文化是世界上唯一没有断流的"原生型"文明。在世界文化史上，中华文化很长时期内都居于世界领先水平，占有显著地位，且对世界文化发展做出重要贡献。您认为中华文化具有哪些优秀基因？

武：中华文化是世界文化史上一座巍峨壮观、风光无限的高峰。英国学者约翰·霍布森在《西方文明的东方起源》中指出，如果没有东方的帮助，西方的拓展无法实现；如果没有东方的贡献，西方的崛起无法想象。中华文化向海外传播，实际上是非常广泛的。所谓"广泛"，主要含义有二：一是指传播内容的广泛，中华民族的伟大文化创造，如物质产品、科学技术、典章制度、文学艺术、宗教风俗、学术思想，等等，都曾在海外传播并产生深远影响；二是指传播范围的广泛，近则泽被四邻，如朝鲜、日本和越南，世受华风濡染而成为中华文化圈的成员；远则经中亚、西亚而传至欧洲，或越大洋而传至非洲和美洲，在那些遥远的地方引起一阵阵文化热潮。中华文化通过各种直接或间接的途径，广泛散播于世界各地，使中华民族的文化创造成为全人类的共同财富，促进和推动世界各民族文化的进步和繁荣。

中华文化在海外广泛传播并产生深远影响，从中华文化自身来说主要有三点原因。首要原因在于中华文化的丰富性。中华民族贡献给人类的智慧，突出表现在丰饶的物产上面，例如丝绸、瓷器、茶叶三大物产极大地影响和改变了人们的生活方式——从物质到精神，从生产到生活，从政治到艺术，从宗教到民俗，都或多或少、或远或近地随着这些物产传播到海外，对世界各民族文化产生各方面影响。其次在于中华文化的开放性。综观几千年中华文化发展的总趋势，开放性使中华文化保持一种健全的文化交流态势、文化传播机制和文化输入机制，而这正是中华文化具有强大生命力的主要原因所在。最后在于中华文化的先进性。在18世纪末工业革命开始以前，中华文化是世界上最先进的文化形态。中华先进文明以耀眼的光芒，吸引来自海外的大量关注。以明清时期为例，欧洲的大思想家伏尔泰、狄德罗、莱布尼兹等人，都对中华文化表示出热烈的赞许和倾慕之情。在他们的心目中，"中国"是一个令他们向往的"乌托邦"。这里需要强调的是，能够大规模传播到海外并且产生重要影响的往往是先进的文化形态，而不是简单的文化符号或异国情调式的调剂和消遣。

郑：您认为中华文化海外传播的效果评价维度有哪些？

武：我个人认为在效果评价维度中，最主要的一点是中华文化在海外的认知度，认识度包含多方面的维度考量，比如海外受众从哪些方面、哪些渠道了解和认知中华文化？中华文化海外传播的覆盖面及触达率如何？海外受众对中华文化理解的深入程度如何？等等。此外，传播与接受密不可分，传播的效果取决于接受的效果，文化传播的过程实际上就是文化接受的过程。中华文化在海外传播，有传播的过程就有一个接受的过程，接受之前还有一个理解消化的过程。当然，理解和消化并不等同于全盘接受。以佛教为例，我们接受的佛教也不是印度的原始佛教，而是中国佛教学者在认识和了解原始佛教的基础上对其加以改造，并且将其与中国传统文化相结合而生成的中国化佛教。中华文化海外传播也是这样，传播效果取决于海外受众对它的接受程度。

一个国家的文化对世界产生的影响，在很大程度上取决于综合国力。在中国几千年历史发展的长河里，每个阶段都有不同的中华文化内容，以不同的文化形式和传播渠道，广泛散播到海外不同地区。但是，这个文化传播过程并不是始终如一的，而是呈现出波浪式的曲线样态。中华文化海外传播史上，出现过几次非常耀眼的传播高潮。这几次文化传播高潮的出现，各有其原因和特点，但其共同特点和规律就是，这几次文化传播高潮都出现在中国国力强盛、疆域广大、威力远被、和平发展的时期，汉、唐时期形成中国历史上强盛的大帝国，元王朝更是一个世界性大帝国，其时欧亚大陆交通大开，而至明清之际，特别是康乾盛世，更达到中国封建社会发展的最后高峰。国力的强盛带动当时社会、文化各领域的创新和进步，由此出现文化的大繁荣、大发展。高势能文化吸引来自全世界民众的关注，他们主动前来我国学习和了解中华文化，积极向优秀文明靠拢。而对接受方来说，尤其是本国社会文化发展处在大变革、大动荡的时期，外来优秀文化更能够产生巨大的吸引力和影响力。比如，日本经历过大化改新之后，才逐步从战争不断、经济落后、文化贫瘠的奴隶制社会过渡到封建制社会。博大精深的盛唐文化，对当时的日本产生了强大的吸引力，其主动摄取中国先进文化的意识也就越发强烈。

郑：新的国际形势和环境下，我国提出"联接中外、沟通世界"的国际传播能力建设要求，大力提倡培养具有专业素养和全球视野的国际型、复合型人才。您认为中华文化国际传播者应该具备哪些素养和能力？

武：就像我刚才说的，传播的效果取决于接受的效果。作为中华文化国际传播者，第一，要具备"世界识见"。要实现我们的文化传播责任，首先就要确立我们的世界文化意识。鲁迅先生说："国民精神之发扬，与世界识见之广博有所属。"这里所说的"世界识见"，就是一种世界眼光，世界意识，世界胸怀。这种"世界识见"的养成，与我们所生活的时代相关，与我们的生产方式、生活空间、交往条件相关，也与我们的文化自信、文化自觉和文化精神相关。第二，要对本民族文化传统有充分了解，具有高度的文化自信和文化认同。从历史上看，中华文化是世界文化格局中相当重要的一部分。正是由于中华文化的参与，世界文化格局才显得如此丰富多彩、辉煌壮观、气象万千；也正是由于中华文化的参与，我们与世界文化的总体对话才显得如此生动活泼、生机盎然、妙趣横生。认识中华文化走向世界的历史过程，会使我们更深入地认识和了解我们的传统文化，更加有利于增强我们进行中华文化海外传播的自觉性和自信心。第三，要在具体的传播实践中，适应目的国的文化语境，运用他人的语言，熟悉对方的文化，这样才能更好地把中华优秀文化和中国故事讲给他们听。

郑：文化关键词是中华文化中最核心、最重要的"字"或"词"，通过一个或多个文化关键词，国内外受众可以了解到中华文化的基本特征和独特个性。您能简单谈谈您心目中的中华文化关键词是什么吗？

武：中华文化本体特征是什么，我认为是儒家精神，是中国的孔子文化，这也是对于中华文化精神最具代表性的关键词。比如德国人认为歌德是整个德国文化最有符号性、最具代表性的关键象征，而中国最有代表性的就是孔子，就是中国的儒家思想。我认为中国的儒家思想有一个特别重要的特点，即大传统与小传统的"同构"。何谓"同构"？儒家思想本身是一种思想，是一种理论，是一种官方的意识形态。从汉武帝时期"罢黜百家，独尊儒术"开始，中国就将儒家思想作为国家的意识形态。从官方意识形态到学术理论建构，又围绕着儒家思想创制了中国古代的教育制度，这种教育制度后来演变成科举考试制度，如此形成一个完整的关于推广儒学思想的制度设计和安排。这是中华文化的大传统。而在民间文化，即"小传统"，如百姓日常生活的许多风俗习惯，如二十四孝，等等，实际上都与孔子儒家思想密切相关。所以，上层文化和下层文化是同构的，这是中华文化一个非常重要的特点。这种文化"同构"，以多种形式共同塑造了中国人的民族精神和性格。

二 人类精神的延续：中华传统文化的
传承、创新与发展

中华传统文化是世界古老文化中的几种"原生型文化"之一。相比于世界其他古老文化，唯有中华文化具有无与伦比的延续力，并得到最为连

贯的继承和发展。未来中华文化的传承、创新和发展，亟待我们对其加以讨论并予以重视。

对于中华文化的认识，首先要回到中华文化本身，直至走进中华文化历史的深处。武斌认为，对于文化现象、文化经验的研究，归根结底要寻找到根植于中国历史，直至国人内心深处的文化精神力量。中华文化精神力量是具体的，是在千百年来中华文化的实践中积累和锻造出来的。独具特色的中华礼俗文化，具有东方神韵的以孔子儒家学说为主体的哲学思想，都是中华精神气质的直接体现。正如钱穆先生所说："对于中华文化历史的研究，必须要有温情的敬意。"

郑：很多人将中华传统文化与现当代文化割裂开来，有意造成两者之间的对立状态。那么，您如何看待中华传统文化与现当代文化两者之间的关系？

武：我认为，将中华传统文化与现当代文化割裂开来，并造成两者之间的对立，这个观点其实是不对的。因为中华传统文化和中国现当代文化并不是两种截然不同的文化形态，中国现当代文化其实是中华传统文化在现代的延续与发展。我认为，中华文化从来没有被割裂过，就像我们说唐朝文化、清朝文化，它们不是两种文化而是同一种文化，是同一种文化在不同历史时期的不同表现形式而已。对于两者关系的误解，并不是现在才有的，实际上从近代以来就有这样的误解。例如，我们曾经认为中华传统文化严重阻碍了中国现代化进程，因此我们要推翻传统文化，要"全盘西化"。但是，当你仔细想一想，文化的现代化其实是中华文化历史发展的现代化，是中华文化发展过程的现代化，这仅仅是中华文化发展的某一个阶段。那么现代文化和传统文化存在矛盾吗？这是当然的，所以我们不断改造、丰富和补充文化，因而文化发展本身就是一个不断传承、创新和发展的过程。需要明确的是，传统文化在现代社会生活中仍然具有积极意义，经过传承、发扬和保留下来的传统，是经过了扬弃过程筛选的优秀传统文化。中华传统文化是一个源远流长的生命体，中华传统文化的传承史，其实也是中华传统文化生命体发生、成长和发展的历史。人类文明如果没有传承，何谈创新？更谈不上现代文明的发展。如果我们把传承比喻成一颗种子，那么中华优秀传统文化只有依托于现代社会这片肥沃的土壤，才能开出更为灿烂的文明之花。

郑：我们了解到，您曾多次到韩国、日本、欧洲等国家实地考察中华文化海外传播情况。那么据您了解，中华传统典籍著作在海外的传播现状如何？

武：早在17世纪，来华传教士就已经把中华传统文化典籍，诸如"四书五经"等著述翻译成西方语言介绍给欧洲。经过各国传教士们持续深入地研究和推介，到了17世纪末18世纪初，欧洲对于中华传统文化的认知与了解已经比较完整和全面了。从中国的地理、历史、行政区划和政治制度，到中国的物产、经济、教育和民间风俗，再到以孔子儒家思想为代表的中国哲学文化，欧洲思想家们都进行了比较多的介绍。尤其是中国儒家伦理思想给欧洲启蒙思想家们以新鲜的思想材料，甚至将中华帝国理想化成巨大的"乌托邦宝藏"，中国的开明君主制度更成为欧洲思想家们开展斗争的有利思想武器。19世纪到20世纪，中华传统文化典籍在西方学术界流传甚广，比如黑格尔、海德格尔、韦伯、荣格等思想家，都对中国古典学术文献较为熟悉和了解。

最早来华的这批欧洲学者，起初对中国小说并没有给予太多关注。最早翻译到欧洲且具有较大影响力的中国文学作品，其实只有一部剧本——《赵氏孤儿》。18世纪，《赵氏孤儿》被翻译并流传到欧洲后，又经历了跨文化改造，最终演变成适应欧洲文化传统的戏剧《中国孤儿》，并在巴黎精彩上演。19世纪后半期，英国传教士们开始翻译中国诗歌以及《红楼梦》等四大名著。美国作家赛珍珠将《水浒传》翻译为《四海之内皆兄弟》，在美国出版后产生极大影响。近年来，我国积极推进中华学术外译项目，主动、有计划地译介大量中国优秀文学作品并传播至海外。我在国外实地考察的时候，看到不少国外书店展示、陈列中国文学作品。

郑：长期以来，西方现代文明以及日韩文化潮流对中国民众影响甚广。对中国民众尤其是年轻一代而言，中华传统文化与他们的日常生活仿佛呈现出一种疏离的状态。近些年，我们看到，《国家宝藏》《我在故宫修文物》等文博类电视节目的出现，唤醒了国内不少受众对中华传统文化的兴趣和热爱。那么，在当前的世界多元文化背景下，您如何看待中华传统文化与世界文化之间的关系？

武：刚才咱们谈到，中国现代文化其实是传统文化的延续和发展。现代文化的一个突出特点就是开放性和多元化。一方面，我们主张中华文化向海外传播；另一方面，我们也不应该反对或是抵制国外文化向中国传播。正确的态度应该是以一种世界眼光看待不同文明，要注重吸收世界文明的一切优秀成果。中华文化在国际上的广泛传播和影响，还在于中华文化的开放性。开放性是中华文化的一个显著特征。正是由于中华文化具有开放性，在大规模文化输出的同时也广泛地吸收、接受、融合域外文化，才使得中华文化更加丰富多元、博大精深。

通过《国家宝藏》《中国诗词大会》等节目，国内受众切实感受到中华传统文化的魅力，极大提升了民族文化自豪感和认同感，但同时我们也应该以一种开放性的态度与先进的世界文明相遇、接触、交融。不同国家的文化是各民族的、各地域的，同时也是全世界的。这不仅是指各民族文化都是世界文化的组成部分，都参与了世界文化的创造和发展，更是因为各民族文化都吸收了其他民族文化积极的、先进的成果，并且将其纳入自己的文化体系之中，发展为自己的文化。总之，在当前的多元文化背景下，我们坚守和传承中华传统文化，并不意味着对世界优秀文明的排斥，而是应该学习对全人类尤其是年轻一代有益的世界文明。多元文化交流首先是不同文化之间的相遇和接触，而不同文化之间的交流正是推动文化发展的主要动力。

郑：您认为，中华传统文化应该以怎样的姿态和形式，适应当前的新媒体传播语境？

武：中华文化"走出去"应该是一个自然的历史过程，我们在推动中华文化海外传播的时候，第一，要从历史规律中找出适合的文化传播形式。刚才我们也提到民族文化与世界文化之间的关系，不同文化之间的交流能够促进其相互学习和补充，补充和丰富本身就意味着文化的发展。这就提示我们，要尊重历史文化发展规律。中华文化在海外的传播与传播者的主观、能动因素息息相关。比如，徐福、张骞、玄奘、鉴真、郑和、朱舜水、陈元赟等人，不避艰难险阻，越关山、渡重洋，与各国各族人民建立起政治、经济、文化等各方面的联系，搭起中外文化交流的桥梁，他们把中国的文化珍品、文化理念、文化信息传播于世界各地。由此可见，我们的祖辈先人在很早的时候便致力于"中国文化'走出去'",但采用的传播方式是友好、平等的文化交流而非强制性地文化输出。第二,现代社会和古代社会完全不同,当前的传播形式、媒介技术都非常先进,我们可以充分利用新媒体、新技术创新中华传统文化的对外传播形式,以达到最佳传播效果。但前提仍然是要尊重其他国家、其他民族的文化,以一种平等交流的态度进行对外文化交流与传播。第三,中华文化对外传播内容必须适应目的国的社会文化语境,在跨文化传播过程中要尽量减少语言障碍和文化差异等导致的"文化折扣"现象。

郑: 我们了解到,您一直勤勤恳恳地深耕于自己的学术研究领域,出版了许多具有一定影响力的著作,请问您是如何做到这样专注和执着的呢?

武: 我觉得这主要源于一种热爱,也是为了童年的梦想。小时候,我的家庭条件并不是很好,也没有良好的学习环境。我的父母都是普通工人,但他们却极为尊敬文化人。父母对文化的尊敬对于我来说,是一种精神鼓励,也是一种学习动员。十五六岁的时候,我就萌生了从事写作的想法,最主要原因就是我的父母以及其他长辈一直给予我鼓励和肯定。大学毕业后,我有诸多工作经历,但是我始终没有忘记写作这个梦想。离开工作岗位退休回家后,我做的第一件事,就是把桌子、书架都擦干净,开始新的写作。写作是一件十分艰苦的事,但我也乐在其中。另外,当前生活水平和科技水平的不断发展和进步,都为我从事写作工作提供了新的便利条件。

郑: 您在《中华文化海外传播史》原著的基础上,将之重新修订后变成6卷本,该著述系统阐释中华文化走向世界的历史过程及其影响。那又是什么样的契机,让您聚焦于"丝绸之路"历史,完成了《丝绸之路全史》这部鸿篇巨制呢?

武: 2013年,我国提出"一带一路"合作倡议,很多中外关系研究领域的学者积极响应国家号召展开专题研究,《丝绸之路全史》契合时代需求应运而生。关于这方面的研究主要包括两个层面:一是政策层面,二是丝绸之路的历史文化层面。我在多年的中华文化海外传播研究中,积累了一些相关的知识储备,完成这样一个主题写作具有相当的现实意义。通过研究，我们看到，以丝绸之路为载体的人类文明史，是一部辉煌壮丽、丰富多彩、博大厚重并且具有永久魅力的历史。我们回顾历史，不仅是要重绘那幅历史画卷，更要在这种重绘、叙述和解读中，总结历史上丝绸之路的文明成就，获得对于历史的新认知，寻求历史的智慧。我们要以历史赋予我们的知识、智慧和营养来面对今天的文化和时代。

郑：在完成《中华文化海外传播史》修订版和《丝绸之路全史》这两部大部头著作后，您正在做哪些研究工作？

武：中华文化海外传播史研究方向的课题，是我多年学术活动的基础与阵地。通过几十年如一日的研究，我得到的一个重要启示，就是要深入认识中华文明的世界性价值，这也是我目前正在思考和着手进行的一个研究课题。此外为了将专业性成果推广出去，面向更广范围的阅读人群，我正在计划编写《中华文化海外传播史》的通识读本。目前我已经推出了两本通识性读物：一本是《文明的力量：中华文明的世界影响力》，另一本是《孔子西游记：中国智慧在西方》。我希望"中华文化海外传播"这个题目能够吸引更多的受众去了解、关注中华文化，只有普通群众读得懂、看得懂、喜欢看，我们才能够真正践行中华文化的广泛传播，才能够真正实现"中华文化'走出去'"。

由跨向转：新时代跨文化传播理论升维与实践创新

——史安斌教授访谈录

蔡馥谣[*]

嘉宾简介：

史安斌，清华大学新闻与传播学院副院长，教授，博士生导师，清华－伊斯雷尔·爱泼斯坦对外传播研究中心执行主任，美国宾州大学比较文化和传播学博士（2001）。主要著作有 *China's Media Go Global* 以及《危机传播与新闻发布：理论·机制·实务》《全媒体时代的新闻发布与媒体关系管理》《全球传播与新闻教育的未来》等以及中英文论文200余篇。入选国家哲学社科万人领军人才，享受国务院政府特殊津贴，中宣部全国"文化名家"和"四个一批"人才（2017），首批国家级青年人才计划（2015），北京市宣传文化系统"四个一批"人才（2014）。兼任中宣部国际传播能力建设专家咨询委员会委员，国务院新闻办新闻发布和对外出版专家委员会委员，教育部人文社科重大课题攻关项目首席专家等职。2003年以来作为主讲教授参与国务院新闻办主办的全国新闻发言人和全球传播高级研讨班，培训了中央和地方各级外宣干部、政府新闻发言人和国际新闻记者近万人。他还应邀担任中央电视台英语频道（CGTN）的新闻评论员，在《纽约时报》《华盛顿邮报》《新闻周刊》以及半岛电视台等多家中外媒体上接受采访或发表评论。

---

* 蔡馥谣，大连外国语大学新闻与传播学院副教授，中华文化海外传播研究中心研究员，研究方向为跨文化传播。本文为蔡馥谣根据史安斌教授的学术成果整理而成。

一　跨文化传播的理论升维

蔡馥谣（以下简称蔡）：史教授您好！非常感谢您接受我们的访谈。在中华文化海外传播大连论坛上，您的演讲中特别强调了新时代背景下跨文化传播理论的转向，对我们启发良多。我们知道，"跨文化传播"的英文名称为"intercultural communication"，更为准确的翻译是"文化间传播"。但在中国，它对应的名称很多：跨文化沟通、跨文化交际、跨文化交流、跨文化对话、跨文化研究等。这反映出我们对该学科的定位还没有达成共识。与此同时，从更为宏大的历史机遇来看，跨文化传播的学科建设面临着新的挑战和机遇，请问您是如何看待这种挑战和机遇的呢？

史安斌教授（以下简称史）：感谢您的提问，综观西方工业革命以来全球传播体系的形成过程，大致可以将其分为三个阶段。首先是从19世纪末到20世纪初的英式全球化，这一过程随之牵引出"帝国传播"的概念。作为第二波全球化潮流，"二战"后的"美式全球化"则直接促成了"跨文化传播"这门学科的建立和普及。然而，无论"英式全球化"还是"美式全球化"，实质上都是在"化全球"，即一方面鼓吹文化多元论，另一方面以市场经济和西式自由民主的模式，把世界各国打造成与英美同模复刻出来的政治、经济、社会和文化"副本"。这一西方中心的"全球化"所隐含的要旨和意图在美国前副总统彭斯于2018年10月4日发表的"新冷战演说"中再度得到了巧妙的"包装"和清晰的"体认"："美国人民别无所求，中国人民理应得到更多。"

紧随美式全球化的步伐，跨文化传播理论被广泛用于指导回应这一过程中出现的一系列问题和挑战。无论"马歇尔计划""和平队"还是面向第三世界的"现代化"和"发展传播"，跨文化传播学者都积极参与到文化、传播与政治经济秩序互动的现实改造工程当中，并基于对其实践的阐释、归纳和评估，留下了《传统社会的消逝》《无声的语言》《超越文化》《创新扩散》等诸多学术经典，这些著作都成为传播学研究的必读书目。

但在以"泛在传播"为特征的新全球化时代，移动社交媒体和数字劳工的普及都体现了"赋权/赋能"的原则。原本在单向度传播制度下被动接收信息的基层"草根"受众，前所未有地成为资讯、舆论生产与传播的"先导性主体"；而原本处于全球新闻舆论场边缘和信度光环之外的"西方以外的国家和地区"亦通过"弯道超车"或"异地突围"，成为全球传播体系中不容忽视的一极，近年来如雨后春笋般出现的卡塔尔半岛电视台、"今日俄罗斯"和中国环球电视网等来自非西方国家的媒体机构都是"他国崛起"背景下在全球新闻传播领域出现的新生力量。

这种新型传播生态所导致的结果是异质性的"文化杂糅"或者说"第三文化"成为全球媒介文化的主流，因此"跨"的概念已经不足以概括当下全球文化的复杂性。从现实情形来考量，2016 年以来世界进入了全球化的第三个阶段，同时这也是中国通过推进"一带一路"倡议引领"新全球化"大潮的关键时期。与前两波全球化浪潮不同，当下"新全球化时代"并不致力于打造文化传播的"一言堂"，而是要通过"传播赋权/赋能"的方式，开创"多声部合唱"的"复调传播"新局面。新时代中国的文化传播理念，不是要把全世界变得与中国一样，而是要以"人类命运共同体"为核心理念，带动世界各国共同发展，促进文明的平等交流与互鉴。在这个意义上，建立在"中心—边缘"认识框架下，以西方文明模式"化全球"的跨文化传播理论无法提供更为丰富的现实解释；反之，强调"互联互通、共生共荣"的新全球化理念，则为超越跨文化传播的认知视野和实践框架开辟了诸多新的路径。

蔡：在您的演讲中，您提出跨文化传播出现了新形态，将此形态称为"转文化传播"，这与前一阶段的跨文化传播有哪些不同？跨文化传播与转文化传播之间有什么区别和联系呢？

史："跨文化传播"以传播学为核心，整合了语言学、社会学、心理学、人类学等跨学科的理论架构和实践成果，并在"二战"后蓬勃兴起的"美式全球化"进程中得以成熟和普。按照西方传播学界普遍认可的界定，广义的"跨文化传播"具体包括探讨不同文化模式和特征的"比较文化研究"、以探讨人际和组织传播为核心的狭义的"文化间传播"、以探讨国际关系和大众传媒为核心的"国际传播"，以及探讨不同文化背景下传播与社会互动关系的"发展传播"这几大领域。

作为一门探讨不同文化间传播与交往过程的学科，跨文化传播旨在解决以"美国治下的世界和平"为主题的世界政治经济秩序在发展过程中所遭遇的社会和文化挑战，其"问题意识"紧扣于其理论建构和实践落地的各个步骤当中。具体而言，首先是将世界各地的文化政治以民族国家的方式进行识别，在文明等级论的理论包装下，非西方地区被界定为"文化盆地"或"非历史的蛮荒之地"。其次是通过资本输出和意识形态渗透推动美式价值观和现代性话语体系在全球范围内得以被接受和普及。

显然，这使得跨文化传播从学科创立之初就不可避免地打上了"欧美中心主义"和英国社会学家安东尼·史密斯所说的"方法论民族主义"的烙印，导致其在理论和实践上存在重大局限。这些局限在2016年以来全球政治经济格局发生重大变化后日趋明显。

首先是在现实政治层面拒绝对社会主义、非基督教宗教文明以及原住民文化等另类文化形式的认可和接纳；其次是其将资本主义结构性危机、阶级冲突包装为"文明的冲突"，从而将变革矛头从结构性生产关系的改造，转移到文化认同和身份政治层面。除此之外，尽管跨文化传播学中的批判取向指出了文化帝国主义在世界体系中的蔓延及其宰制逻辑，但是对这一过程的单向度把握，实际上遮蔽了作为反抗力量的被支配方的能动性，以及双方在文化和意识形态层面复杂的转化过程。

从媒介技术的演进来看，跨文化传播所依赖的是以单向传输为主的报纸、广播、电视和早期互联网等介质。根据传播政治经济学奠基人之一斯迈思的研究，单向度传播制度的设计之所以得到青睐和普及，恰恰是出于技术管理掌控意识形态的政治需要。但是在以"泛在传播"为特征的新全球化时代，移动社交媒体和数字劳工的普及都体现了"赋权/赋能"的原则。

因此，跨文化传播已经不适应当前"他国崛起"语境下全球文化格局的变化，跨文化传播这一概念的核心"跨"（cross）也已经不足以概括当下以数字媒体为平台的全球文化交融互动及其在不断借鉴和改造中流动的复杂性。我们把在两种或多种文化交流和对话中产生的文化转型和变异定义为"转"（trans）。

二 转文化传播：跨文化传播研究的新路径

蔡：那您认为，当前跨文化传播新阶段升维的基础是什么呢？

史：从跨文化传播的角度看，"新全球化"是自"英式全球化"和"美式全球化"之后的新发展阶段，是在全球化与逆全球化两种思潮的博弈中拓展的一种新的文化交往观念。如果说在"英式全球化"和"美式全球化"时代，全球文化与信息主要由以西方发达国家为代表的核心国家向其他边缘国家流动，那么在"新全球化时代"，核心国家和边缘国家的格局正在悄然发生变化，内容的多向流动成为一种新常态，这一现象在互联网平台上的表现尤为突出。也许西方发达国家信息的主导性流动尚不能被颠覆，但是文化杂交、融合、变迁现象的增加越来越使全球文化的传播朝着更为平衡的理想状态发展。

"新全球化时代"跨文化传播的典型变化体现在文化格局和传播技术两个层面。在文化格局层面，传统西强东弱的格局正在被打破，我们正在经历达雅·屠苏所描述的"他国崛起"的全球传播格局。在传播技术层面，西方在传统媒体技术和内容上的垄断正在被互联网的发展消解，互联网对来自世界不同地方民众的赋权正在改变西方主导的媒介文化生产格局。

然而，既有的跨文化传播理论比起"文化变迁"，更强调"文化稳定"，特别是稳定的文化之间的对话和传播；比起不同文化之间的相似性，更强调差异性，特别是如何解决因为差异而导致的传播不畅；比起"文化融合"，更强调"文化帝国主义"和"文化依附"，特别是其中的权力关系。

在这样的语境下，既有的跨文化传播面临理论解释层面的困境。它所强调的以民族国家为基本单位的"文化的异质性"，无法解释当前基于数字媒体的媒介文化再生产过程，特别是各类数字模因在不同文化圈层中反复被改造和再传播的过程；它所暗含的强势文化对弱势文化的征服和吸纳的特征，也不适应当前"他国崛起"语境下全球文化格局的变化。

在平台化社会到来之际，如何弥合各国分裂的话语空间，建立全球风险共同体的思考，将主导国际传播和跨文化传播理念的转型逻辑。面对与新冠肺炎疫情同步交织的"信息瘟疫"的严峻挑战，作为当今全球传播的基础设施，平台媒体的普及推动了国际传播在理论层面上由"国族中心主义"向"平台世界主义"的升维，在学科范式和实践层面则推动了由"跨文化传播"向"转文化传播"的升维。

三　转文化传播之构成要素及研究范式

蔡：在全球化时代，这个转文化传播所强调的是什么呢？

史：新冠肺炎疫情预示着全球风险社会的到来，也加速了人类社会的平台化进程。作为当今全球传播的基础设施，平台媒体的普及推动了国际传播在理论层面上由"国族中心主义"向"平台世界主义"的升维，在学科范式和实践层面则推动了由"跨文化传播"向"转文化传播"的升维。

随着不同文化之间交流频次的增加和程度的加深，融合文化或第三文化逐渐形成。这种类型的文化不同于单一文化对其他文化的适应和调整，而是两种或多种文化混杂、融合在一起，彼此密不可分。当我们接触到这种新型文化时，会觉得它似曾相识又迥异于熟悉的文化，它包含多种文化元素却又将它们内化于一体，它既是民族的又是异域的，它是新全球化时代的产物，是数字传播技术的产物。

因此，跨文化传播这一概念的核心"跨"已经不足以概括当下以数字媒体为平台的全球文化交融互动及其在不断借鉴和改造中流动的复杂性。我们把在两种或多种文化交流和对话中产生的文化转型和变异定义为"转"。在转文化传播的时代，我们很难用单一的国家或地区文化作为"标签"来指认某种单个的文化现象，这需要学术界用一种全新的视角来重新审视"新全球化时代"媒介文化传播当中"我中有你，你中有我"的新趋势。

"转文化传播"较好地概括了这一"文化杂糅"的过程。"跨文化"强调的是从一种文化到另一种文化，然而，"融合文化"或"第三文化"打破了两种或多种文化之间的清晰界限。既然界限模糊了，那就无从去"跨"。"转文化"则强调转化、转变、转型，较好地提炼了不同文化交融、互动、变异过程的实质，即文化的再生产。在社交媒体和网络虚拟社区，"转文化传播"概念的适用性尤为突出，可用于解释"模因"的形成和扩散。

在这里，"转文化"不再把"转型"或"变异"视作文化主体自发的行为表象，而是试图从"去本质主义"的立场进入文化生产内部，重新发现在政治经济体系、物质化生产和再生产过程中，文化传播主体间的权力转化关系。在这个意义上，转文化的本质是一种跳出了国际传播时代"主体—他者""西方—他国"二元对立框架，重新审视不同文化体系在交流互动中形成的具有融合意义的"第三文化"的解释框架。这一概念的提出，根本目的在于将研究的视野从传统的跨文化传播的二元对立框架中解放出来，更深入地理解在国际格局和传播技术变迁的语境下文化跨国流动的本质特征。

蔡：诚如您所提到的，"转文化传播"较好地概括了这一"文化杂糅"的过程，那当我们提及"转文化传播"时，尤其是在实践层面，它的要素构成有哪些呢？

史：跨文化主体之间基于对话沟通，建构超越疆域的融合文化和身份认同，本身就是传播学自诞生以来就抱持的理论愿景和实践期待。但是，历史和理论发展史中反复出现的包括建立世界信息与传播新秩序（NWICO）在内的国际传播博弈，以及"文化领导权""文化帝国主义"等跨文化传播领域的诸多经典论述都在不断提醒我们，对文化主体建构的思考离不开对文化政治、民族国家等全球化时代现代性基本问题的追问。

因此，建构新的主体文化想象，首先，要界定全球传播秩序中的主体构成。这需要我们将文化传播重新纳入地缘政治、国际关系、全球劳动分工和资源分配的政治经济学等历史、总体和基础性的框架中分析，从而清晰地界定主体在文化创造方面的政治能动性。其次，要超越既有理论对主体多元性的静态想象：文化不仅是一种静态的主体，更是不断互构转型的历史过程，多元文化主体间积极的传播实践也从来不是"独自美好"，而是"互通共荣"。鉴于"转文化"这一表述在语义上比"跨文化"更强调"转型""超越"等动态、社会化的历史过程，用"转文化传播"概念重构融合文化的主体建构这一历史命题，不仅更加贴合历史逻辑的理论表达，在实践指导意义上也更具有现实感和建设性。

我们认为，"新全球化时代"这一提法本身就包含了对全球社会与文化建构的体认，其中"新"和"全球化"的表述，分别体现了对当代社会文化建构中变与不变的双重认知。不变的是全球化作为总体进程的历史延续性，变的是社会组织和文化建构方式存在的创新可能。全球化不仅是社会化生产与国际劳动分工的历史产物，对此我们甚至可以在马克思《共产党宣言》文本中找到先哲对"世界文学"这一文化全球化状态的历史性预言，而且在新的历史时期，我们也看到社会文化建构的新可能。

世界各地都在信息与文化的共时性流动中不断发展和重构。中国抗疫期间的组织动员和信息传播创新不但离不开信息技术升级和全球文化交融的前提，反之也进一步推动了文化和传播技术的发展。因此，社会主体的文化融合与转型再造是新历史阶段文化传播的基本特征，这有别于既有的跨文化传播对"文化间主体"的本质主义和文化等级的建构。立足实践，基于原有的跨文化传播对社会主体的理论识别，突破文化本质主义的理论想象并建构动态的阐释框架，这一方面对传播学者提出了更高的理论要求，另一方面也是在新全球化时代识别全球社会和文化创新、重构传播实践的必由之路。

蔡：从"跨文化传播"到"转文化传播"不仅是概念的更新迭代，也需要我们对西方中心的学术规范进行反思和内省，那我们该如何理解方法的重构及研究的范式呢？

史：现有的转文化传播理论尽管试图突破西方中心主义的理论局限，但在很大程度上仍然聚焦于美式主流媒介文化"从哪里来"、"是什么"以及"向何处去"等问题。这实际上延续了跨文化传播所秉持的二元对立旧有思维。基于对"跨主体间性"的文化解放性的考察，我们需要在近年来出现的由"一带一路"倡议所引领的新全球化历史背景下，以将互联互通、共生共荣作为核心的"人类命运共同体"理念为指南，重新建构兼具理论阐释性和实践指导性的新的学术框架和路径。

转文化传播理论中核心概念就是"赋权/赋能"，即保持不同文化主体间平等交流与均衡传播。但西方学界在构建这一理论体系时，鲜有以其他区域文化为依归的理论分析。基于"一带一路"倡议中的平等交往理念，我们首先需要从认识论层面重新界定"赋权"的意涵。从文化和传播的角度来看，"一带一路"倡议的要旨之一便是文明的交流与互鉴。这与英式全球化或美式全球化是截然不同的思路。传播学界长期批判的"媒介文化帝国主义"就是指英式全球化或美式全球化当中根深蒂固的"单向输出"模式，这一模式无法解决亨廷顿所担忧的"文明的冲突"。而"一带一路"倡议所引领的"新全球化"推动文化的双向与多向互动交融，移动社交媒体则使这一互动过程变得更加顺畅便利。从全球传播的角度来看，"一带一路"倡议把打造"网络丝绸之路"作为主要目标之一，"中巴跨境光缆""中非共建非洲信息高速公路"等样板工程项目就是要打通信息传播的"最后一公里"，让因技术所限被迫"噤声消音"的边缘地区或群体能够在世界新闻舆论场上"讲故事、传声音"，构建更加公正、平等、合理的全球传播新秩序。

从"跨"到"转"不仅是传播文化研究概念和理论的更新迭代，也需要我们对西方中心的学术研究规范进行反思和内省。从方法论层面看，这种在研究者与研究对象之间强加的"主/客观""自我/他者"等二元论关系，实际上也遮蔽了两者在沟通过程中的理念融汇和文化共造，甚至相互建构的转文化传播过程。生硬的理论搬运，甚或直接"抢占""强拆""肢解"现实，只会使得学术研究与其宗旨背道而驰。事实上，一些随意的、自然而然的、未经技术处理的言论或场景往往会更具有学术意义上的真实性和权威性，能够更有效地切入问题的核心，带来更加丰富多元的文化和历史解释。在以"他国崛起"为背景的转文化传播研究中，根据"一带一路"沿线国家的实际情况改造现有的研究方法，也是未来传播学学科建设的重要任务。

从本质上看，跨文化传播尽管对方法论民族主义展开了尖锐的批判，并以媒介、文化与政治经济交叉分析的方式回应文化转型的议题，但并没有从本体论层面对承载文化形态的国家机构和组织机制展开性质分析。因此，转文化传播学需要在"批判性转文化主义"（critical transculturalism）的分析框架中，在去本质主义的思路下，将文化的内生异质性和杂糅性作为普遍性议题，并承续文化帝国主义的理论视野，在一定程度上对文化等级秩序进行反思。

四　转文化传播对中华文化国际传播的启示

蔡：您曾提过，在跨文化传播的实践中，美式文化是主导范式，即便以带有文化"杂糅"特征的"全球本土化"范式来观照，跨文化传播的核心仍是美式价值观。实际上，这也是中华文化海外传播所面临的困境，您认为目前中华文化海外传播需要重视的问题有哪些呢？

史：当前中华文化"走出去"在实践层面尚未充分吸收转文化传播的理念，最主要的问题在于其缺乏对话的意识。跨文化传播所追求的"源于中国而为他人所用"的特质已经不能适应当前文化"走出去"的实际需求。只有立足于转文化传播的理念，将文化产品深刻嵌入在地文化的语境和需求中，才有可能真正实现文化的对话与交融。无论中国媒体文化走向海外还是海外媒体文化进入中国，其在转文化传播时代都必然经历一个"文化杂糅"转型的过程，只有实现这种超越传统媒体时代"本土化"进程的转文化过程，才有可能实现文化产品真正意义上的落地与传播。

中华文化的基础是中华民族在中国创造的文化，中国文化与外域文化的交互关系是构成中华文化生态环境、基本特征的重要内容。文化的本质内涵是自然的人化，广义而言，包括物质、精神、制度、行为四个重要维度；狭义而言，特指精神文化的"文化"，常与"政治""经济"并列使用。一般来说，我们从广义文化的视域界定中华文化的博大精深，通过中国传统文化、近代转型期文化和现代文化的分期勾勒中华文化历史。由此，中华文化"走出去"的基本问题是，我们如何清晰地界定中华文化？如何言说中华文化，进而建构立足中国、具有中国特色的跨文化传播路径和理念？武汉大学新闻与传播学院教授单波曾修正"以中国作为方法"的结论，提出理性的对外报道是"中国与世界互为方法与目的"，这一结论展现出跨文化传播认知范式转移的可能性。跨文化传播实践和学术研究需要从中国出发，在与世界的对话和互动中构建新型跨文化交往关系。

蔡："转文化传播"对中华文化国际传播的影响有哪些？

史：中华文化"走出去"目前采取的主要策略仍然是通过各种产品形

态和渠道平台进行"以我为主"的推广，基本思路是跨越文化之间的界限，实现广泛传播与落地。尽管与时俱进地运用了先进的数字化手段和传播平台，但是，传统媒体时代的思维方式仍然禁锢着文化传播实践的步伐。如果将"转文化传播"理念运用于指导中华文化"走出去"，可以不局限于单一中华文化的独自"走出去"，而是尝试与当地文化杂糅、融合、对话、互动，这将使中华文化更具有亲切感、贴近性和感染力。我们甚至可以创造性地转变中华文化的样貌和形态，将其精神内核融入当地文化，制作当地人喜闻乐见的融合文化产品。

如果说"转文化传播"的总体设想是超越美式全球化的西方中心主义，那么对文化行动主体充分"赋权""赋能"，推动主体间的平等交流与均衡传播就是"去中心主义"的题中应有之义。从知识建构的角度看，中华文化"走出去"本身就是转文化传播理论"从实践中来，到实践中去"最好的实现方式。因此，"转文化传播"理论对中华文化国际传播实践的启示是，我们不仅要关注对象国、对象群体在文化发展过程中的主体建构，也要充分挖掘、反思自身的文化转型以及全球层面的文化流动。

蔡：在由"跨"向"转"，借助转文化传播的平台思维时，媒体在转文化传播过程中所起的作用有哪些呢？

史：转文化传播聚焦于媒体在舆论营造方面的"前景化"过程。如果将视线切换到媒体部分，便很容易发现"转文化属性"在微观和宏观层面的不同表现。在微观层面，具有不同政治经济背景和意识形态背景的媒体机构，在信息生产和流通的过程中存在明显的冲突和调和的过程。在整体主义视野下，"西方"与"他国"在宏观层面上的分歧也都系统性地体现在各自阵营的媒体话语中。

具体来看，首先，媒体在转文化传播过程中所起的作用，其最根本的一点是，全球文化传播实际上是信息通信技术不断改造媒体生产的政治经济学过程，即智力劳动被不断物化的过程，而智力劳动的正当性通常建立在对劳动过程——甚至是劳动这个类别本身的"否定之否定"的过程——当中。因此，跨文化传播常常被错误地处理为脱离劳动过程和社会关系的，形而上学的文化哲学/权力/制度分析，或窄化为脱离文化再生产的技术/经济中心论分析。

其次，媒体作为公共话语权力的把关人，通过将话语认知植入意识形态再生产的政治传播过程，主动介入文化政治和社会意识形态的塑造之中；但这并不意味着媒体是超脱历史结构的法外权力，相反，媒体本身就深嵌在社会文化政治法律关系之中，是政治权力和跨境资本的表现形态，也是各类新旧权力与资本"角力"的舞台。

最后，媒体对各种不同文化的"增稠"或"稀释"效果，都是"主位"和"客位"文化嫁接重组的资源调配过程，也都建立在文化平台间的不对等关系之上。转文化传播将其"问题意识"投射于跨主体的社会关系，而不仅仅是有关意识形态再生产的、局限于主体内部的文化政治问题。以上三方面构成了转文化传播对跨文化传播在概念和理论层面的超越。

转文化传播的概念不再把"转型"或"变异"视为文化主体自发的行为表象，而是试图从"去本质主义"的立场进入文化生产内部，重新发现在政治经济体系、物质化生产和再生产过程中，文化传播主体间的权力转化关系。因此，传播学应当聚焦的是关于异质性社会关系的问题，而不仅限于意识形态再生产的文化政治。

蔡：对此，结合跨文化传播理论的升维，我们应该怎样更好地提升中华文化国际传播的传播效果呢？

史：在平台世界主义框架下，以"构建人类命运共同体"为主题和以"文化杂糅"为主要形式所呈现的"中国方案"进入全球传播的话语流动之中，体现出鲜明的"转文化"特征和趋势。

首先，认识到平台之中所具有的权力关系结构，基于平台世界主义理念对其进行关系再造，坚持不同文化主体之间的平等交流，这不仅针对异质文化间主体，也适用于同一文化圈层内存在的不同文化取向。为了主动适应"草根"青年网民的"期待视野"，此次新冠肺炎疫情期间海外传播网络的参与者中不乏英国演员"逗逗先生"、中国留学生吴芃这一类引起国外社交媒体广泛关注的"网红"。这些活跃于国际传播网络中的"关键性意见领袖"（KOL）在发挥"饭圈"效应、提升信息的到达率和精准度上起到了重要作用。除传播内容外，平台自身的发展逻辑也应实现由"跨文化"向"转文化"的升维。以 TikTok 在海外市场取得的成就为例，其在除中国市场外取得的成功超越了西方主流平台通过政治经济手段实现的对于平台社会的垄断效应，也规避了强势平台文化的渗入对于本土文化的破坏，形成了"平行平台化"模式，即在尊重本土文化的基础上积极调整市场策略，主动适应全球文化市场的多样性需求。

其次，在开展跨文化传播活动中应突破二元结构思维和文化等级观，强调多元主体"共生共荣"，基于此，平台中的对外传播应当从"线性思维"向对话式的网络思维进行转变。要弥合当今世界的"分裂网"，基于"人类命运共同体"价值理念，推动建立起促进人类互通互联、文明交流互鉴的全球传播体系。对于媒体自身而言，在危机管理中发挥枢纽作用也能有效提升公信力和影响力。依据卡斯特尔（Manuel Castells）的"网络社会"理论，风险社会的治理是网络中国家、社会组织以及个体等不同的"单元"相互博弈直至达成利益平衡的过程。因此，媒体通过新闻报道来阐明各单元之间的"连接关系"比聚焦于单元本身更具有启发意义。媒体饱和与信息超载是风险社会的重要表征。在流动的网络空间内，"可见性"是媒体增加自身议程设置能力的切入点。在定制化传播的基础上，媒体应当准确把握用户的"信息依赖"需求，提升自身在网络中的可见性，例如充分发挥平台和节点优势，提升自身各个部门在社交平台的曝光度，在进行内容制作时重点考虑平台的内容生产及发布逻辑。多数平台媒体在设计之初，都以促进连接共享、社会资本生成和有效沟通为核心结构及设计元素，如推特更注重用户节点的相互赋能，TikTok 等视频平台则鼓励用户进行内容生产。外宣媒体也应考虑不同平台的技术可供性，善于利用不同平台的用户增长逻辑提升自身可见性。

最后，重视数字平台在不同文化圈层中的广泛影响力，发挥平台"转文化"潜力。平台的外部性特征能够使其吸引更多主体进行参与对话，在形成平台优势的同时有助于风险治理中利益共同体的建设。新冠肺炎疫情期间，作为全球传播网络节点的积极联通者和推动全球抗疫合作的重要行动者，我国媒体促进风险治理的全球参与，为构建"人类卫生健康共同体"提供对话平台，在平台网络中拥有更多连接的个体单元，具有更大的影响力以及话语权。新冠肺炎疫情期间，中国国际电视台（CGTN）的"全球疫情会诊室"已成为对外传播的品牌栏目，它通过连线全球多个国家的专家团队，共享抗疫经验，针对不同国情与社情提供意见。CGTN 倡导的这种媒体与专业人士的"云传播"模式成为全球风险治理的重要成果，上线 5 个月，其 72 场直播获得了 2.4 亿全球浏览量。

　　蔡：好的，再次感谢您接受我们的访谈。

中华文化艺术国际传播的四个关键词

王洪波[*]

摘　要：文化是一个国家和民族发展的重要软实力。中华文化艺术作为中华文明的重要组成部分，承载着民族精神，凝聚着国家力量，在国际文化的传播与交流中占据着重要地位。在全球化背景下，对中华文化艺术国际传播的路径和方法进行研究，对于开拓国际文化市场、提升我国文化影响力具有重要意义。本文结合笔者在国际文化交流领域的多年实践经验，从"国际化""专业化""在地化""个性化"四个关键词切入，对中华文化艺术国际传播提出建议，以期丰富对外文化艺术交流与传播的理念和方法，在实践中创造更好的社会效益与经济效益。

关键词：中华文化艺术　国际传播　文化软实力

2021 年 5 月，习近平总书记在第十九届中央政治局第三十次集体学习中强调，讲好中国故事，传播好中国声音，展示真实、立体、全面的中国，是加强我国国际传播能力建设的重要任务。^① 文化作为国家发展的重要软实力，是民族精神的灵魂与核心，也是连接中国与世界的重要桥梁。传播真实立体的中国，首先要从文化上切入。推动中华文化艺术"走出去"，是增强中华文化影响力，促进不同文明间交流互鉴的重要途径。笔者长期从事中华文化艺术海外传播事业，在实践中收获了一些有益的理念和方法，总结和提炼出"国际化""专业化""在地化""个性化"四个关键词，以下分述，希望能对中华文化"走出去"的事业有所启迪和助益。

---

*　王洪波，中国对外文化集团有限公司新闻总监，研究方向为文化传播。
①　《加强和改进国际传播工作展示真实立体全面的中国》，《人民日报》2021 年 6 月 2 日。

一　国际化

中华文化艺术国际传播是一种国际性的文化交流，其工作应遵循国际化原则。所谓"国际化"，指的是拥有国际化视野、遵循国际化规则与执行国际化的操作流程。国际化视野和国际化规则往往是大多数人所认同的，但国际化的操作流程在具体实践中却常常被忽略。事实上，操作流程的国际化往往是最重要的。没有国际化的操作流程，在具体工作中就会冒出很多问题，有些甚至难以解决，这时所谓的国际化视野与国际化规则就会成为一句空话。而按国际化的操作流程进行具体工作，往往便可以将问题化解，使中华文化艺术的国际传播更为顺畅。

20 世纪 80 年代末，以美国为首的很多西方国家在经济、政治等各个领域制裁中国，文化领域也未能幸免。当时，中国对外文化集团有限公司（以下简称"我司"）的前身之一——中国对外演出公司正有一个演出团体在美国进行演出。按照双方协议及惯例，演出时需要在现场悬挂中国国旗，而这一举动在敏感时期便激起了美国民众的抗议。这时，国际化的操作流程便在对问题的化解中起到了重要作用。在演出开始之前，公司便已经与美国演出商签订了商业合同，合同对演出工作的操作流程做了具体详细的规定，任何违反规定的举动都侵犯了双方的合法商业利益。于是，这个问题最后由美国演出商自己出面解决。他们以当地的语言向美国民众解释悬挂演出方国旗只是一个合乎规则的商业化惯例，无关政治，且受法律保护。如果民众继续闹事，便侵犯了演出双方的商业利益，最终演出双方可选择诉诸法律。听到这样的解释，美国民众便冷静了下来，因为他们需要遵守法律。一个不大不小的政治问题最终化险为夷，所依靠的是国际化的操作流程。

这是一个非常具有典型性的国际传播事例，与此相似的例子还有很多，在此不一一列举。事实上，国际化非常重要，多年以来，我司的跨国合作一直遵循着这样的原则，这也是举办国际化演出和国际化文化艺术活动的一种国际化通行做法。无论文化是"走出去"还是"引进来"，都要遵循国际化的操作流程，与外方在事先尽可能详细地订立约定，这是一种对等的合作。在商言商，就事论事，一切按照流程做。涉事双方签订合同，依照流程办事，减少了具体工作中的矛盾和摩擦，也大大提高了彼此合作的默契值与工作效率。在"国际化"原则中，操作流程的国际化最为重要，但这并不意味着国际化视野和国际化规则就可以被忽略。没有国际化视野，不遵守国际化规则，也就无法按照国际化的操作流程办事。这三者互相联系，合为一体。所谓国际化视野、国际化规则，不能是空话。

二　专业化

中华文化艺术国际传播的第二个关键词是"专业化"，所谓专业化，指的就是通过专业化的思维和做法，来达到专业化的对等。这包括聘请专业的艺术家和团队，进行专业化的对接，做好专业化的策展与传播推广，提供专业化的服务，等等。文化艺术的传播与交流必须在专业上对等，否则就会被认为是外行，不仅得不到相应的效果，甚至还可能会出乱子。在具体交流的过程中，我们派出艺术家或艺术总监等专业人员，往往能比派出官员得到更大的尊重。专业对等使对方认为我们真正尊重对方、尊重艺术，这种尊重感和认同感是最难能可贵的。

在"专业化"方面，"中法文化年·中国当代艺术展"就是一个绝佳的例子。"中法文化年·中国当代艺术展"是中国第一次以国家整体集合的形式和规模，在国际舞台上推出的中国当代艺术展。筹备展览时正值中国发生"非典"疫情，我司对疫情扩散的可能性有顾虑，但法方毫不在意，并向我们一再表示将这项工作坚持做下去的决心。最后，我司的工作团队在采取严格防控措施的前提下，前往巴黎开展工作。在蓬皮杜文化艺术中心举办的中国当代艺术展，由中法双方的艺术家共同策划，取得了很大的成功，在法国当地也引起了轰动。这次展览让世界第一次集中地看到了中国艺术家在当代艺术领域的独特思考，是一次很大的突破。在这次展览成功的背后，是中法双方极具专业性的合作。专业化团队，专业化对接，打造出专业化的水准。中国当代艺术在蓬皮杜文化艺术中心的展览，被专业领域认为是一件具有"划时代"意义的大事。

在此基础上，中国对外文化集团从 2005 年起开始承办威尼斯双年展中国国家馆的工作。17 年来，中国的当代艺术和建筑每年都从中国国家馆的平台走向国际，该展也因此成为展示中国当代艺术与建筑最新理念与成就的盛事，在专业界享有很高的声誉。除此之外，在中国对外文化集团承办的"'相约北京'国际艺术节"、"中国国际合唱节"、"中国国际青年艺术周"、"中华风韵"、"感知中国"、"欢乐春节"、"港澳视觉艺术双年展"、"援助缅甸第 27 届东南亚运动会开闭幕式演出技术支持项目"、重大国事演出展览活动品牌剧目打造，以及演出院线运营等其他各项工作中，都十分注重发挥专业思维、专业人员、专业技术、专业团队的力量。正是几十年来坚持"专业化"的思维与做法，打造了中国对外文化集团的品牌形象，让中央领导、政府部门、国内外客户、观众对我们给予信任。2013 年到 2020 年初，中国对外文化集团策划承办的重大国事文艺演出多达 76 场，习近平主席出席了其中的 46 场，包括 APEC 会议、"一带一路"国际合作高峰论坛、中非合作论坛北京峰会等的文艺演出。126 个国家的元首、首脑和贵宾在这特殊的中华文化国际传播高端平台上观看由中国对外文化集团策划运营的演出活动。而要使每一场活动都精彩纷呈，给各国贵宾留下美好的印象，没有相当专业的艺术水平、策划能力及组织运营，是很难完成使命的。

三 在地化

中华文化艺术国际传播的第三个关键词是"在地化"。所谓"在地化"，指的是在文化艺术交流中，与当地的专业团队达成专业化的合作，这与"国际化"和"专业化"也有着密切的联系。达成"在地化"，既需要拥有国际化的视野，遵循国际化的规则与操作流程，也需要专业化的合作，这样才能与当地实现良好的对接。正如谢伦灿和杨勇两位学者所说，"中国文化的国际传播要树立'中国声音，世界表达'的理念，善于借助国际社会通用的表达方式和沟通理念，善于借助国际交流和对话平台"，①

---

① 谢伦灿、杨勇：《"一带一路"背景下中国文化走出去对策研究》，《现代传播》（中国传媒大学学报）2017 年第 12 期。

这样才能发挥好传播策略，实现精准化传播。文化交流的目的之一就是广交朋友，在地化合作本身就是在交朋友。要在合作中建立信任、深度交往，利用好当地的人脉，使"我"的事情变为"他"的事情。这种打破"中华文化国际传播工作只能由中方来做"惯性的思维方式，往往使我们的文化艺术交往工作如虎添翼，事半功倍。

关于"在地化"，最为典型的一个例子就是在日本推广中国京剧的系列工程。津田忠彦先生本是一位话剧导演，20世纪80年代曾携他执导的《藤野先生，再见!》来华演出。中国对外演出公司安排的系列交流活动中有一项是观看京剧，结果津田先生很快就被中国的京剧表演迷住了，他为此激动不已，并由此改变了人生的方向和目标。之后的三十多年时间，他几乎全部用来在日本推广中国京剧。津田忠彦先生与他的团队每年都与中国对外演出公司合作，安排中国的京剧团体和艺术家在日本巡演，并邀请《朝日新闻》等具有影响力的媒体共同观看。为了培养观众，他还很有远见地组织中国京剧进入日本校园演出。经过几十年的滚动式发展，京剧在日本拥有了一大批铁杆观众，成为十分重要的文化现象，而几乎所有的中国京剧团体都经由中国对外演出公司和津田忠彦先生的团队走进过日本。这是一个了不起的中华文化"走出去"在地化工程。如果不是津田忠彦先生及其团队的勤苦努力，要取得如此重大的成绩，几乎是不可能的。

"在地化"的理念和实践，无论怎样强调都不过分。没有在地化，文化交流与传播就永远是水上浮萍，不会生根，更不会长成参天大树。我们的文化艺术传播工作并不是只有我们自己做才会做得好。文化艺术的交流需要敞开心扉，需要有充分的信任。如若不转变心态，对在地化合作予以信任，文化交流与传播就永远只能在外围徘徊，无法进入主流与核心。有些部门安排的文化交流活动往往仅限于华人华侨圈，但华人华侨毕竟不是所在国的主体人群，文化交流若不接触主体人群，不进入主流，就无法达到预期的效果。

四　个性化

中华文化艺术国际传播的第四个关键词是"个性化"。所谓个性化，指的是个性化生存与个性化传播。这是由文化艺术交流自身规律所决定的，只有做到个性化，文化艺术的交流与传播才能深入人心。然而，在"个性化"层面上，由于历史及体制机制等方面的因素，中国多年来对此重视不够，不少文化艺术传播项目重共性轻个性，不太容易给人留下深刻印象。京剧的对外交流传播就是一个明显的例子。

京剧是我们的国宝艺术，但对于外国人来说，它很陌生。他们分不清各唱团的演唱风格，分不出各个艺术家的特色，甚至无法弄清京剧与中国其他地方戏曲的区别。京剧在国际传播的过程中遇到的问题就是缺少"个性"的突出。而这一点，西方艺术就做得很好。对我们中国人来说，很多人认识歌剧，是从帕瓦罗蒂开始的，认识交响乐，是从卡拉扬、小泽征尔开始的。正是这一位位个性鲜明的艺术家，把我们引入了西方艺术的殿堂。在京剧乃至中国表演艺术诸多门类的海外传播中，我们长期没有把"个性化"放在突出位置上，这是需要我们关注的问题。

在"个性化"交流与传播的具体实践中，2015 年中国对外文化集团推动张火丁教授访美演出便是一个成功的案例。张火丁教授任教于中国戏曲学院，是著名的京剧表演艺术家，也是程派艺术的代表人物。在进行此项工作时，我们查阅了大量的资料，在充分研究张火丁教授的同时，深入研究借鉴了梅兰芳先生当年赴美、苏演出的一些经验和做法，反复推敲，对整个活动进行了精心的策划，最终决定以"个性化"的形式来设计演出。活动强调的不是中国京剧艺术家访美演出，而是张火丁本身，意在让美国公众看到一个具有独立艺术个性和艺术成就的中国京剧艺术家张火丁。为了更加强调个性化，我们甚至根据传播学的特点，将张火丁由"中国京剧艺术家"定义为"中国京剧巨星"。

推广张火丁的工作进行得有条不紊。首先是邀请她在"相约北京"国际艺术节中进行《锁麟囊》的艺术演出，并同时宣布其在 2015 年 9 月将登陆纽约林肯艺术中心的演出计划。之后安排了一些中国和当地的学者到大学和俱乐部等机构做关于中国京剧艺术的演讲，介绍程派艺术及张火丁京剧表演的特点等。在演出前期，我们还安排了张火丁教授访问美国的一些大学，做学术演讲。除此之外，我们还与林肯艺术中心配合，举办了两场重要讲座，分别邀请了两位非常有代表性的美国学者主讲。一位是美国哈佛大学东亚系的主任，台湾"中央研究院"院士王德威教授。他是一位华裔美国学者，也是中国现代文学研究领域的权威。另一位是密歇根大学的美国汉学家陆大伟。我们请王德威教授用英语发表演讲，介绍张火丁和她带来的《锁麟囊》，请陆大伟副教授用中文介绍张火丁的另一部作品《白蛇传》。王德威教授的英语自然流畅，陆大伟副教授略带苏州方言特点的普通话在林肯艺术中心大卫·寇克剧院附属的多功能演讲厅里听起来有一种别样的效果。这样的反差在当时成为一个很好的新闻点，媒体和公众都对此抱有很大的兴趣，二人的演讲门票提前一个月就被公众预约一空。之后，在正式演出的时候，开场前又特邀他们二位分别用英语为两部戏做了五分钟的导赏，也收到了很好的效果。

在推广张火丁时，有一个重头报道是《纽约时报》对她的专访。当时我们找到了《纽约时报》的一位曾经获得过普利策新闻奖的大牌记者。这位记者随身携带了一本英文版的《中国京剧史》，书页已经被翻看得卷边，书中的批注密密麻麻。为了采访张火丁，他做了充分的准备，所提出的问题一点也不空洞，这让一个认真的学者和艺术家无法不真诚面对。张火丁并不善谈，回答媒体问题时往往十分简洁，但在面对这位《纽约时报》的记者时，原来约定的四十五分钟的采访却被延长到了三个小时，到最后，还是意犹未尽。张火丁告诉这位记者："我仍然有兴趣跟您继续谈下去，但我现在不得不离开了，因为今天是我女儿第一天上幼儿园，我答应去接她的，不能失信，让她失望。"这最后一个花絮也被记者写入了他的专访，成为很吸引人的一个小细节。这篇专访破例在《纽约时报》发了整整一个版面。恰恰是这种破例，让《纽约时报》的读者看到了一个优秀京剧表演艺术家张火丁，一个爱京剧也爱女儿的张火丁，一个有性格有趣味的张火丁。她两场演出的票很快便被销售一空。

推广张火丁的整个活动都遵循个性化原则，围绕"张火丁"这个核心。不仅在内容安排上如此，在形式上我们也有细致的考虑。比如为张火丁安排充分的礼遇，这样的形式有时候其实是非常重要的。

"个性化"这一点，经常很不容易做到。以张火丁为例，她的单位是中国戏曲学院，但我们只推个人。在整个活动中，张火丁本人是核心，我们的整个活动安排都围绕她进行。我们把京剧附着在张火丁这个人身上，而不是将张火丁附着在中国的京剧上。文化艺术的"个性化"交流与传播，还需进一步突破观念的束缚，同时这也表明中华文化艺术国际传播在"个性化"方面还有很大的潜力。

结　语

国际化、专业化、在地化、个性化这四个关键词，既是一种思维方式，又是一种操作方法。在具体实践中，我们需要解放思想，破除成见，以国家利益为重，以事业为重。希望笔者的这篇文章，能对中华文化"走出去"的事业及致力于中华文化艺术国际传播的同行有所帮助和启示。文明因交流而多彩，文明因互鉴而丰富。我们通过实践，逐渐丰富中华文化国际传播的理念和方法，推动中华文化与世界其他文化的交流互鉴，推动世界各国民间文化艺术、精神气质及心灵间的相通，从而促进各国人民的平等与合作，为人类和平与发展的事业助力。

中华传统文化中的人本精神
与当代价值

林　刚[*]

摘　要：人本精神承认人的价值和尊严，提倡在人与自然、人与神（外在）的对立统一中以人为本和尊重人性。中华文化早于西方建构起以世俗理性为核心的人本思想，使中华民族在西周时期就摆脱神性思维，从神本走向人本；进而在"半人"到"全人"的演进中凸显人伦礼治精神的可贵；在"仇必和而解"的贵和尚中理念中从容应对危机与挑战，不断化解人际关系、社会关系乃至国际关系中的矛盾与冲突，从而奠定了文化自信的基础，实现文化的传承与自强。

关键词：人本精神　世俗理性　人伦礼治　贵和尚中

人本精神因其对人自身价值与尊严的承认与强调，产生于14～16世纪意大利文艺复兴时期，是西方告别漫长的中世纪，走向近现代的一个重要标志。人本精神在人与自然、人与神（外在）的对立统一中主张以人为本，尊重和肯定人性。尽管人本精神是西方经过神学统治后的一种哲学和文艺思潮，但考察中国传统文化的源头，我们不难发现其中鲜明的人本精神，这种精神在"坚定文化自信""构建人类命运共同体"的当下语境中具有十分重要的价值。

文化自信源于文化认同，文化认同离不开正确的文化认知。中华优秀

---

[*]　林刚，北京工商大学传媒与设计学院副教授，硕士生导师，研究方向为传统文化、品牌传播。

传统文化在其数千年的发展历史中，以其独特个性的人本精神构建起中华民族的文化认同与自信，使中华民族在世俗理性、人伦礼治与贵和尚中理念中从容应对危机与挑战，不断实现文化的传承与自强。

一　世俗理性：从神本到人本

中国传统文化的一个基本特征就是重人生、讲入世，充满了人生的世俗理性。这与重自然的古希腊文化和讲究超自然的古印度、希伯来文化相区别。现有文献表明，西周时期就有了"世俗理性"思想，表现为"人"颇受尊重。《尚书》中早就指出"天矜于民，民之所欲，天必从之"，《中庸》认为"人与天地参"，实际上都看到了人本身的价值与重要性，并且能把"人"与天地、自然同列，这说明早期的中国人已经早于世界其他民族摆脱了神性思维意识，实现了从"神本"到"人本"的转变。

世俗理性产生的重要标志是将本民族神话传说历史化、人性化和理性化。例如《论语·述而》篇讲"子不语怪、力、乱、神"。《论语·雍也》篇记载"樊迟问知"，子曰："务民之义，敬鬼神而远之，可谓知矣。"说明孔子很早就为我们建构了一个世俗性的认知理念，特别是他对于神话传说中的"黄帝四面""黄帝三百年""夔一足"的解释，都充满了人文色彩，符合今人的认知水平，令人叹服。

子贡曰："古者黄帝四面，信乎？"孔子曰："黄帝取合己者四人，使治四方，不计而耦，不约而成，此谓之四面。"（《太平御览》皇王部卷四引《尸子》）

宰我问孔子曰："昔者予闻诸荣伊，言黄帝三百年。请问黄帝者人邪？亦非人邪？何以至于三百年乎？"……孔子曰："……劳勤心力耳目，节用水火材物。生而民得其利百年，死而民畏其神百年，亡而民用其教百年，故曰三百年。"（《大戴礼记》）

（鲁）哀公问于孔子曰："吾闻夔一足，信乎？"曰："夔，人也，何故一足？彼其无他异，而独通于声。尧曰：'夔一而足矣，使为乐正。'故君子曰：'夔有一足。非一足也。'"（《韩非子·外储说左下第三十三》）

作为春秋时期最为重要的思想与学术话语者，孔子运用自己的智慧很巧妙地解释了神话传说中这些神异的人物与现象，并且通过自己的弟子将这种思想与观点传播开来，"祭神如神在"的认知解构了先民的神性思维，从而使其面对人间烟火，人性或者说人本思维从此开始产生。

世俗理性产生的另一个标志是对人的道德的重视。西周时期的先民已经抛弃了神，将人的道德作为承奉"天命"的圭臬。作为器物文化代表的青铜器已经不再像殷商时期那样狰狞恐怖、充满神秘，而是温和实用，更具人间生活气息。西周青铜器《遂公盨》镌刻的铭文，记载大禹治水治国的功劳，其中最引人注意之处是反复讲到"德""降民监德""厥沫唯德，民好明德""益干懿德""心好德""民唯克用兹德"，强调君主要以德来统治天下，以德治理社会。《尚书·蔡仲之命》中"皇天无亲，惟德是辅"即是此意。相较于甲骨文中存在的大量"帝""天帝"之语，西周遂公盨铭文已经把关注视线从神灵转向了人世，强调的是人的道德。对比同时期欧洲匍匐在神灵脚下，中国西周建构的道德文化，在世界上第一次凸显了人的价值和尊严，后来在此基础上产生了以人为本的大同社会理想，而其间从神本思想走向人本思想的经历，无疑是我们华夏先民的伟大文化创新。

如果说以孔子为代表的儒家思想也能被称为一种宗教（儒教）的话，那么这也是一种充满世俗理性的宗教，因为孔子没有把人的情感心理引向外在的崇拜对象或某种神秘境界，而是把它消融在以人伦关系为核心的人与人的世俗关系之中，这就使构成宗教三要素的观念、情感和仪式与人间世俗伦理和日常心理结合并统一，华夏先民也因此不必去建立另外的神学信仰大厦。

在高校思想政治教育工作中，我们面临的一个重要挑战是校园宗教渗透与传播的问题。尽管我们在教育立法和加强校园管理方面有所应对，也取得一些成效，但在面对西方文化仍具有强势话语与传播力的当下，我们应该对"神本"与"人本"两种异质文化做出辨析，在讲述中华优秀传统文化的历史渊源时，能够从"世俗理性"的人本精神来晓之以理，使青年学生认识到华夏民族很早即已完成人自身对神性思维的解构与摒弃，"研究宗教，批判神学"的理念或许就能更深入人心。

二　人伦礼治：从"半人"到"全人"

在世界文化类型中，中国传统文化是一种以"求善重德"为志趣的伦理型文化，这与古希腊"求真重智"的科学型文化各成一格。关于这一点，英国学者罗素在其写给西方读者的《中国问题》（*Problem of China*）一书中指出："中国至高无上的伦理品质中的一些东西，现代世界极为需要。"这些品质"若能够被全世界采纳，地球上肯定会比现在有更多的欢乐祥和"①。罗素对中国传统文化伦理特征的高度肯定，应该是我们认知自身文化、增强文化认同感的一个重要佐证。文化学者陈来把这些伦理品质概括为"责任先于自由""义务先于权利""群体高于个人""和谐高于冲突"四个方面的价值观念，进而指出"儒家伦理不是个人本位的，而是在一个向着社群开放的、连续的同心圆结构中展现的，即个人—家庭—国家—世界—自然，从内向外不断拓展，从而使得儒家伦理包含多个向度，确认了人对不同层级的社群所负有的责任"。② 这里的"人对不同层级的社群所负有的责任"显然就是中华优秀传统文化中的"五伦"规范。

"五伦"规范是儒家伦理思想所推崇的五种人伦关系及要求，也是中国传统文化中最重要的价值观，蒙学读物《三字经》所云"父子恩，夫妇从，兄则友，弟则恭，长幼序，友与朋，君则敬，臣则忠，此十义，人所同"强调的就是这五种伦常关系，它规定了君与臣、父与子、夫与妻、兄与弟、朋友之间应该承担的责任和履行的义务。随着时代和社会的发展，"五伦"规范中有的需要否定和摒弃，如君臣之间、夫妇之间的绝对支配与完全服从关系；有的还需要发扬光大，比如说父母对子女的养育、教育责任，子女对父母的孝顺、个人对家人和朋友的忠诚，以及"修齐治平"的君子修为等。

① 〔英〕罗素：《中国问题》，秦悦译，学林出版社，1996，第154页
② 陈来：《中华文明的核心价值：国学流变与传统价值观》，三联书店，2015，第55页。

研究文化史的学者认为，在三代文化中，"如果说，夏代是服从命定的尊命文化，殷代是崇尚鬼神的尊神文化，那么，周代则是礼乐刑政目标合一的尊礼文化"。①西周初的"礼"就是按照人的道德要求制定的各种制度与行为规范，有所谓"吉礼"、"嘉礼"、"宾礼"、"军礼"和"凶礼"五种礼制，"士"以上的贵族按照这些礼制立身行事并影响百姓。尊礼文化实质是以人作为主体和基础来实施礼治社会管理，这里的"人"不是纯粹生理自然意义上的，而是以宗法社会伦理为本位的，所以又称"人本"文化。源于西周的尊礼（人本）文化对后世影响深远，孔子主张"从周""复礼"，即是对这种"尊礼文化"的推崇。

《礼记·曲礼上》篇强调了"礼"的重要，较早认识到人伦礼治在国家与社会有序治理方面的重要作用。

> 道德仁义，非礼不成；教训正俗，非礼不备；分争辩讼，非礼不决；君臣上下，父子兄弟，非礼不定；宦学事师，非礼不亲；班朝治军，莅官行法，非礼威严不行；祷祠祭祀，供给鬼神，非礼不诚不庄。是以君子恭敬撙节退让以明礼。

《礼记·大传》篇从"人道亲亲"的本质说明了"礼"的作用：

> 亲亲，故尊祖；尊祖，故敬宗；敬宗，故收族；收族，故宗庙严；宗庙严，故重社稷；重社稷，故爱百姓；爱百姓，故刑罚中；刑罚中，故庶民安；庶民安，故财用足；财用足，故百志成；百志成，故礼俗刑；礼俗刑，然后乐。

西周时周公制礼作乐，是尊礼文化的开始。周礼的核心是以血缘和姻亲关系作为基础的宗法制度，包括嫡长子继承制、分封制、宗庙祭祀制、同姓不婚制等。它对人的内在情感与外在行为进行约束与规范，以确保社会在严密的宗法等级秩序基础上运行，是遵循世俗理性和严守道德规范之

---

① 冯天瑜、杨华、任放：《中国文化史》（彩色增订本），高等教育出版社，2007，第98页。

上的生活准则。因此，在儒家看来，人和动物最大的不同，是人乃知礼、懂礼和行礼的，而动物则是无礼、非礼的。20 世纪 30 年代建筑学家梁思成在清华演讲时提出"半人"的概念，认为人类经过长达数百万年的进化，仍然残存动物的兽性，要想真正成为自觉遵守礼仪规范的"全人"，还需要经过同样漫长遥远的演化历程。① 事实上，今天仅从骨骼构造上看，同为哺乳动物的人与黑猩猩已经区别不大，但人可以"发乎情，止乎礼义"（《毛诗序》），遵循"非礼勿视，非礼勿听，非礼勿言，非礼勿动"（《论语·颜渊》），而这正是使人之为"人"，由人类学"半人"进化为社会学"全人"的制度建构保证，其中的尊礼、重礼特质深刻体现了中华优秀传统文化的人本精神。

三 贵和尚中：仇必和而解

正是基于对人本身价值和作用的重视，中国传统文化在构建自身的人本主义精神内核时，一旦涉及群体与自己、个人与社会的关系，特别注重和谐与合作的"和合倾向"，在社会人际关系和个人操守上提倡"贵和尚中"的文化基本精神。

贵和尚中即以和谐为贵，崇尚中道，在对待任何人和事物时都不会走极端，为人处世既不过度，也不会不够，并由此主张人对其外在的事物要兼收并蓄，有容乃大。这一基本精神直接推动了华夏"和合文化"的建构。上古文献《尚书·尧典》记载了尧治理天下的策略："克明俊德，以亲九族。九族既睦，平章百姓。百姓昭明，协和万邦。"这里的"协和"就是和谐的意思。尧之后的舜根据"协和万邦"，进一步提出"慎微五典"的人伦价值观，要求在细微小节处谨慎地执行"父义、母慈、兄友、弟恭、子孝"五种道德规范（《尚书·舜典》），这是从"协和万邦"的角度再次肯定了传统文化人伦规范的应有之义。

后来孔子言"君子和而不同"，《易传》高度赞美并极力提倡和谐思想，提出了"太和"的观念。故宫主体建筑三大殿——太和殿、中和殿和

---

① 彭林：《何以为人？从礼做起》，《意林文汇》2016 年第 24 期，第 61～65 页。

保和殿，名称都有一个"和"字，足以体现出中华民族对"和谐"文化的认同与重视。这里的"太和"实则是对宇宙本体的认知，"中和"是对宇宙之象的概括，而"保和"则是对宇宙之用的体察。其中，"太和"就是最高的和谐。

文化史专家张岱年先生指出，"中国传统文化十分重视宇宙自然的和谐，人与自然的和谐，特别是人与人之间的和谐"。[①] 实际上这里的和谐，对于主体来说包括了与自然和谐、与他人和谐、与自己和谐三种形态。需要注意的是，以和为贵是"不争"，但不是软弱可欺；以和为贵是"不斗"，但不是没有实力。这是兵法思维使然，如太极化招，屈敌于无形中；又如中医治病的渐进与缓慢。

"贵和尚中"强调的是人与人的和谐。孔子强调"礼之用，和为贵"（《论语·学而》）；孟子也说"天时不如地利，地利不如人和"（《孟子·公孙丑下》）；民间俗语也说"家和万事兴"。因此，"人和"是取得事业成功的必备条件。但是，和谐不是等同，更不是同一，而是不同因素与矛盾的有机组合，像音乐和美食，单调、单一、雷同则无味，必须"多元共济"、五味调和。诚如钱锺书所指出的，"一碗好菜仿佛一支乐曲，也是一种一贯的多元，调和滋味，使相反的分子相成相济，变作可分而不可离的综合"。[②]

"贵和尚中"的最高境界就是"大同理想"和"中庸之道"。

《礼记·礼运》篇描述了华夏民族的理想社会——大同：

> 大道之行也，天下为公，选贤与能，讲信修睦；故人不独亲其亲，不独子其子。使老有所终，壮有所用，幼有所长，矜寡孤独废疾者皆有所养。男有分，女有归。货恶其弃于地也，不必藏于己；力恶其不出于身也，不必为己。是故谋闭而不兴，盗窃乱贼而不作，故外户而不闭。是谓大同。

① 张岱年、方克立主编《中国文化概论》（修订版），北京师范大学出版社，2004，第294页。
② 钱钟书：《写在人生边上·吃饭》，辽宁人民出版社、辽海出版社，2000，第20页。

　　"大同"是儒家很早就提出的非常具体、非常成熟、有特色的社会理想，这是非常"接地气"的人间社会愿景，是无须神灵恩赐和庇佑的理想社会的蓝图。这样的理想社会的核心价值就是家庭和睦、社会和谐与世界和平，所以有学者把这种大同社会理想称为"三和文明"，即在个体和家庭是和睦，在社会群体是和谐，在国家之间是和平。① 这与所谓西方"三争文明"，即在个体和家庭是竞争，在社会群体是斗争，在国家之间是战争的文明体现大相径庭。

　　中华传统文化中的"中庸之道"，是处理人与人、人和社会关系的最高原则和最高境界，孔子把它称为最完美的道德，"中庸之为德，其至亦乎"（《论语·雍也》）。何谓"中庸"，朱熹解释为"中者，不偏不倚，无过不及之名；庸，平常也。不偏之谓中，不易之为庸，中者天下正道，庸者天下之定理"（《中庸集注》）。可见中庸就是强调人们在为人处世上的适度和守常，做到孔子所讲的"惠而不费，劳而不怨，欲而不贪，泰而不骄，威而不猛"（《论语·尧曰》），"文质彬彬，然后君子"（《论语·雍也》），从而达到人与人和谐相处的完美境界。

　　儒家所论"中庸之道"，并非无原则地调和各种矛盾，而是在对立统一中不偏向任何一方，使事物的发展始终保持一种均衡状态。根据"中庸之道"，传统社会特别推重"和而不同"的思维方式，允许不同思想、不同主张的流派共存，因此我们才有了"九流十家"和百家争鸣。以时代视野看，"中庸之道""和而不同"充满了唯物精神与辩证思想；以工具理性看，"贵和尚中"也是一种科学方法论，无论个体的成长、社会的发展还是国家的治理，在追求整体和谐与平衡发展的时代语境下，都需要我们对"贵和尚中"不断地进行创新性发展和创造性转化，从而为构建社会主义和谐社会提供强大的优秀传统文化基因。

　　"贵和尚中"还主张天人协调、与天地参、天人合一，但不否定人对自然的利用和改造，《荀子·天论》"制天命而用之"即是此意；然而也不可破坏自然，《礼记·乐记》篇"大乐与天地同和，大礼与天地同节"，虽然讲的是礼乐，但实际主张的是一种适应和调整自然的态度。北宋理学家

---

　　① 王岳川：《中国下一步是文化崛起》，《北京青年报》2008 年 6 月 24 日。

张载《正蒙·太和篇》指出：“有象斯有对，对必反其为，有反斯有仇，仇必和而解。”这里的“仇必和而解”再次说明“和”的重要，即所有的矛盾冲突最终都要通过“和”来化解。

当前从人际关系、社会关系到国际关系，都不可避免地存在各种矛盾和冲突。每个人在成长过程中必然也会经历人际关系的困扰。在营造良好环境与氛围方面，无论个人、群体还是国家，都要求同存异，以“和合”倾向化解矛盾、赢得尊重，真正做到孔子所言“君子和而不同”（《论语·子路》）。在倡导构建“人类命运共同体”的今天，“贵和尚中”的和谐文化更具时代意义和重要价值，“仇必和而解”的乐观自信更让中华传统文化的人本精神充满魅力！

正是在这样的文化认知与文化认同中，我们的文化自信更为坚定，更加普遍，我们的民族精神也更加充满生机、永续活力，我们的国家也就更能够实现中华民族伟大复兴的中国梦。

李白酒诗国际传播的三次飞跃

卢　婕*

摘　要： 李白的诗歌不仅流芳古今，同时还传唱中外，其数量众多的以"酒"为主题的诗歌既表现了中国古代文人的生活情趣和精神旨归，也为增进中外文化的交流与互鉴做出了重大贡献。本文通过梳理和分析阿瑟·韦利（Arthur Waley）、伯顿·华兹生（Burton Watson）、宇文所安（Stephen Owen）、比尔·波特（Bill Porter）等汉学家对李白酒诗的传播情况，总结出海外汉学界译研李白酒诗的三次飞跃：从自发到自觉；从文字到文化；从接受到悦化。海外汉学界译研李白酒诗的观念转变折射出以李白酒诗为载体的中国酒文化国际影响力持续上升。

关键词： 李白　酒诗　酒文化　汉学　国际传播

一　引言

李白的诗歌不仅流芳古今，同时还传唱中外，打破了时间和空间的双重阻隔，成为全世界人民的优秀文化遗产。据郭沫若统计，在李白现存的

---

* 卢婕，四川大学外国语学院副教授，四川省社会科学院文学研究所与四川大学文学与新闻学院联合培养在站博士后，研究方向为比较文学与世界文学。基金项目：川酒文化国际传播研究中心课题"以李杜诗歌为载体的中国酒文化国际传播"（项目编号：CJCB2019 - 05）；中国博士后科学基金第 65 批面上资助课题"唐代道教诗人在英语世界的传播和影响研究"（项目编号：2019M653472）；中央高校基本科研业务费专项资金资助项目"译介·阐释·书写：巴蜀古代文学名人的跨文明传播"（项目编号：YJ2021119）。

1050 余首诗歌中，与"酒"相关的诗歌数量达到 170 首，约占总量的 16%。[①]"李杜文章在，光焰万丈长"，李白诗歌中数量如此之众的酒诗自然也引发了不少海外汉学家的翻译和研究兴趣。以阿瑟·韦利、伯顿·华兹生、宇文所安、比尔·波特等人为代表的汉学家在李白酒诗的翻译和研究方面深耕细作，对中国酒文化的国际传播起到了重要的推动作用。"文明因交流而多彩，文明因互鉴而丰富。"在助推中华优秀文化从"走出去"迈上"走进去"新台阶的历史使命面前，总结海外汉学界在翻译和研究李白酒诗中的得失和观念转向，对于增强中国酒文化对外传播的辐射力和交流的亲和力具有重大意义。

二 无心插柳的自发译介

英国汉学家阿瑟·韦利在 1946 年出版的《中国诗歌》（*Chinese Poems*）中一共选译了四首李白诗歌，其中《自遣》（Self-abandonment）就是一首与饮酒相关的诗。"对酒不觉暝，落花盈我衣。醉起步溪月，鸟还人亦稀。"被译为：

I sat drinking and did not notice the dusk,

Till falling petals filled the folds of my dress.

Drunken I rose and walked to the moonlit streams,

The birds were gone, and men also few. [②]

虽然这首诗创作于李白被贬，满腹抱负无法施展之际，但文中毫无抱怨与哀愁。诗歌原文中出现了酒、花、月、鸟等美好的意象，展现出诗人抛却世俗羁绊，全身心融入自然，物我两忘而怡然自得的心理状态。与其老师翟里斯（Herbert Allen Giles）翻译的中国古典文学中所呈现的旧式维多利亚文学风格不同，韦利的译文清新易懂，更类似于现代英语

---

① 参见郭沫若《李白与杜甫》，中国长安出版社，2010，第 217 页。

② Arthur Waley, *Chinese Poems* (London and New York: Routledge, 1946), p. 117.

诗歌。从译文对诗歌韵律的处理来看，原文"衣"与"稀"是偶行押韵，但韦利在翻译时并没有用"abcb"的英文韵脚来还原原文偶行押韵的韵律特点，相反，他更注重的是诗歌的节奏：原文是五言诗，韦利便在译文中通过每行五次重读来体现中国诗歌的节奏，使之转换成英语诗歌中常见的五音步（pentameters）诗行。因此，韦利对李白"酒"诗的韵律处理既考虑了中国古典诗歌的韵律特点，又兼顾了英语读者的阅读习惯。

从译文对诗歌内容的还原来看，韦利采用了直译的方式，几乎逐字寻找了原文的对应表达，在诗歌的表层意义上达到了忠实于原文的效果。然而，在原文中，诗人之所以能够忘却俗世的烦恼而实现精神愉悦，除了本身的旷达性情之外，还凭借酒、花、月、鸟四个物质媒介实现"自遣"。如果说花、鸟、月是诗人"自遣"时所欣赏的客体，那么"酒"则是连接诗人主体和这些客体的媒介。"酒"就如同一叶小舟，将诗人从主体所在的充满苦闷和压迫的"俗世"摆渡到精神所在的快乐自由的"仙界"。但是，综观韦利的翻译，译诗中出现了"花"（petals）、"月"（moonlit）和"鸟"（birds），唯独少了"酒"。第一诗行"对酒不觉暝"被译为"I sat drinking and did not notice the dusk"。不仅动词"drinking"（饮）所指向的对象没有点明，而且"drinking"在诗句中以非谓语动词出现，成为"坐"（sat）这个谓语动词的补充信息。从这一翻译细节来看，韦利在翻译这首小诗时，"酒"并不是他关注的重点，他也并无传播中国酒文化的自觉。但是，第三诗行中的"醉"（drunken）足以令英语读者会意到李白所饮之物不是泉、茶、水、汤或其他饮料，而应该是酒。因此，从客观的传播效果来看，西方读者还是能够感受到"酒"对于李白如此旷达潇洒、快意人生的生活具有重要作用。吴伏生认为"20世纪期间，韦利对汉诗英译的贡献之大，无数西方读者便通过他那清晰流畅的翻译来接触和认识中国诗歌及其文化"。[①] 韦利对这首酒诗无心插柳的翻译虽然还不能凸显出中国文人在大自然怀抱之中以酒遣怀的饮酒文化，但他"蜻蜓点水"般的译介至少在西方读者心中留下了关于中国酒文化的涟漪。

---

① 吴伏生：《汉诗英译研究：理雅各、翟里斯、韦利、庞德》，学苑出版社，2012，第172页。

三 文字层面的自觉传播

如果说韦利对李白酒诗的译介在很大程度上是由于李白酒诗数量在其诗歌总量中占比甚高，是一种自发的巧合的话，那么，美国汉学家伯顿·华兹生对李白酒诗的关注就更加明显地体现出他的主观意趣，成为一种自觉的学术探索。在 1984 年出版的《哥伦比亚中国诗选》（*The Columbia Book of Chinese Poetry*）中，华兹生将王维、李白、杜甫、韩愈和白居易作为唐代最重要的五位诗人介绍给西方读者。但是，在论及李白的诗歌主题时，他特意指出李白诗歌的主题主要分为"隐逸"（recluse）、"亲近自然"（rapport with nature）和"对酒的热爱"（love of wine），而"对酒的热爱"这一点是众所周知的（proverbial）。[1] 他在选集里收入了李白创作的《将进酒》、《友人会宿》、《对酒忆贺监》和《酬中都小吏携斗酒双鱼于逆旅见赠》等几首明显与"酒"相关的诗歌。从华兹生对李白诗歌的分类以及选译篇目来看，比起阿瑟·韦利，他更为明显地注意到李白酒诗所具有的独特魅力。对于这几首诗，他不仅在翻译中突显了诗句中反复出现的"酒"字，还翻译出各种与"酒"相关的器具。通过整理和分析他对这些信息的处理可知，华兹生在主观上具有传播李白酒诗和中国酒文化的浓厚兴趣与强烈意愿。

然而，值得注意的是，尽管华兹生乐于成为传播李白酒诗的文化使者，但由于历史的局限性，他对李白酒诗的传播在很大程度上被囿于"文字"层面，没有深入中国酒文化的根本之中。首先，在对"酒"字的翻译中，华兹生毫无例外地用了"wine"字。标题《将进酒》、《对酒忆贺监》和《酬中都小吏携斗酒双鱼于逆旅见赠》被分别翻译为"Bring the Wine!""Facing Wine with Memories of Lord Ho"和"In Reply When Lesser Official of Chung-tu Brought a Pot of Wine and Two Fish to My Inn as Gift"。诗句"金龟换酒处，却忆泪沾巾"被译为"and traced the golden tortoise for wine/my

---

[1] Burton Watson, *The Columbia Book of Chinese Poetry: From Early Times to the Thirteen Century* (New York: Columbia University Press, 1984), p. 205.

robe is wet with tears，remembering"；"鲁酒若琥珀，汶鱼紫锦鳞"被译为 "Lu wine like amber/fish from the Wen，the purple damask of their scales"。从词根来看，对于西方读者而言，"wine"是"vine"（葡萄藤）发生音变后形成的，因此"wine"主要是指用葡萄或其他水果酿造而成的果酒。这一点在作为西方文化源头之一的古希腊神话中也能得到印证。根据英国著名人类学家弗雷泽的田野调查，西方的酒神狄俄尼索斯"主要是葡萄树或葡萄藤蔓的神……人们常把他称作'生长果实的人''青绿果实的人'或'促使果实生长者'"①。然而，在中国古代社会，人们喝的酒大部分都是用粮食酿造的。中国的酒祖有仪狄和杜康两说。《说文解字》言："古者仪狄作酒醪，禹尝之而美，遂疏仪狄。杜康作秫酒。"其中，酒醪是汁滓混合的低度米酒，秫酒则是高粱酒，二者皆为粮食所酿。贞观十四年（640年），唐破高昌国（位于今新疆吐鲁番）而学会了葡萄酒蒸馏之法，然后中国古人也开始饮用葡萄酒。结合唐代历史和李白诗歌中提到的会饮者身份来看，李白在《将进酒》、《友人会宿》和《对酒忆贺监》中所提到的"酒"既有可能是粮食酒，也有可能是葡萄酒，因此，华兹生将之译为 "wine"是可以接受的。但是，如果以新历史主义的视角，将对中国酒文化的历史考察带入文学研究，读者就可以通过考据得知，李白在《酬中都小吏携斗酒双鱼于逆旅见赠》中所提到的"鲁酒"应该是中国古法酿造的粮食酒而非葡萄酒。李白在公元744年被赐金放还，两年之后的秋天，他漫游到鲁地的中都。当地一位久仰李白盛名的小吏携着汶鱼和鲁酒前去拜访。汶鱼是山东泰山一带所独有的小型野生鱼类，因此，与"汶鱼紫锦鳞"形成对仗关系的"鲁酒若琥珀"中的"鲁酒"应该也是山东地区特产的美酒，而不太可能是舶来品葡萄酒。

另外，从李白另一首同样创作于鲁地的诗歌《客中行》来看，鲁地负有盛名的美酒是"兰陵美酒郁金香，玉碗盛来琥珀光"。此句与"鲁酒若琥珀"用到了相同的喻体。李白两次用"琥珀"来比喻鲁地美酒之色泽，可见鲁地美酒那淡黄的色泽深得李白的喜爱。因此，从颜色来看，李白提到的鲁酒更近于米酒的黄色而不是葡萄酒的红色。从中国的酿酒历史来

---

① J. G. 弗雷泽：《金枝》，耿丽编译，重庆出版社，2017，第212页。

看，唐朝人通常取米、水和酒曲按照一定比例混合发酵，如果酒曲品质不好，则酿成李白诗句"千杯绿酒何辞醉，一面红妆恼杀人"中所说的绿酒；如果用品质较高的红曲发酵，则可以酿出"鲁酒若琥珀"中提到的黄色米酒。从华兹生对李白这几首诗中"酒"字的翻译来看，尽管他有很强烈的文化自觉，希望能把李白"酒"诗的独特魅力与价值传播到西方，但是由于中西方巨大的文化之隔，他并没有深刻了解到李白"酒"诗背后所负载的深厚中国历史和地理人文信息。因此，他才会不加区别地以英文单词"wine"来对应李白诗歌原文中所有的"酒"字。赵卫东认为，古典诗词翻译史上用"wine"来翻译各种不同类型的中国酒，反映出的是"历史背景下外国译者的文化自信和中国译者的文化不自信，或者反映出译界的'从众'心理"[1]。在助推中华优秀文化"走出去"的今天，本土译者应该以此为鉴，充分注意到李白不同诗篇中所提到的"酒"字在"所指"上的差异，更好地将中国的酿酒历史和品酒文化传播到海外。在译介李白的酒诗时，译者应该充分了解诗歌创作的历史和地理背景，从"liquor""spirit""beer""ale""wine""alcohol"甚至"jiu"等对应物中选取最适合的表达。

再如，华兹生对酒具的翻译虽然在一定程度上体现了他传播李白酒诗的文化自觉，但是，由于对中国酒文化的了解程度有限，他对酒具的翻译还有不够准确之处。"唐朝是中国历史上最光辉夺目的一代盛世，唐代开放、洒脱的社会氛围使得饮酒作诗之风盛行，唐人在对饮酒器具的制作工艺和造型要求上也达到了全新的高度。这个时代充满着新奇的陶瓷酒具、精美绝伦的金银酒具、珍贵的玉石酒具。"[2] 李白的酒诗中频繁使用樽、杯、壶、爵、角、觥、觚、彝、斗等酒具。在《对酒忆贺监》中，"昔好杯中物，翻为松下尘"被华兹生译为 "He used to love the 'thing in the cup'／now he's dust under the pine tree"。李白原诗中的"杯中物"是一个被广泛运用的对"酒"的借代表达。陶渊明《责子》诗云："天运苟如此，且进杯中物。"与李白同时代的诗人孟浩然《自洛之越》诗云："且乐

---

① 赵卫东：《中国文化海外传播视域中"酒"的英译》，《西安外国语大学学报》2019 年第 1 期。

② 陈帅：《唐代酒具器型初探》，《美与时代》（上）2014 年第 3 期。

杯中物，谁论世上名。"杜甫在《巴西驿亭观江涨，呈窦使君二首》《戏题寄上汉中王三首》《季秋苏五弟缨江楼夜宴崔十三评事、韦少府侄三首》中则分别有句云："赖有杯中物，还同海上鸥。""忍断杯中物，祗看座右铭。""清动杯中物，高随海上查。"可见，在中国饮酒文化中，"杯中物"是一个对"酒"最无咎无誉、不偏不倚的指称了。在翻译"杯中物"时，华兹生用到了"thing in the cup"，从选词来看，"cup"对应"酒杯"是非常准确的；从语义来看，译者特地在译文中添加了引号以达到强调的目的。这说明华兹生不仅充分意识到了中国酒文化的重要性，他还希望以"标出"的方式提醒西方读者重视"杯中物"的含义，但美中不足的是他没有将这一表达背后所引出的悠久的中国古典诗歌传统介绍给西方读者。在中华优秀文化"走出去"的时代语境中，本土译者不妨以"厚重翻译"的方式，将"杯中物"这一文学典故译介到海外，加深西方读者对于中国酒文化历史的认知。

在《将进酒》中，"人生得意须尽欢，莫使金樽空对月"被译为"If life is to have meaning, seize every joy you can; /Do not let the golden cask sit idle in the moonlight"。文中的"樽"是中国古代的一种盛酒器具。根据蔡颖在《"樽""尊"辨异》一文中的考据，"从形制上看，樽主要分为两类：一类为盆形樽，樽体如盆，大口浅腹，底有两类，分别是三足和圈足，通常以圈足居多，三足较少；另一类为筒形樽，腹较深，直壁，两边往往饰有铺首衔环，平底，底部也有三足、圈足两种，而以三足者为多。足多为蹄形足和熊形足"。①华兹生将"樽"字译为"cask"（酒桶），在形制和大小上是比较符合的，但是，他却并未说明"樽"和"cask"在中西酒文化中的不同功用。中国的"樽"是放在案几之上，既有盛酒功能又有装饰功能的酒具，因而李白用"金樽"以彰显游侠的豪气。但是，"cask"在西方多藏于酒窖之中，其功能只有存储，不能作为装饰，所以在选材上多为木质。比如，爱伦·坡（Allan Poe）在《一桶白葡萄酒》（*The Cask of Amontillado*）中描写的阴森隐蔽的酒窖，其中摆放的都是木质酒桶。从这一点来看，在助推中华优秀文化"走出去"的今天，笔者建议在翻译"樽"这种中国特

---

① 蔡颖：《"樽""尊"辨异》，《文物鉴定与鉴赏》2018年第2期。

有的酒具时，译者可以考虑以拼音"zun"保留中西文化的间性之美，然后以注释的方式补充说明"樽"的特点和功能。只有这样，才能减少中西饮酒文化的差异所导致的西方读者对李白"酒"诗的困惑。

在《友人会宿》中，"涤荡千古愁，留连百壶饮"被译为"Dousing clean a thousand old cares，/sticking it out through a hundred pots of wine"。唐代的酒壶"从造型来看，壶口有喇叭口、盘口、直口等，流有管形、六棱形、兽首形等，壶腹有筒状腹、扁圆腹、瓜棱腹等"。① 无论唐代的酒壶在造型、材料和外部装饰上有多大的差异，其构成部分都少不了壶口、流和壶腹三个部分。然而，从华兹生所选用的对应物"pot"来看，其主要指有盖有把的深圆形容器，通常是没有壶口和流的设计的，因此，它更接近中国日常用品中的"锅"和"罐"。西方有句谚语言"the pot calling the kettle black"（五十步笑百步）。"pot"与"kettle"虽是近义词，但二者还是有区别的。根据《牛津高阶英汉双解词典》，"kettle"的解释是"a container with a lid，handle and spout"，② 因此，"kettle"才是口、流、腹三者兼有的容器，也就是李白诗中的"壶"。尽管以奈达提出的"动态对等"翻译理念来看，酒具翻译的准确与否似乎无伤大雅，华兹生的翻译在总体来看能够很好地传达原诗所表达的对"酒"的嗜好，但是，如果把他对这首诗的翻译放在中国酒文化国际传播的视野下考察的话，对酒具的翻译就不应该流于粗泛。

从华兹生对李白诗歌的分类和选译篇目来看，他对李白"酒"诗在西方的译介有着"投石问路"之功。他首次将李白的"酒"诗从其他众多诗篇中提取并"前景化"，引起更多西方读者的关注。他有比较强烈地借助李白"酒"诗传播中国酒文化的文化自觉，但是，从翻译目的来看，他的译文的目标读者是海外的中国文学爱好者和研究者，因而过于强调李白酒诗中酒的品类和酒具的类型，则难免有过于强化"酒"而弱化"诗"，导致本末倒置之嫌。因此，笔者建议，在中华优秀文化"走出去"的今天，译者需要充分考虑译文的使用目的。如果是针对中国诗

---

① 陈帅：《唐代酒具器型初探》，《美与时代》（上）2014年第3期。
② 霍恩比：《牛津高阶英汉双解词典》，商务印书馆，2018，第1187页。

歌的国际传播，华兹生的翻译是无可厚非的。如果是针对中国酒文化的宣传，照搬华兹生的译文则未必能达到理想效果。本土译者应该在酒的种类和酒具的考据上多下功夫，准确翻译诗歌中与“酒”相关的内容，能海外译者之所不能。

四　跨文化的涵泳优游

如果说从韦利到华兹生，海外汉学界实现了对李白酒诗从“自发”到“自觉”的译研的飞跃，那么，从华兹生到宇文所安，海外汉学界则实现了从“文字”浅层的漂流到“文化”深处的涵泳的转向。宇文所安于1972 年获得耶鲁大学东亚系博士学位，随后在耶鲁大学和哈佛大学东亚系执教多年，著有《初唐诗》、《盛唐诗》（*The Great Age of Chinese Poetry：the High T'ang*）、《中国“中世纪”的终结：中唐文学文化论集》、《晚唐：九世纪中叶的中国诗歌（827—860）》、《追忆：中国古典文学中的往事再现》、《迷楼：诗与欲望的迷宫》、《中国文论：英译与评论》以及《他山的石头记：宇文所安自选集》等多部关于中国古典文学与文论的论著，在中西学界享有极高声誉。在《盛唐诗》一书中，他以《李白：天才的新观念》（*Li Po：A New Concept of Genius*）一文论述了李白诗歌。他通过研究李白受到的巴蜀文学影响以及巴蜀文学传统与京城宫廷贵族诗人价值观的冲突，推论李白呈现丰富多样面貌的原因。他把李白在唐代社会的角色依次概括为“狂饮者、狎妓者、笑傲权贵和礼法的人、挥笔洒翰的诗人，以及自然率真的天才”。[①] 其中，“狂饮”可谓李白在诗歌上能挥翰如酒，在行为上能放任自在、笑傲礼法、超越常规，在精神世界能不同凡俗，呈现天赋仙姿的重要原因。正是在这样的“前认知”影响之下，宇文所安不仅在文中大量选入了李白“酒”诗，更在翻译和论述时体现了他对中国酒文化的重视和深入理解。

在《将进酒》（*Bring in the Wine*）中，宇文所安将“莫使金樽空对月”

---

① Stephen Owen, *The Great Age of Chinese Poetry：the High T'ang*（New Haven and London：Yale University Press, 1981）, p. 109.

译为 "And never let a goblet of gold, /face the bright moon empty"。① "gob-let"（高脚杯）虽然与"樽"在造型上并不一致，前者底部为长柄，后者底部多为圈足，但是，"goblet"不仅具有盛酒或饮料的实用功能，还以优美的造型作为高档西餐厅体现其品位的重要酒具，这一点与"樽"之于唐代宴饮的功能颇为相似。与华兹生以"cask"（酒桶）来翻译"樽"相比，宇文所安的译文更能让西方读者理解李白在诗歌中宣扬的"千金散尽还复来"的人生态度。另外，"斗酒十千恣欢谑"被译为"A gallon of wine cost ten thousand cash"。② "斗"是中国古代打酒的器具和容量单位。从词源来看，英语单词"gallon"源自中世纪拉丁语"galleta"（桶，量酒的器具）。③ 从这一点来看，尽管"斗"与"gallon"在容量大小上并不对等，但二者却有三个重要的共同点：第一，都是容量单位；第二，都可用来量酒；第三，都有悠久的历史。在《行路难》（*Hard Traveling*）中，宇文所安将"金樽清酒斗十千"译为"A golden goblet and clear wine, /ten thousand for a gallon"。④ 译文不仅在酒具的翻译上做到了动态对等，更重要的是，"golden"，"goblet"和"gallon"还形成了［g］的头韵，令诗文读来朗朗上口。从《将进酒》和《行路难》中对酒具的翻译来看，宇文所安不仅有着传播中国酒文化的自觉，而且他深厚的跨文化素养使得他能够在英汉双语之间灵活转换而不丧失李白"酒"诗的内涵和美感。

在对《少年行》（*Ballad of Youth*）的翻译中，宇文所安将"落花踏尽游何处，笑入胡姬酒肆中"译为"When fallen flowers are trampled all under, /where is it he will roam? /With a laugh he enters the tavern, /of a lovely Turkish wench"。⑤ 在中国唐代，"酒肆较之一般的饮食成品店肆，具有更

---

① Stephen Owen, *The Great Age of Chinese Poetry: the High T'ang* (New Haven and London: Yale University Press, 1981), p. 125.

② Stephen Owen, *The Great Age of Chinese Poetry: the High T'ang* (New Haven and London: Yale University Press, 1981), p. 126.

③ https://www.etymonline.com/word/gallon, 最后访问时间：2020 年 2 月 15 日。

④ Stephen Owen, *The Great Age of Chinese Poetry: the High T'ang* (New Haven and London: Yale University Press, 1981), p. 142.

⑤ Stephen Owen, *The Great Age of Chinese Poetry: the High T'ang* (New Haven and London: Yale University Press, 1981), p. 130.

高雅、更丰富的文化内涵和品位，如赋诗、歌舞、行令以至佐饮，使饮酒与诗文相结合而形成丰富多彩的酒文化，因而它不仅满足了人们的生理需求，而且丰富了人们的精神文化需求"。① 因此，"酒肆"不只是餐饮店，而是更类似于文化和社交中心。宇文所安将之译为"tavern"（酒馆、酒吧）。从这个词的意义演变过程来看，在 13 世纪晚期，该词只有"wine shop"的意思，但是到了 15 世纪中期，它就演变为"public house"之意了②。亨利·费尔利（Henry Fairlie）在《酒肆闲聊与国王英语》（*Pub Talk and the King's English*）一文中就写道："我认为酒肆闲聊独具魅力。酒肆朋友对对方生活所知不多……他们就像大仲马笔下的三个火枪手一样……"③ 由此可见，"酒肆"与"tavern"或"pub"在中西社会经济和文化生活中起到的功能是非常一致的。

在对《自遣》（*My Feelings*）的翻译中，宇文所安将"对酒不觉暝，落花盈我衣"译为"Facing my wine, unaware of darkness growing, /falling flowers cover my robes"④。对比阿瑟·韦利的翻译可知，宇文所安并没有为原文补出主词"I"以顺应西方诗歌的习惯，而是任由主语隐而不现，保留了原文对"wine"和"flowers"的突显。叶维廉在《东西比较文学中"模子"的应用》一文中指出："道家由重天机而推出忘我及对自我能驾驭自然这种知性行为的批判，在中国诗中开出了一种可谓'不调停'的调停的观物感应形态。"⑤ 李白作为受过道箓的道教徒，他的观物当然会因受到道家思想的影响而在美酒和鲜花中达到"忘我"之境。宇文所安在中国古典文化中涵泳优游数十载，自然深谙其中之旨趣，故而他采用了"异化"翻译的方式，保留李白在由酒、花、月、鸟构成的物理世界中"忘我"的狂放和逍遥，为西方读者塑造出一位集"诗仙"和"酒仙"于一身的异国文化偶像。

---

① 黎虎：《唐代的酒肆及其经营方式》，《浙江学刊》1998 年第 3 期。
② https://www.etymonline.com/search? q = tavern，最后访问时间：2020 年 2 月 15 日。
③ Henry Fairlie, "Pub Talk and the King's English," *The Washington Post*, May 6, 1979.
④ Stephen Owen, *The Great Age of Chinese Poetry：the High T'ang*（New Haven and London：Yale University Press, 1981）, p.137.
⑤ 李达三、罗钢主编《中外比较文学的里程碑》，人民文学出版社，1997，第 47 页。

除了在翻译时重视对酒具、酒馆和饮酒情绪的再现，宇文所安在论述中也时时提醒西方读者注意"酒"对李白诗歌的重要意义。在论述《将进酒》时，他明确指出中国诗歌传统中并不缺少及时行乐诗和饮酒诗，但此前从未有过一首诗以如此蓬勃的活力向读者述说这些主题。在论述《月下独酌》时，他提出，李白与7世纪初的王绩一样，都发现酒是获得精神自由和直率行为的工具。在论述《行路难》时，他认为李白不动声色地清除了鲍照诗歌的刻板拘束，拒绝仅仅满足于珍馐和美酒，而希望在困境中拔出宝剑，转入一个完全属于自己的狂放世界。正是基于对李白兼具"诗仙"和"酒仙"双重的身份认识，宇文所安在文章的题记里才会引用杜甫在《饮中八仙歌》中对李白的评价："李白斗酒诗百篇，长安市上酒家眠。天子呼来不上船，自称臣是酒中仙。"他认为杜甫所刻画的李白是在极力进行一种角色扮演："挥翰如酒，纵饮不羁，放任自在，笑傲礼法，天赋仙姿，不同凡俗，行为特异，超越常规。"[①] 总体而言，随着《盛唐诗》一书的出版和被西方读者广泛阅读，宇文所安对李白酒诗的译介和论述得到了众多西方读者的认可。他们通过该书了解到中国古典文化和古代社会的一角，了解到中国"诗酒一体"的文化传统。在此基础上，从2017年起，四川省泸州市携手《诗刊》社、中国诗歌网等单位举办了"国际诗酒文化大会"，通过诗会、主题座谈以及包括《李白》和《孔子》在内的一系列文艺公益演出等形式进行中国酒文化的外宣。截至2019年，泸州的诗酒大会吸引了40余个国家、上百名海外诗人和上千名国内诗人的参与。[②]

五 仰皇风而悦化的文化实践

尽管韦利、华兹生和宇文所安传播李白酒诗的效度各有千秋，但他们的传播方式却大同小异：以译介和研究的方式在文本世界中再现李白作为

---

① 宇文所安：《盛唐诗》，贾晋华译，三联书店，2014，第133页。
② 中共泸州市委对外宣传办：《传承创新中华酒文化 讲好民族品牌故事——泸州老窖的对外文化传播之旅》，《对外传播》2019年第10期。

饮者的形象，传播李白酒诗的艺术和思想魅力。美国当代著名作家、翻译家、汉学家比尔·波特（又名"赤松"Red Pine）意识到了汉学界对李白酒诗的译研是"纸上得来终觉浅"，于是，他在研学旅行中切身实践了李白诗歌中的酒文化，实现了汉学界对李白酒诗国际传播的第三次飞跃：从以译研为主要形式的被动"接受"到以游学为主要形式的主动"悦化"。

从 20 世纪 90 年代起，波特就开始长期在中国旅行，撰写介绍中国风土人情的游记并翻译多部中国诗集，在欧美各国掀起了一股学习中国传统文化的热潮。2012 年以来，他寻访了 36 位中国古代诗人的相关遗迹并将自己的所感所得记入跨文明游记《寻人不遇》（*Finding them Gone*）中。在书中，他不仅写到七处与李白相关的遗迹并翻译了四首李白以酒会友或以酒忆友的诗歌，还多次论及中国悠久的酒文化，甚至身体力行，以酒祭奠包括李白在内的中国古代诗人，以示自己对中国古代优秀文化的仰慕。

在游览山东曲阜的石门山公园时，他向西方读者介绍了《鲁郡东石门送杜二甫》（*In Eastern Lu Seeing Off Tu Fu at Stone Gate*）一诗。波特将"醉别复几日，登临遍池台。何时石门路，重有金樽开。秋波落泗水，海色明徂徕。飞蓬各自远，且尽手中杯"译为：

> Our drunken parting has lasted for days,
> and now we've climbed to the Terrace of Pools.
> When will we travel this Stone Gate Road,
> and raise these golden cups again.
> With autumn falling on the Ssu,
> and dawn lighting Tsulai.
> Tumbleweeds going separate ways,
> let us drain this wine we hold. [1]

从译文来看，波特在对酒的品类和酒具的翻译上仍然没有做深入的考

---

[1] Bill Porter, *Finding them Gone: Visiting China's Poets of the Past* (Copper Canyon Press, 2016), p. 24.

据。他以"cup"来翻译原文中的"樽"。比起华兹生和宇文所安的翻译，这一选词不仅在功能上，而且在形制和大小上都与原文相去甚远。但是，在游记的叙述和议论部分，他却非常强烈地意识到了酒对于李白诗歌创作的重要作用：酒不仅是李白诗歌的重要主题，也是催生李白诗歌创作的重要灵感之源。波特向西方读者介绍道：正是在和杜甫于石门山"从白昼痛饮到深夜，最后双双醉倒，大被同眠"之后，李白为了纪念这次巧遇而创作了这首伟大的诗歌。因此，"我摆上三个小杯子……用这些祭祖的杯子来向中国古代诗人献酒……一杯敬李白，一杯敬杜甫，一杯给我自己……眼见得几片白云飘远了，我杯子里的酒也干了，然后把敬献给李、杜二人的酒，倒在岩石上的小凹池里，我再把残酒啜干"。①

在到访位于四川省绵阳市江油市的李白故居时，波特介绍了《答湖州迦叶司马白何人也》（*On Being Asked Who I Am by Commandant Kashyapa of Huchou*）一诗。他将"青莲居士谪仙人，酒肆藏名三十春。湖州司马何须问？金粟如来是后身"译为：

> I'm the Blue Lotus Recluse I'm the Banished Immortal,
>
> for thirty years my fame has been limited to wineshops.
>
> If the Commandant of Huchou must know,
>
> I'm the reincarnation of Golden Grain Buddha. ②

如前文所述，唐代的酒肆类似于文化和社交中心。波特将李白饮酒的场所"酒肆"翻译为"wineshop"。英文"wineshop"（出售酒的商店），虽然与中文"酒肆"在表层意义上一致，但单独用"wineshop"一词是难以传达"酒肆"一词在原文中的文化内涵的。通过波特的译文，西方读者只能知道李白好饮，却无法认识到李白好饮的原因——与其说李白以酒避世，倒不如说他沉迷于与酒相关的文化活动而放弃对世俗名利的追求。在

---

① 比尔·波特：《寻人不遇》，曾少立、赵晓芳译，四川文艺出版社，2018，第13页。

② Bill Porter, *Finding them Gone: Visiting China's Poets of the Past* (Copper Canyon Press, 2016), p. 137.

中英两种语言进行转换时，要做到表层意义与深层意义完全对等是不可能的。为了弥补语言在转换时产生的意义损耗，波特在文中的议论部分补充道，这首诗"反映了李白的人生进程：从在家学儒学经典到修炼道家长生不老术，从'斗酒诗百篇'闻名于世到被朝廷驱逐，从十五岁与佛教弟子一起生活到撒手人寰"。① 波特的议论弥补了诗歌译文中"wineshop"只传达了"酒"而忽视了与"酒"相关的文化内涵的缺憾。"斗酒诗百篇"很好地将"酒"与以"诗"为代表的文化活动联系了起来。

在拜谒位于湖北省襄阳市的孟浩然墓时，波特介绍了孟浩然墓碑上镌刻的李白所作的《赠孟浩然》（*For Meng Hao-jan*）一诗。波特将"吾爱孟夫子，风流天下闻。红颜弃轩冕，白首卧松云。醉月频中圣，迷花不事君。高山安可仰，徒此揖清芬"译为：

> I love Master Meng,
>
> known to the world for his carefree ways.
>
> A young man disdaining the regalia of office,
>
> an old man resting among clouds and pines.
>
> Drunk beneath the moon on the wine of sages,
>
> smitten by flowers he serves no lord.
>
> I can no longer think of mountains as high,
>
> I bow in vain to the fragrance of his virtue. ②

诗句"醉月频中圣"中包含一个中国典故。《黄帝内经》中早有记载："酒者，水谷之精，熟谷之液也。"因此凡遇到饥荒或战争，中国政府考虑到制酒甚耗费粮食，便会下令禁酒。汉末曹操主政时，曾严令朝廷内外禁酒，于是时人颇讳"酒"字。他们讳称清酒为"圣人"，浊酒为"贤人"，饮酒而醉为"中圣"。从波特的译文"drunk beneath the moon on the wine of

---

① 比尔·波特：《寻人不遇》，曾少立、赵晓芳译，四川文艺出版社，2018，第97页。

② Bill Porter, *Finding them Gone：Visiting China's Poets of the Past* (Copper Canyon Press, 2016), p. 223.

sages"来看，虽然他在诗句的翻译中适当地补充了关键信息，以"the wine of sages"（圣人之酒）来告诉西方读者孟浩然喜爱在皓月当空之际，把酒临风，饮酒至酣，但没有说明正是由于李白和孟浩然有相同的嗜酒之癖和淡泊名利的生活态度，他们才能结为忘年之交，成就一段中国文坛佳话。

综观波特对李白"酒"诗的译介，尽管他在对酒的品类、酒具和酒的典故的翻译上比起前辈汉学家并无很大的改善，但是他在游记中不仅多处提及李白作为"酒仙"和"诗仙"的双重身份，更是身体力行，以"酒"怀恋和祭奠李白。在他游览黄鹤楼时，他朝下面的岩石倒了一杯威士忌，因为"听说李白是想上九天揽月才溺水而亡的，所以我想，下次下雨的时候，雨水就可以把我的敬意送到李白溺水的地方了"。① 在参观位于安徽省当涂县的李白墓时，他说道："如果说有某个诗人喜欢喝酒，那么你肯定会想到李白。"② 因此，他把随身带的酒洒在了墓碑上。从这一点来看，李白酒诗已经对波特的思想和行为产生了深刻的影响。正是在李白酒诗的潜移默化中，波特欣然接受了中国历史悠久而含义深远的饮酒传统。他的译诗、旅行和祭奠充分体现了他对中国文化的仰慕，正可谓"仰皇风而悦化，超重译而来庭"。

结　语

从 20 世纪 40 年代起至今，经过海外汉学家数十年的努力，从阿瑟·韦利蜻蜓点水般的自发译介到伯顿·华兹生在文字层面的自觉传播，到宇文所安跨文化的涵泳优游，再到比尔·波特"仰皇风而悦化"的研学游记，李白酒诗逐渐得到越来越多西方读者的认可和欣赏，中国的酒文化也随着李白酒诗的传播而获得更大的国际影响力。目前，国内学界非常认可这种以汉学家为主导的中国文化传播模式。有学者认为这种模式可以"贯通古今中外，明了接受环境与读者需求，善于沟通国际出版机构与新闻媒

---

① 比尔·波特：《寻人不遇》，曾少立、赵晓芳译，四川文艺出版社，2018，第182页。
② 比尔·波特：《寻人不遇》，曾少立、赵晓芳译，四川文艺出版社，2018，第245页。

体，让流通渠道畅通，从而为译本进入西方世界提供一定的保证"。① 海外汉学界译研李白酒诗的观念转变折射了以李白酒诗为载体的中国酒文化国际影响力的持续上升。在助推中华优秀文化从"走出去"迈上"走进去"新台阶的历史使命和机遇面前，我们期待海外汉学界迎来李白酒诗传播的下一次飞跃。

---

① 魏泓：《中国典籍如何"走出去""走进去""走'深'进去"？——以〈史记〉英译为例》，《语言与翻译》2020 年第 1 期，第 58～63 页。

大型纪录片《一带一路》
国际传播策略研究*

武文颖　梁　路**

摘　要： 纪录片作为社会纪实的文化产品之一，是国际文化交流的重要桥梁，更是中国进行对外传播，与其他民族在文化领域达成共识，形成价值认同的有效途径。2016年，由中宣部、国务院新闻办、中央电视台倾力打造的大型纪录片《一带一路》获得了较高的国际评价，成功向世界传递了中华民族的文化理念、文化精髓。本文使用文本分析法，从叙事框架和叙事语言两个维度分析《一带一路》国际传播策略的运用，并在此基础上从文化视域出发探讨当代纪录片国际传播的发展方向。

关键词： 纪录片　《一带一路》　国际传播

一　研究背景与目的

（一）研究背景

大漠沙洲浩瀚无垠，驼铃的声音亘古绵延，在那蜿蜒的古丝绸之路

---

* 本文系2021年度辽宁省社会科学规划基金重点项目"汉语国际、教育新媒体平台的传播力评估与优化路径研究"（项目编号：L21AXW002）、大连理工大学国际教育学院2021年度科研培育基金重点项目"汉语国际教育新媒体平台传播力评估与优化路径研究"（项目编号：SIE21RZD18）的阶段性成果。

** 武文颖，大连理工大学人文与社会科学学部教授，研究方向为跨文化传播；梁路，大连理工大学人文与社会科学学部新闻与传播专业硕士研究生，研究方向为跨文化传播。

上，东西方文明碰撞交织在一起，谱写了文化交流的璀璨篇章。斗转星移，时过境迁，古代丝绸之路已不复当年的辉煌。而站在新的历史起点上，"一带一路"倡议的提出将带领人们重温当年的盛况，构建更大范围的区域性合作，并在此基础上实现中外文化的互通。"一带一路"倡议旨在实现沿线国家的合奏，而非中国一家的独奏，它所传递的是中国"共谋发展，携手共建"的主流声音。

在"一带一路"相关项目传递的中国声音中，最成功的当属由央视推出的大型纪录片《一带一路》，全片共分六集，分别是《共同命运》《互通之路》《光明纽带》《财富通途》《金融互联》《筑梦丝路》。纪录片拍摄历时一年，行程 20 万公里，涉及 30 多个国家及 20 多个国内省市自治区，讲述了国内外众多平凡人的真实故事，以反映"一带一路"建设给中国及沿线国家和地区带来的巨大变化。该纪录片自播出以来受到国际社会的高度重视，获得了各界的认可，也赢得了国内外受众的青睐。

关于《一带一路》纪录片的研究也成了近年来学界热议的话题，目前，大部分研究都集中于探讨纪录片与国家形象建构之间的关系，还有许多学者关注该纪录片的播出对"一带一路"沿线国家所产生的政治、经济和文化影响，而对该纪录片文化效力的研究却鲜少涉及，对该纪录片的国际传播策略研究也停留在比较分析的阶段，因而本文力图以文本分析的方法切入，从文本层面入手，致力于解剖纪录片《一带一路》的叙事框架和叙事语言，在提炼特点、总结规律的基础上探究其国际传播策略的运用，进而为纪录片的国际传播提供一些借鉴和思考。

（二）研究目的

当前"一带一路"建设项目进行得如火如荼，《一带一路》纪录片作为一种重要的宣传形式也被打上了文化传播的烙印，研究《一带一路》纪录片的国际传播策略应当充分考量它在实现对外文化交流方面的效用力。因而本研究力图从文化交流与文化认同的角度，采用文本分析的方法，从纪录片的叙事框架和叙事语言两个维度出发，挖掘纪录片国际传播过程中的文化效用，即通过研究纪录片《一带一路》在国际舞台上的输出策略，分析它产生了怎样的文化影响、实现了什么样的文化认同，同时为优化纪录片的国际传播提供一些可行性建议。本文试图解决以下三个主要问题：第一，纪录片《一带一路》采用何种叙事框架；第二，纪录片《一带一路》呈现何种叙事语言；第三，如何进一步优化纪录片的国际传播策略。

二 相关研究动态

（一）关于纪录片国际传播的研究动态

本文的研究对象是《一带一路》纪录片，而切入的角度是纪录片的国际传播现状，因而有必要对关于纪录片的国际传播研究展开系统梳理。笔者以"纪录片国际传播"作为关键词，在中文数据库 CNKI 中进行主题检索，限定学科为"新闻与传媒"，最终得到 126 条结果（检索时间为 2021年 9 月 25 日）。经过梳理，其研究方向大致分为两类。

1. 国际传播视域下纪录片自身创作的相关研究

纪录片作为国家传播的重要载体，其题材、创作手法、艺术表现形式以及传播方式等都在一定程度上影响着国际传播的效果，因而纪录片自身的创作相关研究吸引了许多学者的目光。

任志明和左丹丹研究了纪录片《云之南》在传播观念、主体、内容、渠道、目标和效应六方面的国际传播路径与策略，启示我们在国际传播过程中应秉持跨文化理念、互联网思维和世界性眼光，站在平民的视角，采用全媒体传播的方式，这样才能做好对外传播。[①] 这是学者针对纪录片个案开展的创作策略解析研究。

赵曦在研究中指出，面对崭新的世界格局，中国纪录片的对外输出已经不仅是内容的传播，而且更多地表现为中华文化与中国精神的传播。[②]纪录片的有效传播将有利于国家软实力的提升，因而在新时期应当把握机遇，创新纪录片国际传播的创作路径与策略，实现纪录片从文化认识到文

---

① 任志明、左丹丹：《纪录片〈云之南〉的国际传播路径与策略考察》，《现代传播》（中国传媒大学学报）2018 年第 3 期。
② 赵曦：《新时代提升中国纪录片国际传播力的理念与路径》，《中国记者》2018 年第 9 期。

化认同的飞跃。

马洪涛聚焦于"如何讲好中国故事"这一主题，指出纪录片想要契合"国际口味"，就要抓住传播规律，扫除受众接收障碍。这要从五方面着手：人物命运化、叙事多元化、题材本土化、视野全球化、落点精准化。[①]

2. 纪录片的国际传播与国家形象建构研究

纪录片在国际传播的过程中往往会被打上民族的印记，与本民族的文化理念、精神气韵交织在一起，使受众通过对民族印象的感知进而对纪录片所传递的国家形象产生认同。关于纪录片国际传播与国家形象建构的研究并不在少数。

沈悦、孙宝国从纪录片建构国家形象的路径角度出发，首先点出在"一带一路"背景下，纪录片已经成为国家对外柔性传播界定自身形象的"风向标"，但在传媒生态恶化的环境下，纪录片在主题呈现、叙事语言等传播维度都过于刚性，不利于受众接受。因此两位学者提出要立足国内，在"一带一路"共同体理念下，权衡多方话语，同时通过开创相关品牌、参与丝路影视节展等活动在国际合作中建构国家形象。[②]

（二）关于"一带一路"的研究动态

"一带一路"是本文的研究焦点和核心，探究"一带一路"的研究现状，有利于在把握政策的基础上，更加合理、准确、客观地剖析纪录片《一带一路》的制作背景、制作宗旨，从而更好地把握纪录片文本内容的特点和规律。在中文数据库 CNKI 中以"一带一路"为关键词进行主题检索，研究领域限定在"新闻与传媒"，最终得到 3102 条结果（检索时间为2021 年 9 月 25 日）。经过梳理可大致划分为四个研究方向。

1. "一带一路"建设的地缘性研究

"一带一路"建设的地缘性研究是指学者们聚焦"一带一路"的倡议目标，截取沿线的典型地区或国家展开探索，旨在探讨"一带一路"倡议

---

① 马洪涛：《讲好国际语境下的中国故事——纪录片国际传播的创作策略分析》，《电视研究》2017 年第 2 期。
② 沈悦、孙宝国：《"一带一路"视域下的中国纪录片国家形象传播路径探析》，《中国编辑》2018 年第 6 期。

与地区发展规划之间的关联，进而揭示"一带一路"在应用于区域现实发展过程时的作用与价值，同时着眼于未来的发展前景，剖析"一带一路"倡议在地区长远发展中的生命力。

学者秦淑娟、李邦君、陈朝霞对上海的"对外文化贸易"展开系统研究，归纳出其在空间拓展、结构调整、产品创新和贸易方式转型四方面的机遇，以及文化资源、产业、经验、政策、体制机制和区位六方面的优势，最后给出上海对外文化贸易发展的路径。[①]

曾向红从批判地缘政治学的视角出发，指出"一带一路"倡议构想是在新的国内国际背景下提出的新"叙事"，包含了中国对亚欧非大陆的新地缘政治想象，这种想象类似中国的太极图式，打破了等级关系，强调辩证式的包容共生和互动，这样的政治想象有利于打破边缘—中心的思维逻辑，实现一种"天下制度"。[②]

2. "一带一路"的影响力研究

"一带一路"是一项融通古今、联通中外的伟大倡议，在新时期，"一带一路"已经成为我国参与全球治理，走向世界舞台，树立良好国家形象的关键一环。众多学者开始将目光转移到"一带一路"影响力的研究上，透过其产生的影像，洞察这一倡议的内涵、外延、必要性与时代意义。

李彦从跨文化传播角度充分肯定了"一带一路"相关项目对传承中华文化、增强文化自信和中华文化国际影响力的积极作用，同时提出要从各方面促进项目建设和中华优秀传统文化的统筹发展。[③] 这是学者对"一带一路"文化影响力的研究。

"和平、发展、合作、共赢"成为时代的潮流，胡德坤和邢伟旌从整体世界史观出发，指出"一带一路"有助于构建和平发展模式，改善美式价值观主导的世界秩序，从而帮助各国融入世界发展进程，这顺应了世界

---

① 秦淑娟、李邦君、陈朝霞：《"一带一路"下的上海对外文化贸易发展新机遇及路径研究》，《上海对外经贸大学学报》2016 年第 4 期。
② 曾向红：《"一带一路"的地缘政治想象与地区合作》，《世界经济与政治》2016 年第 1 期。
③ 李彦：《"一带一路"对中华优秀传统文化的传承与弘扬》，《重庆社会科学》2018 年第 4 期。

历史发展大势，有助于休戚与共的"人类命运共同体"的打造，于整个世界历史发展意义重大。①

花建针对全球产业文化布局发展不均衡的问题，指出挖掘"一带一路"沿线文化潜力，增强中国文化产业国际竞争力的几点构想：培育外向型企业壮大企业群、互联互通以整合资源、扩大文化服务的出口和通过联结"丝路城市"扩大合作网络。②

3. 跨文化视域下的"一带一路"研究

文化交流与传播是"一带一路"倡议下的重要主题，一方面要推动中华优秀传统文化走出国门，扎根异域文化土壤；另一方面也要汲取其他民族文化中的精粹；此外，尤为重要的是要加强文化领域的国家交流与合作，构筑文化命运共同体，实现文化领域的"同呼吸，共命运"。正是由于文化策略的优越性，跨文化视域下的"一带一路"研究才成为学者们关注的重点。

学者祁伟针对"一带一路"跨文化交流中的不确定性，提出三方面的针对性建议：科学的文化交流观、创新的文化交流方式以及强大的人才建设支持。③ 沈悦、尹如歌从"一带一路"视阈进行思考，指出自改革开放以来，以纪录片为代表的媒介在进行跨文化叙事和国家形象塑造的软实力方面存在与政治经济等方面硬实力不符的状况，并提出"一带一路"语境下纪录片的跨文化传播对策。④ 学者李宝贵和刘家宁以孔子学院的跨文化传播为切入点，采用 SWOT 分析法考察了"一带一路"倡议下孔子学院跨文化传播的优势、短板、机遇和挑战，并提出调整全球布局、推进本土化、实现产业化、坚定文化自信、巧用传播策略的策略建议。⑤

---

① 胡德坤、邢伟旌：《"一带一路"战略构想对世界历史发展的积极意义》，《武汉大学学报》（人文科学版）2017 年第 1 期。

② 花建：《"一带一路"战略与提升中国文化产业国际竞争力研究》，《同济大学学报》（社会科学版）2016 年第 5 期。

③ 祁伟：《"一带一路"背景下跨文化交流的策略研究》，《重庆三峡学院学报》2016 年第 6 期。

④ 沈悦、尹如歌：《中国纪录片的国家形象建构与跨文化传播——"一带一路"视阈下的再思考》，《云南民族大学学报》（哲学社会科学版）2018 年第 2 期。

⑤ 李宝贵、刘家宁：《"一带一路"战略背景下孔子学院跨文化传播面临的机遇与挑战》，《新疆师范大学学报》（哲学社会科学版）2017 年第 4 期。

（三）研究动态概述

通过对"一带一路"研究动态和纪录片的国际传播相关研究动态分别展开梳理与归纳，发现关于纪录片国际传播的研究尚未成熟，仍未形成系统的网络，多数研究停留在浅层次的文献分析上，但关于纪录片国际传播创作策略的研究却可以为本文的开展提供一些借鉴和思考。此外，关于"一带一路"的研究已经交织成横纵贯通的网络，研究视域相对而言较为广阔，使用的研究方法也比较多元，但针对相关纪录片的"一带一路"研究仍属于少数。因而本文试图对上述缺失进行弥补，着眼于《一带一路》纪录片，运用文本分析法，分析其国际传播策略，从而进一步推动全球文化的交流与合作。

三　研究方法与研究样本

（一）研究方法

1. 文献研究法

搜索相关文献资料并进行整理与归纳，在涉及章节中某个具体研究角度时，借鉴已有文献资料所做的研究进行分析，同时翻阅一些纪录片相关的著作和书籍，从理论角度上进一步深入分析。

2. 文本分析法

文本分析是指对文本的表示及特征项的选取，它对从文本中抽取出的特征词进行量化，以此来表示文本信息。本文会对所选取的纪录片《一带一路》进行文本分析，分别对叙事框架下的叙事角度、叙事结构和叙事手段，以及叙事语言下的情感色彩进行解读。

3. 个案研究法

个案研究是指对某一个体、某一群体或某一组织在较长时间里连续进行调查，从而研究其行为发展变化的全过程。《一带一路》作为"丝路"题材纪录片的典型代表，具有较高的研究价值和研究意义。本文主要分析纪录片《一带一路》的文本内容特点，从特殊推广到一般，进而解析纪录片在国际传播中的文化影响力。

（二）研究样本

本文的研究对象是纪录片《一带一路》，研究样本确定为《一带一路》的六集影像资料：《共同命运》、《互通之路》、《光明纽带》、《财富通途》、《金融互联》和《筑梦丝路》。研究以集为单位，对每一集纪录片的基本情况（主要镜头、主要人物、解说词）从叙事角度、叙事结构、叙事手段和情感色彩方面展开深层的文本解读。

四　《一带一路》的国际传播策略分析

在对纪录片《一带一路》进行细致的文本分析之前，笔者首先对纪录片的基本情况进行解读，从主要镜头、主要人物及其对应解说词三方面入手，归纳概括《一带一路》的整体定位（见表1）。

表 1　研究样本信息

样本编号	样本名称	主要镜头	主要人物	解说词
01	《共同命运》	桑托斯造纸过程	桑托斯（西班牙手工造纸传人）	桑托斯将沉淀的植物纤维搅拌均匀，然后抄出厚厚一层纸浆，他打算用这批手工纸为一位葡萄牙诗人制作诗集，由于年岁不饶人，这将是他最后一次造纸了
02	《互通之路》	卡米拉坐在火车站台眺望远方	卡米拉（巴勒克奇市第六小学四年级的学生）	卡米拉的家，正对着当地最大的火车站，可是每年只有夏季，火车才会载着乘客，一周开行两次。已经十几岁了，但卡米拉还不曾坐过火车
03	《光明纽带》	曼娜扎放学回家赶作业的情景	曼娜扎（巴基斯坦北部山区建在半山腰的女子小学五年级学生）	整个学校仅有一只电灯泡挂在室外。每天放学回家，曼娜扎都要走过一段蜿蜒的山路，而到家后她做的第一件事情，就是赶在太阳落山之前写完老师布置的作业。这里电价很高，用电开支差不多占到家庭收入的十分之一，而且经常停电。缺电困扰着曼娜扎生活的小山村，也困扰着整个巴基斯坦

续表

样本编号	样本名称	主要镜头	主要人物	解说词
04	《财富通途》	阿米尔同供货商洽谈的过程	54 岁的巴基斯坦商人阿米尔	（喀什）已经成为他的第二故乡。……为一座小水电站的设备招标，他开始四处忙碌，并和四川绵阳的一家供货商洽谈，商谈结束后，阿米尔来到货场，那里有两车设备正准备启程运往巴基斯坦。对阿米尔来说，喀什是一个古老神秘，到处都充满机会的地方
05	《金融互联》	阿力和萨比尔检查货物的场景	萨达姆·阿力（巴基斯坦进口商）萨比尔（巴基斯坦出口商）	一批来自新疆喀什的衣服和鞋帽在这里（苏斯特）装车，准备运往巴基斯坦西北部城市——白沙瓦。另一批货物为同样产自中国的五金产品和小家电。……一整车巴基斯坦炒松子正在办理出关手续，即将开启万里行程，销往中国江苏
06	《筑梦丝路》	岩龙骑着自行车行驶在通往学校的路上	岩龙（中国第一所边防小学的学生）	他的家在缅甸木姐市芒秀镇，紧邻中缅两国边界，从家到学校只有 1 公里多一点的距离，岩龙读书的学校是瑞丽市姐相乡银井小学，这也是中国第一所边防小学，除了岩龙，来这里上学的还有很多缅甸籍学生。……在这里，他们和中国孩子一样，享受义务教育。在山水相连的中缅边界，虽然他们分属两国，却人相近，情相通

通过梳理，厘清了六集纪录片大致呈现以下两点定位。

1. 以小见大 题材接近

纪录片《一带一路》以"一带一路"建设作为宏观主题，并在此基础上奠定了基本调子，构建了主体框架。而具体材料的填充则是从细微之处着眼，从有血有肉的普通人着手，逐渐使内容变得丰盈而充实。《一带一路》在拍摄过程中记录了 60 多位人物的真实生活现状，其中多数是普通的民众。

比如在《光明纽带》这一集，为了反映普特拉姆燃煤电站的建造给当地居民带来的福祉，节目组将目标对象定位在一位来自巴基斯坦的小主人公——曼娜扎身上，跟踪拍摄了其学校供电设备简陋，且生活地区极度缺电的窘迫生活状态，从而很好地证明了由中国援助建造的普特拉姆燃煤电站使当地居民连续用电、低价用电的梦想成为现实，大大改善了人们的生活，体现出"一带一路"倡议为完善沿线国家基础设施建设做出的突出贡献。

在《筑梦丝路》中，同样以中国第一所边防小学的学生岩龙作为主要切入点，通过叙述中国学校接纳缅甸籍学生并提供义务教育资源这一故事，架起了中缅之间的教育之桥，促进了中缅文化的交流与沟通。正是这样点点滴滴的交流与沟通，传递出"一带一路"倡议下的美好愿景，勾勒出"一带一路"所描绘的宏伟蓝图。

此外，《金融互联》中的商人萨达姆·阿力，《财富通途》中的商人阿米尔，《互通之路》中的学生卡米拉无疑都是日常生活中普通人的缩影。《一带一路》在摄制过程中偏向抓取小人物的生活片段，甚至是琐碎的日常画面，来彰显该节目的宗旨："一带一路"并不是遥不可及的设想，也并非仅贡献于宏观经济体系，相反，它与每个人的生活息息相关，它是造福于全人类的中国智慧。这种以小见大的制作手法，形成题材上的接近性，进而拉近了纪录片与受众之间的距离。

2. 声画配合　意蕴无穷

在审视纪录片《一带一路》的过程中，笔者往往沉醉于其细腻、深远的意境中，这在很大程度上源于其声与画的巧妙设计。在《金融互联》中，画面展现出巴基斯坦商人检查货物的繁忙景象，而此时配以解说词"一批来自新疆喀什的衣服和鞋帽在这里（苏斯特）装车，准备运往巴基斯坦西北部城市——白沙瓦。另一批货物为同样产自中国的五金产品和小家电。……一整车巴基斯坦炒松子正在办理出关手续，即将开启万里行程，销往中国江苏"，声画之间互相配合，让人不禁联想到，几天后那些中国制造的衣物和小家电将摆在巴基斯坦的商店里等待被人选购，而巴基斯坦的炒松子又将送上中国家庭的餐桌，这一切是多么的奇妙啊！声画配合的精妙设计带给人无限的遐想与乐趣。

在《光明纽带》中，为了强调曼娜扎所在的小山村电力极度匮乏，镜头聚焦在曼娜扎赶在日落前完成作业的时刻，此时的解说词为"这里电价很高，用电开支差不多占到家庭收入的十分之一，而且经常停电。缺电困扰着曼娜扎生活的小山村，也困扰着整个巴基斯坦"。这样的一种声画设计，瞬间把人们带入了一种紧张的氛围中，观众都在担心曼娜扎能否及时地写完作业。同时，看似平实的解说词却把巴基斯坦严重缺电的窘境展露无遗，这为此后介绍中国制造的大型变压设备穿越喀喇昆仑山脉和兴都库什山脉进入巴基斯坦做了铺垫。

声与画是构成纪录片的核心元素，二者是彼此依赖、互相衬托的共生关系，纪录片《一带一路》的声画对接精准、设计巧妙，配合故事情节的递进营造出深邃悠扬的意蕴，带给受众丰富的观感。

五 《一带一路》的叙事框架分析

（一）叙事角度的文本分析

宏观处着眼定调，微观处入手挖掘，这是纪录片《一带一路》采用的叙事角度。以第二集《互通之路》为例（见表2），这一集选用的宏观视角为"一带一路"所倡导的愿景——建成畅通的交通走廊，在这一宏大的主题之下，又容纳了微观层面的一个个小故事。比如"欧麦尔的家在伊斯坦布尔，他经常利用周末来安卡拉和大学时代的好友聚会。……曾经令人疲惫的长途旅行如今显得轻松而惬意。两个多小时后，欧麦尔就回到了自己在伊斯坦布尔的家"。中国铁路桥集团吉尔吉斯斯坦办事处，决定为所在国修建新的南北大通道。"作为一带一路描绘的愿景之一，完善跨境基础设施这一公共产品的供给已成为沿线国家的广泛共识。"这些典型且生动的小故事累积在一起便凸显出中国为"一带一路"沿线国家改善交通设施所做的贡献，同时也表明"一带一路"建设已取得一定成果，彰显了这一中国方案的智慧光芒。

第六集《筑梦丝路》中设置的宏观视域为2016年2月22日，习近平在出访乌兹别克斯坦期间发表了题为《携手共创丝绸之路新辉煌》的重要演讲，各国携手共商共建、互利共赢便是这一集的宏观总体定调。而这一集选用的微观层面的故事包括有着深厚中国情缘的中石化阿拉木图分公司员工阿丽娅在公司晚会中演唱《神话》；新疆大剧院《千回西域》中，"来

表 2　叙事框架类目

样本编号	样本名称	叙事角度	叙事结构	叙事手段
01	《共同命运》	宏观与微观相结合的叙事角度（宏观：习近平总书记提出"一带一路"倡议；微观：桑托斯手工造纸、阿曼苏尔港手工造船；丝绸传入罗马）	总括（丝绸之路的盛况、起源以及"一带一路"倡议的提出、宗旨和价值）	生动、精准的数据处理 官方话语与民间话语相融合 演员表演，场景再现
02	《互通之路》	宏观与微观相结合的叙事角度（宏观：阐述"一带一路"所倡导的愿景——建成畅通的交通走廊；微观：吉尔吉斯斯坦、安卡拉、沙特阿拉伯交通情况的改善）	分述（中国企业正在帮助沿线各国完善基础设施建设，打造畅通的交通走廊）	生动讲解数据 官方话语与民间话语相融合 鲜明对比，突出成效
03	《光明纽带》	宏观与微观相结合的叙事角度（宏观：阐述"一带一路"所倡导的共建共赢共享理念；微观：中国帮助斯里兰卡、巴基斯坦、几内亚解决电力短缺的问题）	分述（中国为沿线国家提供技术、资金支持，帮助当地人民解决用电困难）	动画处理数据 官方话语与民间话语相融合
04	《财富通途》	宏观与微观相结合的叙事角度（宏观：阐述服务于"一带一路"的六大走廊、六大路网建设；微观：中欧班列）	分述（讲述海洋贸易的渊源历史及当代中欧班列带来的贸易繁荣）	生动、精准的数据处理 官方话语与民间话语相融合 演员表演，场景再现
05	《金融互联》	宏观与微观相结合的叙事角度（宏观：阐述"一带一路"倡议下中国在全球金融贸易中的贡献；微观：中国与巴基斯坦、老挝、缅甸贸易中的金融关联）	分述（由沉船中的钱币导入，描述当代中国人民币在国际贸易中的重要地位）	生动、精准的数据处理 演员表演，场景再现 官方话语与民间话语相融合 鲜明对比，突出成效
06	《筑梦丝路》	宏观与微观相结合的叙事角度（宏观：习近平讲话——《携手共创丝绸之路新辉煌》；微观：阿丽娅、岩龙的中国心以及位于匈牙利的孔子学院）	总结（在呈现"一带一路"沿线文化交流与合作的基础上，展现人情美，也展示着"一带一路"倡议的蓬勃生命力）	生动、精准的数据处理 官方话语与民间话语相融合 演员表演，场景再现

自中国、俄罗斯、格鲁吉亚、乌克兰的 360 名演员，将通过具有浓郁民族风情和恢宏奇幻场景的舞美表演展示丝路文化的悠久与浪漫"。这些小故

事进一步凸显了"一带一路"倡议的主旨，即携手共创丝路新辉煌，这也与本片的宏观定调相得益彰。

宏观与微观相结合的叙事角度，是纪录片《一带一路》采用的一种巧妙的传播策略。清晰的宏观定调使纪录片在国际传播的过程中有了强大的主题依托，而微观层面的故事则使纪录片在国际传播的过程中增添了一份生动性和亲近感。

（二）叙事结构的文本分析

叙事结构是指纪录片在整体摄制过程中的框架安排，也指纪录片各集之间的关联和递进关系。叙事结构影响着纪录片的整体逻辑性，也影响着纪录片对叙事主题的凸显。通过梳理，笔者发现《一带一路》纪录片采用的叙事结构为总—分—总。

第一集《共同命运》讲述了古丝绸之路的起源及曾经的盛况，并沿着历史的轨迹推进到当代"一带一路"的建设中，阐述了"一带一路"的宗旨、价值以及中国愿意为"一带一路"贡献力量的决心和诚意。如片中所言："立足当前，着眼长远的'一带一路'倡议致力于亚欧非大陆及附近海洋的互联互通，建立和加强沿线各国互联互通伙伴关系，构建全方位、多层次、复合型的互联互通网络，实现沿线各国多元、自主、平衡、可持续的发展。"因而第一集起着统领全片的作用，它为后面的剧集奠定了基调和方向，营造了洋溢着希望与欢乐的氛围。

第二、第三、第四、第五集围绕"一带一路"取得的一系列建设成果分别展开论述。比如第二集《互通之路》阐述"一带一路"所倡导的愿景——建成畅通的交通走廊；第三集《光明纽带》阐述"一带一路"所倡导的共建共赢共享理念；第四集《财富通途》阐述服务于"一带一路"的六大走廊、六大路网建设这一重要目标；第五集《金融互联》阐述"一带一路"倡议下中国在全球金融贸易中的贡献。这些分述的剧集环环相扣，紧紧围绕着第一集《共同命运》中的主题展开分述，形成了板块状的布局。

在最后一集《筑梦丝路》中纪录片再次回归主题，重复强调"一带一路"倡议为沿线国家谋福祉，是建设人类命运共同体的新方案。此外本集着重强调了"一带一路"不仅要实现经济的互联互通，更要实现文化的交流与沟通。"'一带一路'沿线国家市场规模和资源禀赋优势明显，互补性强，潜力巨大，前景广阔，'知者善谋，不如当时。'中方愿同包括乌兹别克斯坦在内的各方一道把握历史机遇，应对各种风险挑战，推动'一带一路'建设向更高水平，更广空间迈进。"片中引用习近平总书记的讲话作为收束语，总结全片，升华了主题。

（三）叙事手段的文本分析

1. 生动、精准的数据处理

纪录片《一带一路》最为人称道的是其对数据的巧妙处理。该纪录片涉及大量的贸易额、经济增长量、进出口量、生产量等数据。这些数据是由资料组查阅了大量的政府文件、统计数据、年度报告、白皮书得来的，具有一定抽象性，受众依据自身既有的知识和经验很难对其进行解读，如若处理不当，便很容易造成观看过程中的理解障碍。鉴于此种情况，制作组在坚持客观准确的基础上，对《一带一路》中出现的数据或做了可视化处理，或采用打比方的、举例子的形式，化抽象为形象。

比如在第三集《光明纽带》中制作组便采用以动画处理数据的方式来显示以下这组数据："装备制造业产值占全球比重超过三分之一，居世界首位。机床产量占世界38%，船舶制造占世界41%，发电设备占世界60%。有200多种产品的产量和出口量列为全球第一。"这一处选用的是地图式动画处理效果，给人以直观、生动之感。同样在《光明纽带》这一集中，为了形容几内亚国内电力严重短缺的现象，制作组采用了举例子的数据处理手法。"2010年，全国水电、火电装机总量只有25万千瓦，实际可用发电量不到12万千瓦时，只能为百万人口的城市提供一天的照明。"简简单单的例子却烘托出几内亚的窘迫现状，且极大地消减了理解上的障碍。

《一带一路》纪录片中的数据表述不仅生动形象，而且在精确度上也值得学习。比如"2017年水电站建成后，每年将提供5亿千瓦时电量，解决巴基斯坦全国15%人口的用电紧缺问题。并带来450亿卢比，约合27亿元人民币的财政收入"。"一个内陆国家的运输成本要比沿海国家高50%，贸易量则低60%，而运输成本降低10%，便可使贸易量增加25%。"

生动、精准的数据处理这一传播策略更符合受众的观看习惯，在国际传播的过程中也更易于理解。

2. 官方话语与民间话语相融合

官方话语与民间话语相融合是纪录片《一带一路》的突出特色。所谓官方话语即以政府阶层为代表的主流话语体系，而民间话语则更多地表现为普通人的言语表达。《一带一路》纪录片穿插使用了官方话语与民间话语，因而显示出较强的权威性和鲜明的生活化气息。

《一带一路》纪录片中采访的嘉宾有 90 余人，其中有 13 位外国政要，如意大利前总统普罗迪、法国前总理拉法兰、俄罗斯总统普京等，除此之外还有众多学者专家发表了对"一带一路"的看法和观点，这些人物的数量约占嘉宾总数的 21%，这些人或在政治领域或在学术领域具备高度权威性，依据霍夫兰提出的信源可信性效果来分析，他们对"一带一路"建设的发声具有高强度的说服力，使受众愿意相信他们所阐述的观点是事实。比如在第一集《共同命运》中时任国际可再生能源机构总干事阿德南·阿明表示："古代丝绸之路是古代文化、知识和贸易的精髓，是世界的核心，……是学习知识和文明的中心。"时任联合国教科文组织总干事博科娃也表示，"一带一路"是要找到"联结人类不同之处的共同点"。在《金融互联》中，法国前总理拉法兰说："今天在上海或深圳上学的只有 12 岁的小男孩可以说丝绸之路是为他而规划的，因为当他 30 岁的时候，会有配合经济文化发展的基础设施属于他。"

《一带一路》纪录片中对于民间话语体系的重视同样可圈可点。比如在《筑梦丝路》中，中石化阿拉木图分公司员工阿丽娅在接受采访时，她表示："我很幸福，这一切都因为我去过中国。"在《共同命运》中，西班牙的手工造纸匠人桑托斯表示，造纸术源于中国，"我们生活在纸的时代"，但现在很少有人用手工造纸了。

3. 演员表演，场景再现

与其说《一带一路》是一部大型专题系列纪录片，倒不如说它是在讲述一个生动的故事，这个故事的一端承载着古丝绸之路与郑和下西洋的荣耀，另一端则连接着"一带一路"的智慧。由于纪录片中涉及大量关于历史回顾的内容，为了不使纪录片显得空洞，制作组选择用演员表演以再现历史场景的方式，来吸引受众的眼球，这也为纪录片增添历史的厚重感。

在第一集《共同命运》中,创作团队精心安排演员再现当年罗马人身着丝绸惊艳众人的场景以及张骞出使西域的场景,通过这种对历史情景的再现,向受众将故事娓娓道来,情节生动,画面生动活泼,更容易打动观者。在第五集《金融互联》中,为了展现当年中国钱币流通西域的景况,同样由演员装扮成做生意的商贩、往来的客商,来展现钱币交易的全过程。

《一带一路》通过演员表演弥补了历史呈现过程中的缺失,不仅再现和还原了历史原貌,起到帮助受众解读的作用,同时为该片蒙上了一层厚重的历史面纱,文化底蕴也增色不少。

4. 鲜明对比,突出成效

每一集纪录片中都或多或少会涉及"一带一路"所取得的突破性进展和创造性成就,为了避免千篇一律的数字化呈现和苍白的语言表述,制作组也采用了大量的对比手法来对此进行烘托。

比如在《金融互联》中有"1993 年中国商品出口占全球的比重仅为 2.5%,但至 2010 年便突破 10% 达到 10.6%"的叙述,这处对比充分显示出中国近些年来在出口贸易中取得的可喜成果。再比如《光明纽带》中为了突出中国援助斯里兰卡完善基础设施这一举动,制作组同样采用前后对比的手法展开烘托。先是借当地居民麦娜可之口表示:"以前,因为电价贵,虽然我们也使用电视等家电,但一直得克制节俭,类似洗衣机这样的电器耗电高,就要多付很多电费。"紧接着画面一转,展现麦娜可生活的改变源自中国援建的一座现代化燃煤电站。鲜明的对比将"一带一路"使沿线国家受益的宗旨展露无遗。

突出成效、突出改变,使人们意识到"一带一路"的建设性成果是该纪录片的一项重要任务,而鲜明对比手法的使用则能有效地实现这种目标,并产生较强的视觉冲击力。

(四)《一带一路》的叙事语言分析

纪录片和电视剧、电影等含有虚构成分的艺术形式不同,它力图以真实的取材还原真实的生活面貌,是一种记录式的艺术。但纪录片绝不仅是纯客观的文化载体,而是依据创作主体的主观倾向制作而成的客观映像,换言之，纪录片是创作主体依据自身的理解对客观世界做出的个性化解读。叙事语言是反映纪录片主观意图和感情色彩的重要元素。综观《一带一路》纪录片的每一集，不难发现其处处洋溢着赞美、感叹、喜悦与自豪之情，这些感情色彩充分渗透在纪录片使用的语言里（见表3）。

表3　叙事语言类目

样本编号	样本名称	词句摘录	情感色彩
01	《共同命运》	句：放眼望去，各领域快速展开的"一带一路"建设正展现出无限前景，通过贸易畅通，资金融通，民心相通，政策联通为主要内容的合作，使沿线各国打造为政治互信、经济融合、文化包容的利益共同体、命运共同体和责任共同体 词：中国方案；世界核心；互联互通	憧憬、期待、满含真诚
02	《互通之路》	句：从中国东南沿海到地中海，从太平洋到印度洋，道路联通，管道联通，电网联通，通信联通，人们正在以现实的成果跨越地理的阻碍，穿越时空的距离，将彼此紧紧联系在一起 词：贸易繁荣；城镇兴旺；沟通顺畅	赞美；惊叹；满含喜悦
03	《光明纽带》	句：随着中国制造在全世界云端留下杰作，随着中国国家主席习近平与斯里兰卡时任总统拉贾帕克萨共同出席普特拉姆电站全面启用的视频连线仪式国企业在装备制造市场风生水起，今天的中国已成为举世公认的制造大国 词：中国制造；光明；能量；共赢	赞美；认可；满含自豪
04	《财富通途》	句：从喀什霍尔果斯经济特区到平潭综合试验区，从口岸贸易到自贸试验区，从内陆到海洋，"一带一路"倡议的实施将扭转长期以来中国经济重心沿海化的现状 词：便捷、充满机会、融合发展	赞美；惊叹；满含自信
05	《金融互联》	句：一般而言，一个国家介入全球与区域贸易的深度将决定其货币在国际上的接受程度；今天，在全球外汇市场交易额比重当中，占据前10位的货币，有8种是由发达国家发行的，只有两种来自发展中国家，中国的人民币和墨西哥比索 词：脱颖而出；铜钱经济体系；建设性举动	赞美；认可；满含激情
06	《筑梦丝路》	句："一带一路"沿线国家市场规模和资源禀赋优势明显，互补性强，潜力巨大，前景广阔，"知者善谋，不如当时"，中方愿同包括乌兹别克斯坦在内的各方一道把握历史机遇，应对各种风险挑战，推动"一带一路"建设向更高水平，更广空间迈进。 词：新探索；新路径；东方智慧；共同繁荣	赞美；温情；满含希望

在《金融互联》中，"一般而言，一个国家介入全球与区域贸易的深度将决定其货币在国际上的接受程度；今天，在全球外汇市场交易额比重当中，占据前 10 位的货币，有 8 种是由发达国家发行的，只有两种来自发展中国家，中国的人民币和墨西哥比索"。这句话虽然是客观的数据描述，但自豪之情也蕴含其中，这是中国综合国力提高、国家崛起所带来的民族情怀。

在《互通之路》中，"从中国东南沿海到地中海，从太平洋到印度洋，道路联通，管道联通，电网联通，通信联通，人们正在以现实的成果跨越地理的阻碍，穿越时空的距离，将彼此紧紧联系在一起"。诸如此类的句子毫不吝惜地表达了对"一带一路"倡议的赞美之情，豪迈的语言连接在一起，汇聚成激情万丈。

在《共同命运》中，"放眼望去，各领域快速展开的'一带一路'建设正展现出无限前景，通过贸易畅通、资金融通、民心相通、政策联通为主要内容的合作，使沿线各国打造为政治互信、经济融合、文化包容的利益共同体，命运共同体和责任共同体"。这句话饱含了中国愿与"一带一路"沿线各国携手奋进的诚意，同时也显示出"一带一路"倡议充满了希望与机遇，是充满生机的中国方案。

精妙的叙事语言是《一带一路》纪录片在国际传播过程中不可缺少的关键一环。

六　优化"丝路"题材纪录片国际传播的建议

（一）客观化表述，生动化讲述

由于不同国家文化习俗、心理情感以及价值观念的不同，不同地域的人们对同一内容往往拥有不同的解读，这种差异性会扭曲或消耗纪录片所传递的价值理念，即所谓的"文化折扣"现象。而客观化的视角在纪录片对外传播时则能够有效规避受众心理上的落差，弥合地域差异所造成的文化鸿沟，使国外受众对纪录片所呈现的内容产生信任感，从而有利于纪录片所承载的文化理念的传递。纪录片《一带一路》以客观化的视角着眼，又以客观化的表现手法将内容平铺展开，采取第三方陈述的方式，规避了第一人称叙述的倾向性。此外，本片对数据的处理也秉持着客观至上的原则，在不能确定具体数值时往往使用"约""超过""接近"等估算性词语来表示，对于具体的数值则往往会精确到小数点后两位。这些客观化的表述使本片成功跨越了国境线，跨越了文化理念和价值观的沟壑，获得国际受众的肯定与认可，值得借鉴和学习。

纪录片是一种记录生活、记录社会、记录现实的艺术，更是一种讲述的艺术。在客观题材的基础上寻求立意的突破，在把握客观材料的基础上实现生动化讲述，是纪录片国际传播的重要一环，也是其从众多同题材纪录片中脱颖而出的秘籍。纪录片《一带一路》讲述了沿线各国平凡小人物的故事，关注他们的衣食住行和生活起居，关注他们的生活现状和生活质量，用小人物的悲喜感染受众的情绪，引导价值观的走向，使人们在观看时不仅对"一带一路"倡议的内容形成认知，同时也对此在价值观上形成认同、在情感上产生共鸣。

客观化表述和生动化讲述应当成为"丝路"题材纪录片国际传播的重要手段。

（二）完整式结构，严谨式逻辑

纪录片《一带一路》的板块式结构和总—分—总式逻辑框架很好地为受众呈现出一幅完整的"一带一路"倡议蓝图。结构的设计、逻辑的把握往往决定了纪录片的水准，也严重影响着纪录片对主旨的突出、对主题的彰显。

每一集纪录片都是其整体中的必要一环，它们彼此衔接、彼此铺垫、相互依存，共同构成整体系统。因而对于每一个分剧集来说，把握中心主旨，全方位、多层次凸显主旨便是至关重要的任务。分剧集除了要为整体服务以外，自身也是一个不可分割的小系统，同样需要建构完整的首尾、填充内容。唯有这样，才能架起完整的结构，进而形成清晰而又严谨的逻辑思维。

完整式结构、严密式逻辑能够充分显示一部纪录片的品质，能够在国际传播的过程中赋予纪录片力量，即使穿越漫长的国境线，依然经得起打磨和推敲。

（三）开放化视域，多元化角度

文化输出的过程并非直线型的单向传播，因为在对外传播的同时，文化作品本身也在不断地吸纳和积累周围的文化符号。尤其是本土文化在进行跨国传播时，更不能故步自封，反而要以开放的态度积极地融合不同地域的文化特色，进而衍生出包容的文化形态。

纪录片《一带一路》就是一个颇具包容性的文化作品，它没有以一种硬性宣传的方式去宣扬中国的主流价值观，而是尊重各国的文化传统，尊重国际社会的文化信仰，以强大的容纳能力和开阔的胸襟展示参与国的文明和风俗，采取多元化叙事角度，从微观和宏观两方面入手，在响应"一带一路"宏大主题的基础上，讲好沿线故事，输出中国的文化精髓，展示大国风采，促使国外受众更加主动地接受中国的文化理念，进而达到构建人类命运共同体的效果。

开放化视域、多元化角度能够为纪录片增添文化底蕴、彰显文化自信，更有助于其在国际传播过程中实现文化认同。

21世纪全球传播秩序研究的回顾与展望

——基于中国知网文献的知识图谱分析

刘　昊　孙逸潇*

摘　要：进入21世纪以来，信息革命推动权力的再造和结构性调整，全球传播秩序成为学界研究的热点。运用 CiteSpace 对中国知网 2000～2020 年全球传播秩序相关研究成果进行分析发现：媒介技术与全球传播秩序关联紧密；全球传播秩序主题研究呈现出明显的跨学科特性。国内全球传播秩序研究表现为四个阶段：依托传统媒体的萌芽探索期，对全球传播秩序的研究界定尚不甚清晰；新旧媒体叠加的初步成型期，初步形成对全球传播秩序的认知，学科从传播学向国际政治、国际关系等学科拓展；寄望网络媒体的快速发展期，互联网开始以其全球互通互联的特性，被寄予改变世界信息与传播秩序的厚望；聚焦全媒体多维扩散的空前繁荣期。国内研究趋势体现为三点：重点关注媒介技术重构全球传播秩序的应用；新时代传播秩序的机遇、挑战与应对；重塑国际秩序的"中国方案"议题。深化全球传播秩序研究，短期应注重内容上的创新与突破，长期应注重系统、多元、细微、深化的演变。

关键词：全球传播秩序　世界信息与传播新秩序　知识图谱　可视化分析

---

* 刘昊，四川外国语大学新闻传播学院教授、硕士生导师；孙逸潇，四川外国语大学新闻传播学院 2018 级学生。本文系大学生创新创业训练计划省级重点项目（国家级）"地缘政治视野下'一带一路'舆情可视化研究——以推特为例"（项目编号：S202010650015）、重庆市社科规划年度项目"'一带一路'海外舆情指标体系研究"（项目编号：2017YBCB066）的阶段性成果。

以民族国家为基础的现代世界体系的诞生，与资本主义时代的到来密不可分。自 1870 年法国的哈瓦斯社、德国的沃尔夫社、英国的路透社以及美国的联合通讯社签订《通讯社条约》起，不平衡、不平等的世界传播秩序便已初具规模。① 在经历了世界大战，冷战时期的两极格局，苏联解体之后，美国的国际中心地位得到强化，传播进入"全球化"阶段。② 另外，自联合国教科文组织推动的"世界信息与传播新秩序"（New World Information and Communication Order，NWICO）运动以来，以第三世界国家学者为代表的研究人员一直致力于推动该领域的研究。1980 年，麦克布莱德委员会在向联合国教科文组织提交的《多种声音，一个世界》中，明确提出建立世界传播新秩序的理念。③ 进入 21 世纪，距离和时间不再成为传统的社会组织的局限，以国家间对话为核心的"地域主义"宣告结束。④ 主体更加多元的全球传播要求我们必须探索新型全球传播治理模式，这也是对国际传播秩序的改造与完善。⑤ 1994 年，中国第一个全国范围的互联网试验网开通。⑥ 相当一部分学者寄希望于借助互联网传播的时效性、交互性、开放性、穿透性和融合性，推动全球传播秩序变革。⑦ 然而，事与愿违，数字技术的迅猛发展不仅没有消除全球社会信息资源的不均衡，反而导致了全球性的"数字鸿沟"。在网络空间中，发展中国家并没有因为新环境的诞生而与原有的西方信息传播大国站在同一起跑线上，美国等发达国家仍然因其科技、政治、经济实力强大而占据优势甚至霸权地位。⑧ 针对这

---

① 张磊：《走向人类命运共同体：历史视角下的全球传播秩序变迁与重建》，《国际传播》2019 年第 2 期。

② 张磊：《走向人类命运共同体：历史视角下的全球传播秩序变迁与重建》，《国际传播》2019 年第 2 期。

③ C. Laudia Padovani, & Kaarle Nordenstreng, "From NWICO to WSIS: Another World Information and Communication Order," *Global Media and Communication*, 2005, 1 (3): 264 – 272.

④ J. A. Scholte, & I. Wallace, "Globalization: A Critical Introduction," *New Political Economy*, 2000 (2).

⑤ 杜永明：《全球传播治理：国际传播由"制"到"治"的范式转换》，《世界经济与政治》2003 年第 10 期。

⑥ 国务院新闻办公室：《重点新闻网站发展历程》，http://www.scio.gov.cn/zhzc/9/6/Document/1353439/1353439.htm，最后访问时间：2021 年 11 月 23 日。

⑦ 赵云泽：《论网络传播对国际传播秩序均衡化影响》，《国际新闻界》2003 年第 3 期。

⑧ 崔保国、孙平：《从世界信息与传播旧格局到网络空间新秩序》，《当代传播》2015 年第 6 期。

一问题，信息社会世界峰会（WSIS）于 2005 年发布了《突尼斯议程》，强调多元主体协同治理，从而突破全球互联网权力垄断，弥合全球社会中日益加深的"数字鸿沟"。在信息技术的推动下，全球社会也开启了新一轮全球治理和世界一体化的探索，重构世界传播新秩序的议题又一次摆在了世界面前。围绕变革全球传播秩序的"中国方案"研究成果由此日渐丰富。① 很多发展中国家又看到了重构"世界信息与传播新秩序"的契机，纷纷对中国的呼吁给予积极的回应。当今世界正经历新一轮大发展、大变革、大调整，大国战略博弈全面加剧，国际体系和国际秩序深度调整，人类文明发展面临的新机遇、新挑战层出不穷，不确定、不稳定因素明显增多。② 在此"百年未有之大变局"中，全球传播秩序重构的终极意义是使世界各国人民最大化地获得信息权益，因此，全球传播秩序是一个兼具理论与实践意义的研究议题。

那么在中国国内，关于全球传播秩序的研究呈现出什么图景？本文使用 CiteSpace 工具对中国知网的相关文献进行了知识图谱分析，探寻相关研究的发展阶段、内在特征及未来深化的可能性。

一 研究设计

本文以中国知网总库为检索数据库，采用高级检索的方式，设定时间范围为 2000～2020 年，以"世界传播秩序""全球传播秩序""国际传播秩序""世界传播新秩序""全球传播新秩序""国际传播新秩序""世界信息传播新秩序""全球信息传播新秩序""国际信息传播新秩序"为关键词进行精确全文检索。检索共得到相关文献 1548 篇。对数据清洗后，剔除卷首语、编者按等非研究性文献 75 篇，最终得到有效样本 1473 篇，包

---

① 邵培仁、许咏喻：《新世界主义和全球传播视域中的"网络空间命运共同体"理念》，《浙江大学学报》（人文社会科学版）2019 年第 3 期；龙小农：《金砖国家重构全球传播秩序：历史依据与现实路径》，《现代传播》（中国传媒大学学报）2019 年第 6 期；邵鹏、陶陶：《新世界主义图景下的国际话语权——话语体系框架下中国国际传播的路径研究》，《新疆师范大学学报》（哲学社会科学版）2018 年第 2 期。

② 高祖贵：《世界百年未有之大变局的丰富内涵》，《学习时报》2019 年 1 月 21 日。

括期刊论文 1015 篇，以及图书、学位论文、会议论文、报纸文章共 458 篇。CiteSpace 能够将一个知识领域演进历程的来龙去脉集中展现在一幅引文网络图谱上，并把图谱上作为知识基础的引文节点文献和共引聚类所表征的研究前沿自动标识出来。本文以 CiteSpace 为工具，对文献进行计量分析，进而预测该领域的研究趋势。

二　数据分析

（一）历年发文数量统计

据 2000～2020 年全球传播秩序相关文献统计图（见图 1）显示，21 世纪以来历年国内全球传播秩序相关文献数量呈平稳上升的态势，国内对该议题的关注程度日趋提高。其中，2009 年和 2017 年是两个重要的时间节点。2009 年和 2017 年，美国民主党领袖奥巴马和共和党领袖特朗普先后出任美国总统，国内与之相对应的对于国际形势的变化及其相应对策的研究也随之增加。相关研究议题体现为，奥巴马出于国内经济不振和国会指责的驱动，多次在汇率问题上施压中国，[①] 其将硬实力与软实力结合应用的"新媒体外交"实践被视为外交的创新。[②] 特朗普则明确将中俄列为战略竞争对手，[③] 其"推特治国"的实践以用语简单、情绪化、简单重复的特征使其发言得以轻松绕过主流媒体，直达民众并强化受众记忆，从而实现政治宣传的目的。[④] 2017 年，党的十九大召开，中国特色社会主义进入新时代，习近平总书记作关于国家文化软实力建设的讲话，学界对此迅速做出响应，"软实力"的提升被认为是掌握国际话语权，参与重构全球传播秩序的入口，迅速成为研究热点。

---

① 贾敏：《构建中美战略互信，做好对美传播》，《对外传播》2012 年第 6 期。
② 任海、徐庆超：《媒体外交初探》，《中国人民大学学报》2011 年第 5 期。
③ 龙小农、李婷：《从外国代理人登记看美国的国际话语权把控》，《青年记者》2019 年第 10 期。
④ 方晓恬：《从特朗普"推特治国"管窥美国政治建制派窘境》，《浙江传媒学院学报》2017 年第 6 期。

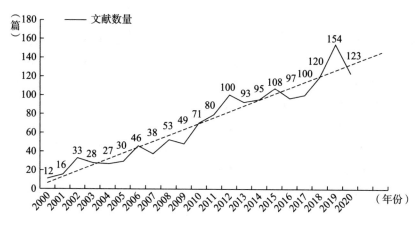

图1 2000～2020年全球传播秩序相关文献数量统计

（二）作者分布

作者贡献（发文量）排名（见表1）展现了这一领域的代表性学者。其中，史安斌近年来主要关注智媒时代全球政治传播生态的重塑、[①] 跨国合作与建设性新闻带来的全球信息传播秩序变革；[②] 赵月枝采用历史观的视角，从传播政治经济学出发解读全球传播秩序；[③] 胡正荣则主要着眼于我国主流媒体国际传播能力提升与国家形象塑造路径展开讨论。[④]

表1 全球传播秩序相关文献作者贡献（发文量）排名

单位：篇，次

序号	作者	发文量	下载量	总引文频次	篇均被引频次	下载被引比
1	史安斌	24	31430	272	11.33	115.55
2	赵月枝	13	23296	276	21.23	84.41
3	胡正荣	12	11387	105	8.75	108.45

---

① 史安斌、王沛楠：《2020 全球新闻传播新趋势——基于五大热点话题的访谈》，《新闻记者》2020 年第 3 期。

② 史安斌、王沛楠：《建设性新闻：历史溯源、理念演进与全球实践》，《新闻记者》2019 年第 9 期。

③ 赵月枝、曼殊纳特·蓬达库、张晓星：《全球南方、社会主义探索与批判传播学新想象——中印比较三人谈》，《全球传媒学刊》2019 年第 4 期；赵月枝：《社会主义跨文化传播政治经济学——理论路径与问题意识》，《人民论坛·学术前沿》2020 年第 21 期。

④ 王润珏、胡正荣：《真实、立体、全面：我国主流媒体的国际传播与国家形象塑造》，《出版发行研究》2019 年第 8 期。

续表

序号	作者	发文量	下载量	总引文频次	篇均被引频次	下载被引比
4	姜飞	12	7179	75	6.25	95.72
5	王丹	9	8622	57	6.33	151.26
6	姬德强	9	3702	17	1.88	217.76
7	龙小农	8	4229	33	4.13	128.15
8	邵培仁	7	6891	85	12.14	81.07
9	陈世华	7	5613	45	6.43	124.73
10	邵鹏	7	2666	11	1.57	242.36

（三）期刊分布

表2给出了全球传播秩序相关文献中，核心期刊论文载文量（≥10）最多的前10种期刊，皆为新闻传播学科领域期刊，其载文量占全部相关核心期刊论文总数的46.7%，新闻传播学科是全球传播秩序研究的主要学科。与此同时，表3显示我国全球传播秩序的研究呈现鲜明的跨学科特性，排在第一的教育综合专题以文科为主，覆盖理科的综合性学报，以新闻传播为引领性学科，向政治、军事、法律、出版、信息科学等学科辐射。

表2 全球传播秩序相关核心期刊载文量排名

单位：篇，次

序号	期刊	载文量	下载量	总引文频次	篇均被引频次	下载被引比
1	《现代传播》	53	60492	500	9.43	120.98
2	《青年记者》	30	8669	51	1.70	169.98
3	《国际新闻界》	27	30333	333	12.33	91.09
4	《新闻记者》	23	21940	261	11.35	84.06
5	《当代传播》	19	17187	144	7.58	119.35
6	《新闻与写作》	17	14587	125	7.35	116.70
7	《电视研究》	16	4340	45	2.81	96.44
8	《中国记者》	15	4648	102	6.80	45.57
9	《中国广播电视学刊》	15	4868	44	2.93	110.64
10	《新闻大学》	14	20518	204	14.57	100.58

表3　全球传播秩序相关载文核心期刊专题分布

单位：种，%

序号	期刊专题	数量	占比	累计占比
1	教育综合	60	37.7	37.74
2	新闻与传媒	22	13.8	51.58
3	政治军事法律综合	13	8.2	59.76
4	中国政治与国际政治	11	6.9	66.68
5	出版	10	6.3	72.97
6	图书情报与数字图书馆	5	3.1	76.11
7	戏剧电影与电视艺术	5	3.1	79.25
8	中国共产党	4	2.5	81.80
9	高等教育	3	1.9	83.70
10	行政学及国家行政管理	2	1.3	84.90

（四）机构分布

表4给出了发文量最多的前10个机构，其中，中国传媒大学论文数量远高于其他高校，占比10.18%；清华大学、复旦大学、浙江大学、中国社会科学院、武汉大学的篇均被引频次均在10以上，研究成果较为丰富。对表4和图2交叉分析后发现，中国传媒大学、清华大学和复旦大学为该领域较为核心的研究机构。各机构就该议题的研究有少数合作，但合作网络十分松散，机构间尚未形成紧密有效的合作通路。

表4　全球传播秩序相关研究机构贡献（发文量）排名

单位：篇，%

编号	机构	发文量	总引文频次	篇均被引频次	占比
1	中国传媒大学	150	605	4.03	10.18
2	清华大学	65	677	10.42	4.41
3	复旦大学	56	633	11.30	3.80
4	浙江大学	46	635	13.80	3.12
5	中国社会科学院	43	475	11.05	2.92
6	武汉大学	41	510	12.44	2.78
7	中国人民大学	36	207	5.75	2.44

续表

编号	机构	发文量	总引文频次	篇均被引频次	占比
8	四川大学	26	204	7.85	1.77
9	华中科技大学	23	111	4.83	1.56
10	北京大学	22	189	8.59	1.49

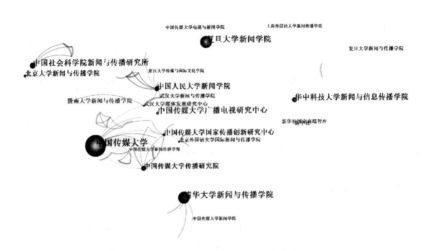

图 2　全球传播秩序相关研究机构合作网络

（五）关键词分析

1. 关键词聚类分析

对 2000～2020 年全球传播秩序相关文献进行关键词提取，表 5 给出了使用频次最高（≥20）的 10 个关键词，其中，前 9 个关键词的累计使用频次占比已超过 26%（占所有关键词总频次的约 1/4）。表 6 展示了关键词共现网络中心度比较高（≥0.09）的 6 个关键词。

表 5　全球传播秩序相关高频关键词前 10 名

单位：%

序号	关键词	频次	百分比	累计百分比
1	国际传播	160	7.7	7.74
2	全球化	71	3.4	11.17

序号	关键词	频次	百分比	累计百分比
3	国家形象	70	3.4	14.55
4	新媒体	53	2.6	17.11
5	对外传播	50	2.4	19.53
6	全球传播	39	1.9	21.42
7	人类命运共同体	36	1.7	23.16
8	跨文化传播	30	1.5	24.61
9	国际话语权	29	1.4	26.01
10	社交媒体	23	1.1	27.12

表6 全球传播秩序相关关键词共现网络中心度排名 （≥0.09）

序号	关键词	中心度	序号	关键词	中心度
1	国际传播	0.39	4	新媒体	0.13
2	全球化	0.28	5	对外传播	0.09
3	国家形象	0.13	6	中国国际广播电台	0.09

在表5给出的10个高频关键词中，"国际传播""全球传播"具有近义关系；"对外传播""跨文化传播""国际话语权""国家形象""全球化""人类命运共同体"具有递进关系。"新媒体""社交媒体"被研究者寄予了调整、扭转与改变国际不平等的传播秩序的厚望，是研究的热点话题。表6显示，中心度较高的关键词大致与使用频次较高的关键词相同，"国际传播""全球化""国家形象""新媒体""对外传播"不仅使用频次较高，而且作为中枢连接着其他关键词，其反映了全球传播秩序中的研究热点。使用CiteSpace对这些关键词进行可视化处理，得到全球传播秩序主题关键词聚类图谱（见图3）。综合以上数据，当前全球传播秩序相关研究主要集中于在国际传播、跨文化传播的语境下，回顾全球传播秩序的变迁，探讨我国对外传播、合理改善国际形象、广电话语体系对国际传播秩序的能动性作用，半岛电视台成为一个典型的研究个案。

2. 关键词演变分析

对2000～2020年全球传播秩序进行分析，结果显示，10个聚类最早成为研究热点的年份基本都集中在21世纪初期（2000～2003年），其中

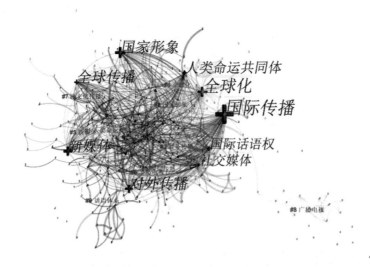

图3 2000～2020 年全球传播秩序主题关键词聚类图谱

"广播电视"于 2001 年开始出现在时间轴上，但 2003 年其热度即迅速退去，而"新媒体"于 2008 年才开始受到学者的关注，时至 2020 年仍方兴未艾。这充分说明了全球传播秩序研究对于媒介技术的重视：媒介本身正是全球传播秩序重构的重要推动力，媒介技术的发展与演进，本身即有促使全球传播秩序发生变革的巨大力量。占据新媒介的技术和应用意味着掌握规则的制定权和解释权，而这种权力能够从赛博空间向现实社会渗透，进而重构现实社会秩序。

全球传播秩序主题突显词图谱（见图 4）显示，全球传播秩序主题突显词包括"国际传播能力建设"、"'一带一路'"、"人类命运共同体"、"社交媒体"、"全球传播"以及"新世界主义"（结束年份为 2020年）。"国际传播能力建设"同中国的外宣工作息息相关，中国自 2008年起提出"中国国际传播能力建设工程"，面对 21 世纪信息传播新技术（ICTs）带来的世界范围内社会结构和知识生产转型，[①] 提高国际传播能力被认为是突破西方话语垄断，推动全球传播秩序重构的实践路径；"'一带一路'"以其互通互联的特性，推动全球传播秩序建构；[②] "人类命运共

---

① 姜飞：《新阶段推动中国国际传播能力建设的理性思考》，《南京社会科学》2015 年第 6 期。
② 宋美杰：《中心·边缘·群体："一带一路"倡议的国际新闻流通图景》，《现代传播》（中国传媒大学学报）2017 年第 9 期。

同体"作为理论,能够给予中国推动全球传播秩序重构的理论支撑、努力方向和具体的操作指南;① "社交媒体"在全球传播中越发扮演一种极具张力的权力平台和监督、推动力量,它的广泛运用改变了文化传播范式和传播环境,② 同时,社交媒体的国际竞争和市场拓展同未来全球传播秩序格局密不可分;③ "全球传播"作为"全球传播秩序"的词根,是全球传播秩序研究的基础命题,传播技术及社会变革带来的全球传播重大变革,使传统国界及人类生存边界消失,国际传播变成全球传播,改变了基于传播的全球体系的内在基因和外在动力。④ "新世界主义"已经在宏观、中观和微观三个层面初步形成了"一体同心多元"理论体系,⑤ 能够为全球传播秩序重构提供理论依据。

关键词	年份	长度	开始	结束	2000~2020年
广播电视	2000	4.26	2001	2003	
大众传媒	2000	3.93	2001	2005	
全球化	2000	3.48	2001	2006	
传媒业	2000	3.68	2002	2011	
中国国家形象	2000	3.16	2007	2008	
软实力	2000	4.87	2008	2014	
信息公平	2000	5.62	2009	2010	
传播秩序	2000	3.76	2011	2012	
新媒体	2000	3.97	2012	2016	
新闻传播	2000	3.18	2012	2016	
影响力	2000	3.43	2014	2015	
一带一路	2000	3.96	2015	2018	
国际传播能力建设	2000	3.71	2015	2020	
"一带一路"	2000	4.30	2016	2020	
新媒体时代	2000	3.22	2016	2017	
人类命运共同体	2000	12.44	2017	2020	
社交媒体	2000	5.06	2017	2020	
全球传播	2000	4.24	2017	2020	
新世界主义	2000	3.74	2017	2020	

图4 2000~2020年全球传播秩序主题突显词图谱

① 邵鹏:《人类命运共同体:全球传播新秩序的中国方向》,《浙江工业大学学报》(社会科学版)2019年第1期。
② 陈文胜、孙壮珍:《论社交媒体时代中国文化软实力的对外传播》,《天津行政学院学报》2018年第1期。
③ 来向武、田赟:《社交媒体国际化:全球图景与中国进路》,《当代传播》2019年第4期。
④ 李沁:《沉浸传播视域下的全球体系与国家传播》,《新闻春秋》2019年第4期。
⑤ 邵培仁、沈珺:《新世界主义语境下国际传播新视维》,《新疆师范大学学报》(哲学社会科学版)2018年第2期。

三　全球传播秩序研究热点演进

2000 年以来，全球传播秩序主题越发受到国内学者的重视，研究内容更加丰富，研究成果不断完善。21 世纪以来，国内全球传播秩序研究可大体分为以下四个阶段（见图 5）。

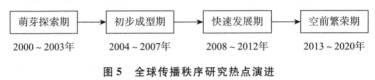

图 5　全球传播秩序研究热点演进

（一）依托传统媒体的萌芽探索期（2000～2003 年）

面对世纪之交国际形势的变化，为使我国传媒业更好地适应国际传媒竞争，推动我国广播电视业的改革发展，学者们关注我国传媒业在新形势下的定位，以及相应的应变策略。然而，彼时基于电视的主流影响力，加之对于全球传播秩序概念尚不甚清晰，学界仅仅依托传统媒体构想未来全球传播秩序，尤以依托广播电视为主，这也是该阶段呈现的鲜明特色。此外，2001 年 12 月 11 日，中国正式加入世界贸易组织。在此背景驱动下，国内学者开始将研究转向国际世界，关注"全球化"的国际形势可能带来的国际信息传播变革及其对中国产生的影响，相应地形成了对全球传播秩序主题的基本认知。比如学者杜永明就关注到，中国"入世"后，国外传媒集团涌入中国市场，中国须在现有国际传播秩序的基础上，壮大自身传播实力，提高外宣水平。[①] 不过，彼时全球传播秩序研究尚处于起步时期，国内关注该领域的研究人员较少，仅有 75 位作者统计在列；研究成果数量较少，仅有 88 篇文献；研究媒介集中为以广播电视为代表的传统媒体。其中，最早出现"网络媒体"与"传播新秩序"的文献为 2001 年徐小立发表的《21 世纪的新闻学教育改革》；最早明确将"网络媒体"视为国际传播秩序重构路径的文献为温飚于 2002 年发表的《因特

---

① 杜永明：《全球传播治理：国际传播由"制"到"治"的范式转换》，《世界经济与政治》 2003 年第 10 期。

网与国际广播电视》。该阶段高频关键词前 10 名统计结果见表 7。

表 7　2000～2003 年全球传播秩序相关高频关键词前 10 名统计结果

序号	关键词	频次	中心度	序号	关键词	频次	中心度
1	全球化	12	0.18	6	电视频道	4	0.02
2	广播电视	7	0.03	7	广播电视集团	4	0.01
3	国际传播	6	0.05	8	创新	4	0.00
4	传播政治经济学	5	0.04	9	三重属性	4	0.00
5	全球传播	4	0.04	10	经济属性	4	0.00

（二）新旧媒体叠加的初步成型期（2004～2007 年）

这一阶段划分的依据首先是"世界信息传播新秩序"开始成为独立的研究对象，这标志着学者对于全球传播秩序的认知基本成型。这一阶段的文献以顾潜发表于 2004 年的《对世界新闻传播秩序的审视》为代表，全面论述了全球传播秩序相关问题。其次是这一时期的研究不再聚焦传统媒体在改变全球传播秩序方面可能发挥的效用，研究学科从新闻传播学向国际政治、国际关系等学科延伸，相关研究内容开始与"国家形象"[1]"文化帝国主义"[2]等关键词产生关联，理论性明显增强。无论对全球传播秩序认知的完善程度，还是相关研究内容的丰富程度，在这一阶段都有显著上升。这一时期国内全球传播秩序相关研究渐趋成熟，视角更加宏观，并基本形成了这一领域特色的话语体系，这一体系与国际政治、经济、文化博弈紧密相关，进而为后续研究奠定了基础。该阶段高频关键词前 10 名统计结果见表 8。

表 8　2004～2007 年全球传播秩序相关高频关键词前 10 名统计结果

序号	关键词	频次	中心度	序号	关键词	频次	中心度
1	全球化	13	0.08	2	国际传播	13	0.07

---

[1]　韩源、王磊：《全球化时代的新闻传播与国家形象宣传战略》，《西南民族大学学报》（人文社科版）2005 年第 3 期。

[2]　赵月枝：《文化产业、市场逻辑和文化多样性：可持续发展的公共文化传播理论与实践》（上），《新闻大学》2006 年第 4 期；赵月枝：《文化产业、市场逻辑和文化多样性：可持续发展的公共文化传播理论与实践》（下），《新闻大学》2007 年第 1 期。

续表

序号	关键词	频次	中心度	序号	关键词	频次	中心度
3	大众传媒	6	0.01	7	话语权	3	0.01
4	信息传播	4	0.04	8	传播活动	3	0.01
5	传媒业	4	0.01	9	跨文化传播	3	0.00
6	国家形象	3	0.02	10	中国国家形象	3	0.00

（三）寄望网络媒体的快速发展期（2008～2012 年）

这一阶段的显著特征是全球传播秩序相关研究成果的绝对数量显著上升，研究视角、内容也渐趋繁杂丰富，体现了全球传播秩序主题研究在这一时期的快速发展（参见图1、图4和表9）。2008 年是一个重要的时间节点，这一年中国网民规模达 2.98 亿人，网络普及率达 22.6%，首次超过全球平均水平。[①] 同年，时任中国国家主席胡锦涛通过人民网强国论坛同网友在线交流，[②] 突出体现互联网作为信息传播交流、反映民意舆情的重要渠道，受到中国党政高层的充分重视。基于此，学者寄予互联网传播中国声音、占据国际话语权高地、改变世界信息传播秩序不平等现状的厚望。研究数据发现"网络媒体""新媒体""新闻网站"在此阶段成为热门关键词，聚类"新媒体"自 2008 年起成为研究热点（见图4）。基于新一代全球传播技术的互联网挑战与机遇并存，或许是改变现有国际传播秩序的巨大契机，因此围绕互联网主题的相关研究大量涌现。建设具有强大传播力、竞争力的网络传播主体，推进重点网站海外发展战略是中国在国际舆论竞争中赢得主动权的必由之路；[③] 中国若能抓住网络技术变革的契机，引领创制国际传播新技术范式，将为中国在赢得国际话语权、增强国

[①] 中共中央网络安全和信息化委员会办公室：《第 23 次中国互联网络发展状况统计报告》，http://www.cac.gov.cn/2014 - 05/26/c_126548676.htm，最后访问时间：2021 年10 月 11 日。

[②] 中共中央网络安全和信息化委员会办公室：《2008 年中国互联网发展大事记》，http://www.cac.gov.cn/2014 - 02/24/c_126182786.htm，最后访问时间：2021 年 10 月 11 日。

[③] 谢新洲、黄强、田丽：《互联网传播与国际话语权竞争》，《北京联合大学学报》（人文社会科学版）2010 年第 3 期。

际传播影响力方面取得重要筹码。[①]

表9 2008～2012年全球传播秩序相关高频关键词前10名统计结果

序号	关键词	频次	中心度	序号	关键词	频次	中心度
1	国际传播	26	0.41	6	国际话语权	9	0.07
2	国家形象	19	0.19	7	跨文化传播	9	0.06
3	全球化	16	0.14	8	软实力	9	0.06
4	新媒体	10	0.17	9	信息公平	9	0.01
5	对外传播	10	0.05	10	传播秩序	8	0.04

（四）聚焦全媒体多维扩散的空前繁荣期（2013～2020年）

2013年是空前繁荣期的起点，这一年相关研究成果数量相较于2012年及以前增长了约1倍。2013年，习近平当选为中国国家主席，相继提出共建"一带一路"倡议、"人类命运共同体"理念，为全球治理贡献中国方案、中国智慧。此后，围绕中国方案展开的推动全球传播秩序变革的研究越发丰富。"一带一路"倡议从国家层面给予国际传播能力建设以最大支持，能够深刻影响中国传媒在世界传播秩序中的重新定位和话语权作用机制；[②] "人类命运共同体"理念是提升我国国际话语权的道义高峰，对重塑国际信息传播秩序有积极作用。[③] 从中国方案出发的全球传播秩序研究常变常新。此外，伴随媒体融合的推进，审视多样化媒介及其组合关系对传播秩序的影响也成为研究发展到繁荣期所关注的重点议题。2013年，习近平在全国宣传思想工作会议上首次公开提到关于我国媒体融合的想法与概念。学界对此做出回应，更多地将着力点放在新旧融合媒体在改变全球传播秩序方面所发挥的效用上，强调"多种平台，一个声音"，"媒介融合""媒体融合""全媒体""融媒体"在此阶段相继成为热门关键词（见

---

① 龙小农：《从国际传播技术范式变迁看我国国际话语权提升的战略选择》，《现代传播》（中国传媒大学学报）2012年第5期。

② 卜彦芳：《"一带一路"背景下中国传媒国际话语平台建设》，《对外传播》2017年第8期。

③ 郭可、姜绳：《人类命运共同体理念：提升我国全球话语权的道义高峰》，《对外传播》2018年第2期。

图4）。推动媒体融合发展，是加强国际传播能力建设的必由之路，未来全球传播秩序研究更可顺应媒介融合的趋势深入探索。该阶段高频关键词统计结果见表10。

表10　2013～2020年全球传播秩序相关高频关键词前10名统计结果

序号	关键词	频次	中心度	序号	关键词	频次	中心度
1	国际传播	115	0.39	6	全球传播	30	0.12
2	国家形象	48	0.14	7	全球化	30	0.12
3	新媒体	43	0.16	8	社交媒体	23	0.08
4	对外传播	38	0.15	9	国际话语权	20	0.07
5	人类命运共同体	36	0.11	10	跨文化传播	18	0.04

四　全球传播秩序研究的趋势展望

（一）关注媒介技术重构全球传播秩序的应用

媒介技术本身具有促进社会变革的巨大力量。随着媒介技术更迭变迁日益加快，媒介环境学派的观点越来越多地应用于对各种现象的解释。在全球传播秩序的研究中，媒介技术是一个重要的变量。因循麦克卢汉的媒介哲学，媒介技术不仅包括新兴的5G、算法、人工智能、虚拟现实等技术背后的"冷"技术，还包括直接支持信息传播的各类国际社交媒体平台提供的无限逼近真实世界等"热"技术。媒介技术的迭代推动媒介的变革，技术成为国际传播秩序调整的主导逻辑：一方面，技术会带动现有传播秩序重构；另一方面，固有的传播秩序也会因为优势节点的技术优势而趋于固化。未来算法、虚拟现实、人工智能等技术会让国际传播的信息地缘政治更加复杂，基于信息国际流动模式的再造，对全球传播秩序的研究领域会产生大量值得研究的问题。未来传播秩序的研究将在世界大变局中迎来创新发展窗口期，中国学者对传播秩序的研究，不但要关注全球视野下中国形象的构建以及全球传播秩序中中国话语的提升，更应关注人类命运共同体视野下全球传播秩序的优化，其中媒介技术不仅是工具,更是研究的驱动力。

(二) 重视重塑国际秩序"中国方案"研究

"'一带一路'""人类命运共同体""新世界主义"均为新近兴起且持续高热度的研究议题。"中国方案""中国智慧""人类命运共同体"已多次被写入联合国文件,正在从理念化为行动,"中国方案"必将成为国内学者乃至世界各国学者关注的热点话题。围绕"中国方案"的全球传播秩序研究主要从理念原则、实践路径、启示和意义方面开展。人类命运共同体理念给予研究者一种宏观视野,为全球传播秩序重构工程提供了强大的理论支撑、努力方向和具体的操作指南。[①] 此外,"全球中国"理念可以与全球传播秩序研究相结合,比如探索与"中国理论""中国方案"密切相关的一整套具备全球视野且理论与实践相结合的话语体系,勾勒出"全球中国"的话语体系轮廓。[②] 围绕"人类命运共同体"等"中国方案"进行的理论研究亦是未来值得关注的热点话题。"中国方案"不仅是全球治理的有效方略,同时也有助于全球传播秩序研究突破"唯技术论"和"唯工具论"的瓶颈。

(三) 拓宽全球传播秩序研究的理论视野与方法路径

虽然我国的全球传播秩序研究兼顾宏观与微观、理论与实践、历史与未来,然而仍存在很大的拓展空间。现有的研究整体上过于凸显本土化特色,较多从中国视角出发,聚焦于中国在国际传播秩序中地位的提升,对其他国家的关注相对较少。未来中国全球传播秩序的研究应在更广阔的视野下,使用更多国家和地区的案例及数据,体现中国学者对全球传播秩序研究的责任与担当。在现有的研究成果中,理论研究丰富、思想观点争鸣,但实证研究相对较少,研究方法相对单一。国际传播秩序研究作为一个带有鲜明跨学科特色的研究领域,未来应整合多学科的研究方法,综合

---

① 邵鹏:《人类命运共同体:全球传播新秩序的中国方向》,《浙江工业大学学报》(社会科学版) 2019 年第 1 期。

② 贾文山、刘长宇:《从中国国际话语体系建设的三个维度建构"全球中国"话语体系》,《西安交通大学学报》(社会科学版) 2020 年第 5 期。

使用量化研究、质性研究、混合研究、数据挖掘等方法路径,有效丰富和拓展该领域的研究深度。从短期而言,全球传播秩序研究将寻求内容上的创新与突破,从长远来看,全球传播秩序研究将发生系统、多元、细微、深化的演变。

"一带一路"背景下中国国际贸易
故事的主题建构

——以《海上丝路看深商》为例

吴玉兰　陈佩芸*

摘　要：中国国际贸易报道主题经历了从对外交关系建立的关注到对初级商品、高新技术及相关产品的关注，再到当下对"人类命运共同体"理念的阐释的变化过程。在单边主义及贸易保护主义盛行的时代背景下，以《海上丝路看深商》为代表的国际贸易专题片建构鲜明的故事主题，主动呈现贸易故事"人文关怀"理念，同时坚持以"共商、共建、共享"的"一带一路"建设原则与"人类命运共同体"中包含的"共同利益观"与"可持续发展观"价值基础建构国际贸易故事主题，讲好中国特色国际贸易故事，以此提升地方企业参与国际贸易活动的积极性，打造地方参与国际贸易活动的"集群效应"。

关键词：国际贸易故事　国际贸易专题片　《海上丝路看深商》

2013 年中国正式提出"一带一路"合作倡议，向国际社会传递中国维护全球贸易自由开放的坚定决心：借助既有的对外关系机制，建构横跨欧亚非大陆的新型区域合作平台。同时在单边主义及贸易保护主义盛行的时代背景下，"人类命运共同体"理念成为解决国际贸易争端，传递我国国际贸易担当的重要主题，因此讲好中国国际贸易故事势在必行。

---

* 吴玉兰，中南财经政法大学新闻与文化传播学院教授，硕士研究生导师，研究方向为跨文化传播；陈佩芸，华中科技大学新闻与信息传播学院博士研究生，研究方向为跨文化传播。

深圳卫视位于我国改革开放的前沿阵地，独特的地理优势和节目定位使其成为"一带一路"国际贸易活动的最佳传播者之一。"一带一路"倡议推出后大批深圳商人、深圳企业投身海外贸易，为充分反映深圳企业在"21 世纪海上丝绸之路"沿线国家的发展情况，深圳卫视于 2016 年国庆期间推出大型新闻行动《海上丝路看深商》，节目组多次前往东南亚、非洲、中东、欧洲等共计 12 个地区，完成 12 集电视专题片系列报道，用镜头记录和讲述"21 世纪海上丝绸之路"中深圳商人、深圳企业的贸易活动以及他们和当地政府、企业、民众协商进步，共同发展的贸易故事。该组专题片作为地方媒体关注我国国际贸易活动的专题作品，获得第 27 届中国新闻奖电视系列二等奖。该组专题片具体内容如表 1 所示。

表 1 　《海上丝路看深商》报道作品目录

序号	单篇作品标题	时长	刊播日期	备注
1	深圳手机业者迪拜追梦	6 分 02 秒	2016 - 09 - 29	代表作
2	中兴通讯搭建埃塞俄比亚"信息长城"	5 分 50 秒	2016 - 09 - 30	
3	当"德国制造"遇上深圳管理	7 分 27 秒	2016 - 10 - 01	
4	比亚迪电动车费尽周折开进曼谷	5 分 18 秒	2016 - 10 - 02	
5	深圳电商的岛国创业之路	6 分 47 秒	2016 - 10 - 03	
6	深圳远洋渔业扬帆万里深耕蓝海	7 分 0 秒	2016 - 10 - 04	代表作
7	深圳华大：为老挝传统农业注入新"基因"	4 分 42 秒	2016 - 10 - 05	
8	深圳种业同"巴铁"老友共发展	5 分 16 秒	2016 - 10 - 06	
9	深圳地铁驶入非洲授人以"渔"	6 分 49 秒	2016 - 10 - 07	代表作
10	中建钢构在中东沙漠架起"中国梁"	5 分 52 秒	2016 - 10 - 08	
11	大族激光到以色列高科技企业淘金寻宝	5 分 46 秒	2016 - 10 - 09	
12	深圳小伙让肯尼亚人用上了电商	6 分 45 秒	2016 - 10 - 10	

讲好中国国际贸易故事与讲好中国故事方法同源，即借助事件中的参与者或其他视角讲述人物经历及国际贸易活动中的故事，通过故事化陈述将国际贸易活动拉至普通观众可观可感的距离层次，同时以人物故事反映贸易主题，以小见大反映中国参与全球化市场的贸易理念与诉求。主题是故事的灵魂，国际贸易故事主题是反映国际贸易报道传播价值、理念诉求的重要载体，也是实现我国意识形态传播诉求、政治诉求及经济诉求的重

要渠道之一。《海上丝路看深商》以中国国际贸易政策、贸易规划为指导方针，将中国国际贸易理念及国家担当贯穿国际贸易故事当中，为讲好中国贸易故事做出了有益的探索。

一　主动呈现贸易故事"人文关怀"理念

在讲述国际贸易故事过程中，以"人文关怀"这一基本理念贯穿叙事主题，打造具有中国特色的叙事体系，兼顾叙事的专业性与通俗性，对提升国际贸易故事的传播效果具有重要意义。

（一）以"暖实力"话语体系提升国家贸易形象国际认同感

近年来，"暖实力"作为一种具有中国特色的新概念被广泛使用，与美国"硬实力＋软实力＝巧实力"的冷战式思维不同，"暖实力"强调和谐、多边的世界治理之道。暖实力"指的是消除歧视、破除垄断、拆除壁垒、填补鸿沟、优化配置、民族共和、温暖人心的能力"。[①] 国际贸易类专题片中，打造"暖实力"叙事体系，就是以"人"为核心出发点，坚持以"人"为核心展开贸易叙事，基于人文关怀的角度对国际贸易故事予以报道，彰显国家平等和谐、互惠互助的贸易理念。

国际贸易类专题片要秉持以"人"为核心的叙事基础，借助普通人的贸易故事，展现我国现代商人群体在"一带一路"沿线的贸易追求，通过人与人之间的交流与沟通展现我国商人群体开展国际贸易的基本理念及核心价值观，以"暖"的叙事手法塑造国家"暖"的贸易形象，进而将"中国威胁论"转变为"中国机遇论"，从根本上提升国家贸易形象国际认同感。

（二）贸易活动理性分析与故事讲述相结合

国际贸易类专题片不同于纯粹的人物专题片、文化专题片，它以报道国际贸易活动、国际贸易现象为主要内容。国际贸易活动涵盖了大量经济学、政治学知识，专业性强，且其涉及要素往往与世界经济、政治、国家

---

① 王善平：《中国应对美国"巧实力"的"暖实力"思维》，《领导科学》2013 年第 1 期。

形象等事务相关，相关报道属于严肃性新闻，在对其展开报道时需要秉持理性思考与客观分析的态度。

另外，国际贸易相关报道的经济属性与政治属性造成其抽象程度较高，因此更需运用故事化的表达方式使其对人物、事件的讲述符合普通观众的认知水平，让观众有参与故事的机会，让观众在"参与"或"关联"的过程中产生情感共鸣。相较于理性分析而言，感性叙事有着更为普遍的意义，它以一种更平等的交流模式作用于被叙述对象的感知系统。"它的力量在于被叙述者不需要具备专业的知识，只需要借助于普通生活经历就能建立认同感，因此感性因素通常比理性分析更具传播优势。"[1]

从叙事主题的结构体系来看，"晓之以理，动之以情"的俗语并无不妥。国际贸易报道中涉及大量国际贸易知识，如关税、贸易顺逆差等，但电视媒体一闪而过的特性可能会使观众无法立即理解某些专业术语，因此专题片在涉及相关贸易知识时需要采用感性化方式对其进行解读，将国际贸易理论与故事传播相结合，便于观众理解报道内容。在报道时一方面要对国际贸易活动中的障碍及困境进行客观理性的阐释，另一方面要兼具人文关怀，对故事中人物的经历赋予一定感情色彩以吸引观众。政治背景与市场运作的双重属性使电视媒体必须综合运用好理性因素与感性因素，实现"感性表现"与"理性陈述"的有效结合，使所叙述事件在不同层面互为补充，力求实现完美的电视专题片叙事效果。

（三）贸易数据呈现与故事解读相结合

国际贸易类专题片作为经济报道的一种，同样离不开数据，无论对国际贸易现象的观察，还是对贸易活动成果的呈现，以及对国际贸易未来发展的预测都离不开定量反映，而数据本身就是国际贸易故事主题的重要记录者和直观反映者。

数据的呈现对客观展示贸易过程，反映贸易成果有着重要作用，但贸易数据呈现并非简单的堆砌。恰当且正确的使用会为贸易报道添彩增色，但过多的数据或不恰当的数据反而会影响观众体验，降低专题片传播效果。

---

[1]　欧阳照：《电视新闻的叙事学研究》，重庆大学出版社，2010，第133页。

如《海上丝路看深商》第 2 集《中兴通讯搭建埃塞俄比亚"信息长城"》中为了反映中兴通讯的通信工程建设为埃塞俄比亚当地百姓带来的好处时使用的数据资料："2006 年在中兴扩容前，埃塞俄比亚全国的网络只能容纳 70 万用户，当地没有新的电话 SIM 卡能销售，黑市上一张新卡的价格至少要 300 人民币甚至更高，中兴扩容工程进行一年后当地才开始重新销售 SIM 卡，几年下来中兴让当地一张电话卡的价格降到了 4 块多人民币，里面还赠送一定的话费和流量，通话质量更是大幅提高。"如果单纯说中兴通讯对当地的通信设施进行了多大的改造升级，普通观众并没有清晰的概念，而将数据与群众的普通生活经历相结合，则可以实现生动直观的说理效果，也能更好地体现国际贸易活动的效率和成绩，具有高度的概括力和表现力。

故事化叙述一方面可以中和数据的严肃感，另一方面可以对数据展开更生动的解释，因为受众总是更容易理解发生在常人身上的真实经历，而非空洞的数据。"当他得知自己的国家收支赤字是 1 亿美元时，他不太明白这到底意味着什么，也对其没有清晰的概念。但是当他得知国内每个公民都分担了 2 美元的国债时，就能理解这到底是什么意思了。"[1] 同样的逻辑，国际贸易故事也需要将数据与群众的普通生活经历相结合，以实现生动直观的说理效果，也能更好地体现国际贸易活动的效率和成绩。

二 集中阐释"一带一路"基本原则

"一带一路"所提倡的"共商、共建、共享"原则，是对"人类命运共同体"价值观的进一步阐释，国际贸易类专题片要讲好中国国际贸易故事，反映贸易理念及国家担当，必须深刻阐释"一带一路"基本原则。

（一）传递"和平合作"的共商原则

贸易市场全球化背景下，"一带一路"倡议推动了我国及沿线国家贸

---

① 潘赞平：《浅谈经济新闻写作中的数据运用》，《广西民族学院学报》（哲学社会科学版）1998 年第 S1 期。

易市场的深刻转型，推动了国际贸易要素及资源的合理配置。随着"一带一路"合作倡议的推进，越来越多的国家加入其中，由于地理范围跨度广，各个国家经济情况、对外开放水平、贸易市场完善程度及文化传统等差异明显，很难同时满足各个国家之间的贸易需求并使其达成共识，因此容易发生贸易争端，这也会影响"一带一路"合作倡议的持续推进。

《海上丝路看深商》第 4 集《比亚迪电动车费尽周折开进曼谷》中，讲述了比亚迪与当地政府协商推动电动大巴政策制定的故事。2013 年中国提出共建"一带一路"倡议之际，深圳比亚迪将目光投向有"亚洲第一堵城"之称的曼谷，结果本以为会顺风顺水的合作却因为当地没有电动汽车相关准入标准而"石沉大海"。比亚迪亚太区域工作人员不断跟相关部门沟通，帮助他们根据一些本地化的要求出台相关政策，最终实现了泰方电动大巴相关政策的完善与落实。比亚迪电动大巴在曼谷推行的过程是中泰双方相互沟通，共同协商的过程，最终结果也满足了双方的利益与需求。

如图 1 所示，整个电视专题片共采访 52 人，主要集中于双方项目负责人/领导、深方普通员工、当地普通员工、当地政要。12 集专题片中，除项目负责人外，当地政要也是报道采访的主要对象，报道以沿线国家政要、员工及居民的直接讲述，更直观全面地阐释"一带一路"的"共商"原则。《海上丝路看深商》借助贸易报道表明，我国参与国际贸易活动坚

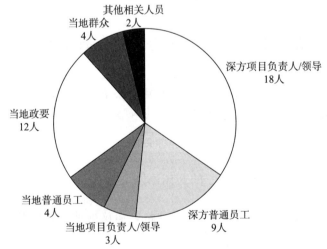

图 1　各类采访对象频次统计

持以"共同协商"为首要原则,充分尊重各国国情差异,并且愿意以诚挚的态度与贸易各国进行协商,向世界证明,"一带一路"倡议不是封闭孤立的独奏曲,而是平等互助的"大合唱"。我们应通过更多国际贸易类专题片传递中国愿意与沿线国家相互沟通、相互协商、求同存异的真诚态度。

(二)讲述"开放包容"的共建原则

从古丝绸之路到"一带一路",改变的是名称,不变的是中国传统文明中对和平与美好的向往和追求。除自然资源、生产方式各有所长之外,"一带一路"跨越了多个地区,沿线国家风土人情、开放程度各不相同,要在这样一个复杂多样的布局中讲合作,必须秉持"开放包容"的"共建"理念。在开展国际贸易活动过程中,既要充分尊重沿线国家文化内涵、风俗民俗,同时也要展现本国真诚、开放的合作形象。

"一带一路"合作倡议既触及传统欧洲经济圈,也途经物产丰富的东南亚经济圈,沿线国家生产方式及物产资源的多样性为国际贸易合作模式提供了多样化的选择。我国在与"一带一路"沿线国家进行国际贸易活动的过程中应秉持开放包容的"共建"理念。古丝绸之路串联起中国与沿线国家的深厚友谊,千百年后,"一带一路"的再出发同样拉近了中国与其他各个国家之间的距离,推动跨区域"人类命运共同体"建设。

在国际贸易市场上,中国逐步成为第三世界国家的主要贸易对象和外资来源,与"一带一路"沿线国家的贸易密切程度持续深化。如2015～2016财年,巴基斯坦共吸收来自中国的直接投资5.94亿美元,占其全国吸收外来直接投资总额的46.37%。与美国的结盟战略不同,中国坚持以平等、开放为基础与周边国家建立伙伴关系。"一带一路"倡议致力于打造跨区域"共同体",这也使我国国际贸易故事中的"主角"选取有所倾向,着力对"一带一路"重点市场进行强调与凸显。

如图2、图3所示,专题片采访企业遍布"一带一路"沿线主要地区,共走访了10个国家共计12个地区,提及的发达国家只有德国和以色列2个,其余8个都是发展中国家,其中还包括了被联合国认定为世界"最不发达国家"的老挝、埃塞俄比亚。12集专题片中,最不发达国家出现3集,其他发展中国家出现7集,发达国家出现2集,这在很大程度上突出

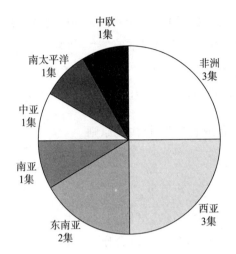

图2　《海上丝路看深商》报道对象地域分布

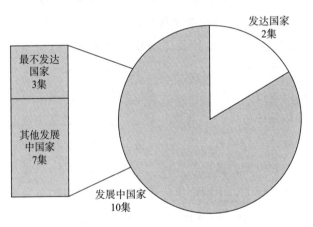

图3　《海上丝路看深商》报道国家类别统计

了中国"一带一路"倡议促进发展中国家和平稳定发展的主要目的，展现了"一带一路"背景下中国国际贸易活动积极履行国际责任，坚持互帮互助，尤其是带动发展中国家共同发展的责任与担当。

随着"一带一路"合作倡议在国际社会受到更高的认可，越来越多的国家加入其中，在成员国逐步增加的同时，利益的交汇点随之增加，贸易环境越来越复杂，因此在国际贸易交流中必须坚持开放包容的"共建"理念。宏大主题需要借助小故事加以呈现，因此在我国国际贸易类专题片中，应通过本地企业与海外民众、政企等各部门的磨合，展现我国企业在对外贸易过程中所秉持的开放与包容的"共建"理念。

（三）展现"互利共赢"的共享原则

"人类命运共同体"包含了"利益共同体"和"责任共同体"等多重内涵，在日益复杂的国际贸易环境中，讲好中国国际贸易故事必须要贯彻"共同体"意识，其中最主要的是要将互利共赢的"共享"原则阐释清楚，用事实说话，展现中国积极负责的贸易立场。一方面，应借助贸易活动当事人的讲述，关注普通人、普通员工的真实经历，强化国际贸易故事的情感认同。另一方面，应深入阐释我国企业在国际贸易活动中的担当与作为，强化国际贸易故事中的经济效应，以持续性的跟踪走访和连续报道搭建好中国国际贸易故事的理性基础与情感积累。

如图4所示，《海上丝路看深商》的报道涵盖了第一、第二、第三产业的各个支柱性行业，并以第三产业为主。互联网浪潮推动了移动支付、人工智能、跨境物流等工具的推广应用，"一带一路"建设依托于现有的多边平台推广生产方式现代化、交易方式智能化的新型贸易业态支撑体系，帮助传统国际分工体系下的弱势群体——发展中国家与中小企业进行技术创新，带动资本流通，不断培育新的国际贸易增长点，实现科技成果共享、经济利益共享的合作势态。

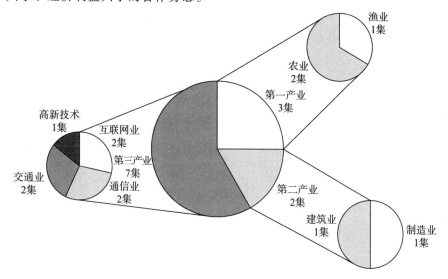

图4　《海上丝路看深商》报道对象所属行业汇总

在"一带一路"合作倡议中，建设主体是政府和企业，建设成果坚持共享原则。在长期的合作关系中，坚持成果共享能够保证合作的长期稳定性，培育长期利益，推动国际贸易长远发展。虽然我国企业在"一带一路"沿线国家开展贸易活动的行为与理念已经获得大量认同与支持，但同时仍然存在一些质疑声音，因此我国国际贸易类专题片需要对"一带一路"进行长期跟踪报道，了解贸易活动过程，尤其注重对贸易成果的展示，体现"一带一路"成果的共享原则。

三　积极表达"人类命运共同体"主题

以美国为代表的西方国家高举单边主义及贸易保护主义的大旗，在此背景下，中国提出的"人类命运共同体"成为解决国际争端，缓和国际贸易形势的重要理念。中国国际贸易故事必须坚持将"人类命运共同体"价值基础贯穿中国国际贸易故事叙事全过程，才能在兼顾地方贸易特色的同时反映我国的国际贸易理念，讲好有中国特色的国际贸易故事。

（一）解读国际贸易"共同利益观"

面对错综复杂的国际贸易环境，中国坚持和平发展、合作共赢的贸易理念，促进世界经济可持续发展。我国对外贸易活动逐步趋向多元化。在单边主义和贸易保护主义盛行的背景下，人类命运共同体理念有力助推了全球经济增长与经贸融合。中国在不断推动国内市场对外开放进程、促进国内经济发展的同时，以实际行动承担起大国责任，深刻参与到世界经济和平稳定发展的浪潮中。

贸易行为的产生根源在于商品或服务的交换能够为贸易参与者带来实际利益。"国际贸易报道自身带有利益属性，这也使得相关报道不仅会影响国家立场，也会影响相关企业的经济决策和部署。"[1] 也就是说，同一项国际贸易活动，不同贸易方获取的利益并不全然相同，媒体需要对国际贸

---

① 曾怡然：《"一带一路"背景下国际贸易新闻报道价值取向研究——以近五年中国新闻奖为例》，《新闻爱好者》2019 年第 9 期。

易活动、贸易政策等内容从更长远的角度加以解释。国内经济发展进入新常态，国内企业需要开拓国际市场，国家也需要强化国际交流，顺应经济全球化市场，我国国际贸易类专题片则需要抓住核心利益加以阐释，积极解读国际贸易"共同利益观"。

《海上丝路看深商》第7集《深圳华大：为老挝传统农业注入新"基因"》讲述了一位在华大基因工作了五年的老挝员工阿素的故事：阿素小时候的梦想是到村里的蔗糖厂工作，大学毕业后，他看到华大基因致力于提高老挝的水稻产量和质量，而且还可以学到技术，所以最终选择加入这家中国公司。"外国人只带种子过来让我们选种，但华大基因进来是培养本地人做试验种植。"整个故事集中于讲述华大基因通过技术扶持与建设实验室等方式将现代化的农业技术带到老挝，而不是单纯的商品输出，多重解读展现华大基因在老挝为当地农业发展注入"新活力"，实现中方与老挝共有经济效益与社会效益的贸易过程。这样可以全方位、多角度地展示我国企业对外贸易活动为沿线国家带来的积极影响，证实"21世纪海上丝绸之路"是各个国家共同利益的维系者与创造者，进一步激发共同利益认同。

（二）解读国际贸易"可持续发展观"

"可持续发展观"是人类命运共同体的核心内涵之一，它不仅意味着环境与资源的可持续发展，同样也是我国国际贸易活动的重要理念，包含着中国对世界其他欠发达国家及地区的关照与帮助意识以及在对外贸易活动中对资源的保护。自2010年7月起，截至2021年底，中国对埃塞俄比亚等42个最不发达国家超过60%的产品实施零关税待遇，中国已成为向最不发达国家开放市场程度最大的发展中国家之一。这也表明"可持续发展观"已经变成了我国对外贸易的行动纲领和具体计划，我国国际贸易类专题片在讲故事的同时必须将其贯穿始终。

《海上丝路看深商》以讲述深圳企业帮助"一带一路"沿线国家合理配置资源，促进其经济发展为主要侧重点，展现我国对外贸易活动的"可持续发展意识"。如第6集《深圳远洋渔业扬帆万里深耕蓝海》介绍了深圳联成远洋渔业在马绍尔群岛坚持绿色捕捞的故事。

　　"公司近年来使用的都是新型环保钓钩，这种钓钩乌龟、海鸟、小鱼不容易上钩，可以减少濒危鱼类、贝类、鸟类的损失。传统的短期粗放式捕捞，可能让我们在短期内获取一定利润，但这是不长远的。我们需要的是细水长流，持续性的发展。"

　　"一带一路"倡议的实施，为远洋渔业带来了黄金发展期，深圳联成远洋渔业在南太平洋通过一系列技术创新坚持合理捕捞的故事，直观反映了我国企业对外贸易的"绿色发展观"与"可持续发展观"。

《海上丝路看深商》以专题片的形式，将深圳商人、深圳企业在"21世纪海上丝绸之路"沿线的贸易故事一一道来，以长时间的探访和记录全方位再现了贸易活动，以"和平合作、开放包容、互学互鉴、互利共赢"的丝路精神与"人类命运共同体"价值为基础建构国际贸易故事主题。本片通过聚焦本土贸易发展，在叙事主题上充分反映国家宏观经济政策与本地经济贸易活动的结合点，并以此提升地方企业参与国际贸易活动的积极性，打造地方参与国际贸易活动的"集群效应"，同时塑造平等互惠、互利共赢的中国国际贸易形象，提升我国国际贸易形象国际认知度和国际认同感，进而提高中国在国际贸易活动中的话语权。

数字游戏的跨文化：技术、文本与交互

张　路*

摘　要：观照中国游戏出海的经济热点，本文针对数字游戏的跨文化实践，从技术、文本、交互三个方面进行了综述式的文献挖掘与特征描述，阐释技术、文本与交互对数字游戏文化主体的建构与跨文化传播实践的影响：数字技术与游戏的跨文化实践并未表现出因果关系的直接勾连，而是在硬件逻辑、软件逻辑之下构建意义逻辑。数字游戏文本中的"规则"与"情感"往往是跨文化受众认知的切入点；网络时代的互联网数字游戏不但呈现出本体的文化杂糅，也提供了一个虚拟的跨文化交际空间，这一交际空间中亦出现了冲突与杂糅的互动特征。同时，本文在理论再现后分别从不同框架针对中国游戏跨文化的现状提出了改良性的方法建议：首先，可考虑在技术呈现上提高游戏质量，尝试进行游戏形式创新实践；其次，在于游戏规则中渗透中国价值观的同时，应注意加强建立情感渲染与游戏中文化附着物的直接联系；最后，除却从政策角度予以长期的扶持，应鼓励学界对数字游戏跨文化的效果进行进一步的实证性研究。

关键词：数字游戏　跨文化传播　文化接近　文化身份　交互

2003 年，数字游戏研究协会（DiGRA）的成立标志着"数字游戏"这一概念统一了学术研究中常谈及的"电子游戏"、"计算机游戏"、"视频游戏"（Video Game）等繁杂描述，使依托数字技术进行制作与实践的游戏活动，同时"包含了电子游戏、网络游戏、手机游戏、主机游

---

* 张路，大连外国语大学新闻与传播学院讲师，研究方向为跨文化传播。

戏、视频游戏等多种类型和表述"① 的游戏类型具有了学术上的规范所指意义。中国本土的数字游戏事业经历了 20 世纪 80 年代于台湾地区的萌芽、20 世纪 90 年代末至 21 世纪初的曲折发展后曾陷入低谷。但在近十年，伴随着网络游戏，尤其是终端游戏的游戏市场环境变化，中国数字游戏的产业规模呈现出迅猛扩张的态势。中国音数协游戏工委的数据统计报告指出："2020 年，中国自主研发游戏海外市场实际销售收入达154.50 亿美元，比 2019 年增加了 38.55 亿美元，同比增长 33.25%，继续保持稳定增长。"② "2021 年第一季度，中国游戏厂商积极布局海外市场，中国自主研发游戏海外市场实际销售收入达 40.64 亿美元，环比增长 1.97%，保持增长。"③

　　与此同时，学界对数字游戏理论的研究在 2010 年后亦逐渐迎来了新高潮。一方面，西方数字游戏的实践逐渐被译介至国内，为国内的相关研究提供了数字游戏研究的理论基础与角度；另一方面，在数字游戏的本体探讨、叙事、媒介性、使用与效果、社群行为研究等方向，国内学界做出了观照本土现实的研究。不过，与中国游戏市场自为的本土视角相比，学界对于游戏出海的理解则仍然相对较少，而伴随着中国游戏海外市场的持续繁荣，观照游戏的跨文化现象，理解游戏的跨文化实践，并利用游戏工具完成国际传播的使命仍然是我们需要探讨的话题。

　　游戏的跨文化现象、对游戏的跨文化观照并非数字时代所独有。早在 1938 年，现代游戏学的先驱者约翰·赫伊津哈就将游戏行为提升至形而上的高度，并认为"文明史是在游戏之中成长的，是在游戏之中展开的，文明就是游戏"。④ 赫伊津哈观照游戏在西方文明史中存在于反映的具象，如诗歌、神话等，虽并未直呼游戏的跨文化功用，但已经将游戏思维与文明的发展、传播默认地捆绑在了一起。"游戏应是文化内在的

---

① 何威：《中国数字游戏对外传播的现状、路径与思考》，《对外传播》2021 年第 2 期。
② 伽马数据 CNG：《2020 游戏年度报告首发：市场收入 2786 亿增 20% 海外首次破千亿》，https://xueqiu.com/9065001642/166026766，最后访问时间：2021 年 7 月 3 日。
③ 伽马数据 CNG：《Q1 中国游戏产业报告：玩家数量月跌幅 100 万，出海收入达 40.64 亿美元》，https://xueqiu.com/1058212218/177694757，最后访问时间：2021 年 7 月 3 日。
④ 〔荷兰〕约翰·赫伊津哈：《游戏的人：文化中游戏成分的研究》，何道宽译，花城出版社，2007，第 6 页。

一部分，而并非与文化相分离"①，赫伊津哈对游戏的谈论多在于"通过特定视角理解文明"的抽象化。而源于西方的扑克牌游戏在世界上成为一种通用的文化符号，乃至 20 世纪 20 年代，借助美国商人约翰·巴布考克所编译的教西方人玩麻将的书《巴布考克麻将规则手册》，我国传统游戏麻将开始在美国兴起了一股麻将热，称作"Mah Jong Craze"②。这些案例都毋庸赘言地证明了游戏内容与游戏行为在跨文化交流中的普遍存在。

在数字游戏研究框架中，研究者们开始集中将更为宏观的文化作为核心关键词对游戏进行的探讨起源于大型多人在线角色扮演网络游戏（MMORPG）盛行的 21 世纪初期。这除了得益于该类游戏通过网络所达成的传播广度打破了传统零售模式在传播效率上的局限，更为重要的是网络游戏将数字游戏核心特质的"交互"行为赋予了一个更具有大众文化倾向的维度：网络游戏的交互不仅限制在人与机器之间，其文化意味更体现在线上社群的存在本身、线上社群交互行为的话语以及迷族式的文本生产中。毫无疑问，互联网的传播方式与数字游戏内容的勾连极大地促进了游戏对社会整体影响的深度与广度，这一媒介现实使得游戏研究开启了媒介文化中类型化的研究空间并继承了其研究范式，而使用各种手段谈论宏观意义上游戏的跨文化也自然成为游戏文化研究实践的组成部分。同时，由于数字游戏自身即存在技术与使用、互动与叙述的基本命题，数字游戏的跨文化研究也必然遵循传统文化研究所提供的框架，并针对数字游戏的媒介特殊性而展开。因此，笔者也充分把握时代特征与数字游戏的媒介框架，以"技术与数字游戏的跨文化""文本与数字游戏的跨文化""交互与数字游戏的跨文化"三个角度，从既有研究对数字游戏跨文化议题的关注入手进行分类描述与解析，同时以此为启发，结合中国游戏的现状，谈论数字游戏跨文化传播的可能方法启示，以期实现本研究的现实意义。

---

① Adrienne Shaw, "What Is Video Game Culture? Cultural Studies and Game Studies," *Games and Culture*, 2010, 5（4）: 403 – 424.

② 黄金生:《麻将: 东方文明征服西洋的先锋队》,《人民文摘》2014 年第 11 期。

一　技术与数字游戏的跨文化

通过技术的性状谈论媒介与传播的脉络及其对文化的影响向来是理解媒介的经典范式：前有媒介环境学派一脉相承的思辨，后有技术影响下综合体制的"媒介化社会"描述。我们之所以用"数字游戏"来描述这一基于各类电子设备终端的游戏内容，也正是因为其得益于"数字"所提供的技术驱动力。因此，对技术的描述理应是数字游戏研究的本质性问题，这也回应了当下游戏业界以"国别类型"作为区分的现状——在我们谈论游戏类型时所采用的一个分类事实是：游戏世界中的"东方与西方"界定是由"日式游戏"与"欧美游戏"的类型对立相区分。"日式游戏"与"欧美游戏"的不同除了体现在文本表象与叙事题材方面，还体现在游戏平台的使用倾向中：

> Xbox One X 是微软推出的新一代游戏主机，在 11 月 7 日刚刚发售，一般来说发售的首周会是一个销量的高峰，然而 Xbox One X 在日本 1344 台的首周销量开了一个很不好的头。对比一下，索尼 PS4 在日本发售首周销量为 20021 台，任天堂 NS 首周销量为 79958 台，这么一看 Xbox One X 简直凄惨。不过更惨的是微软上一次的 Xbox One S，日本首周销量只有 121 台，简直惨不忍睹。①

微软公司出品的游戏主机在日本市场销售困难，一直是这家来自美国的世界 IT 巨头的"老大难"问题，在日本市场中，微软向来与来自其本土的索尼、任天堂公司无法匹敌。究其原因，日本的游戏文化深深植根于其游戏硬件对游戏类型、游戏交互的影响及软硬件互动形成的独特环境之中。Aoyama 与 Izushi 便对这一日本文化独特的形成根源进行了这样的描述："数字游戏（在日本）的发展轨迹根源于日本硬件技术与软件技术的

---

① 中关村在线：《销量惨淡 Xbox One X 在日本首周仅卖了 1344 台》，https://news.zol.com.cn/666/6660779.html，最后访问时间：2021 年 7 月 4 日。

复杂互动（Complex interplay），并在近年来呈现出由以工程驱动的硬件为中心转向以逐渐增长的软件产业为中心的趋势。"① Aoyama 等人的研究主要站在日本本土的视点，从硬件平台—软件生产—文本再现的关系来描述日本独特游戏类型的历时结构，他们谈到 20 世纪 80 年代任天堂公司的游戏机产品对日本游戏的类型塑造、在世界中确立日本游戏地位的主要贡献以及 20 世纪 90 年代不同游戏机存储类型的介质大战②重塑了游戏机厂商与游戏软件制作公司的关系，以及"在硬件驱动转向软件中心的过程中，游戏机厂商与游戏软件制作公司的绑定进一步强化了日本游戏的内容文本模式"这一日本本土环境中技术对于游戏文化类型的身份建构过程。Aoyama 等人的研究讨论了技术驱动下硬件厂商与游戏厂商的复杂关系，但仍然属于基于"国别"的内化回顾；与之相区别，台湾地区的研究者陈启英则使用实证的方式探讨了日本游戏机使用对于日本文化消费的影响，这显然也更接近本文最终的探讨目的。陈启英指出，重度的主机游戏玩家相比轻度的游戏玩家会对日本文化表现出更多好感，这些好感一方面来自对日本游戏机产品技术力的欣赏，另一方面则来自对游戏软件设计与互动所表现出的创新力的赞叹。③

虽然陈启英的研究仍然存在决定因素是"游戏文化"还是"文化的游戏"，即"对日本文化的喜爱是否直接由使用游戏机的行为产生，或存在更多中介性因素"这一疑问，但以上述研究为代表，由技术视点出发的游戏文化身份谈论阐释了具有"国别"意义的游戏文化建构的技术视点共性。首先，技术手段在游戏文化的建构中呈现先导作用。其一，不同的技术框架区别了数字游戏的交互逻辑，正如上文中陈启英在研究中所揭示的那样，跨文化受众沉醉于来自异文化技术体验的精巧，以人的物质性体验、物质作用于人的具身向度直接引发了文化吸引的效果。这种技术的呈

---

① Yuko Aoyama, & Hiro Izushi, "Hardware Gimmick or Cultural Innovation? Technological, Cultural, and Social Foundations of the Japanese Video Game Industry," *Research Policy*, 2003 (32)：423 – 444.

② 介质大战：这里主要指的是 20 世纪 90 年代索尼与任天堂公司之间，主机游戏采用不同介质（光盘与卡带）存储的市场之争。

③ Chi-Ying Chen, "Is the Video Game a Cultural Vehicle?" *Games and Culture*, 2013 (8)：408.

现并非一向以硬件指标的高度发展为评价对象，而是同时得益于交互的创新形式，如任天堂公司 2004 年发售的便携式游戏机 NDS，虽然硬件方面的运算能力大幅落后于同时代的对手，但因其"包括了双屏幕显示，下方的屏幕为触摸屏，并配置有麦克风声音输入装置"① 的特征提供了多样化的创新操作体验，NDS 成为至今我们谈论日本游戏文化不可回避的一支。其二，不同的技术框架区别了数字游戏表征。实际上，即便在硬件算力突飞猛进、画面表现越发以"电影感"为评判标准的今天，源于任天堂等公司20 世纪 80 年代早期游戏硬件所呈现出的独特美术、音乐风格仍然是游戏文化的重要组成部分之一——8bit② 风在 21 世纪 10 年代后的复兴即是此现象的现实影响。

　　需要注意的是，数字技术与游戏的跨文化实践并未表现出因果关系的直接勾连，而是在硬件逻辑、软件逻辑之下构建意义逻辑。换言之，就是"游戏机"至"游戏程序"至"游戏交互形式"的层层延伸，使得数字游戏在实践中形成了游戏文化，形成了跨文化的他者意义。回到现实视点中，在谈到中国游戏玩家的游戏技术体验时，社会大众往往会回顾 20 世纪90 年代初兼容任天堂 FC 游戏机卡带的学习机走入家庭、日本街机文化与游戏厅以及 21 世纪计算机走入家庭的两端技术发源史。经历了 20 世纪 80年代数字（电子）游戏被视作"西方先进文化"的代表并且"偶尔也被当成信息产业发展"的"纯真年代"，20 世纪 90 年代至 21 世纪初的 10 年中，数字游戏被大众言论"视为洪水猛兽，认为应该严厉整治……（相关）报道中颇有'道德恐慌'（moral panic）之表现，将许多个人与社会问题简单归因于游戏，是一种'污名化建构'"③。中国数字游戏在其发展

---

① 百度百科"任天堂"：https://baike.baidu.com/item/nds/10846，最后访问时间：2021 年 7月 4 日。

② 8bit 又称为 8 位数/8 位元，受到 20 世纪 80 年代图形处理性能的限制，8bit 游戏平台只能够解析 256 种颜色，游戏设计师们只能在非常有限的硬件上尽可能地创造丰富的画面。8bit 承载了"任天堂""世嘉 Sega"等游戏公司在 20 世纪 80 年代所开发的电视游戏纪元。今日，这种 8bit 风不但成为一种独特的美术风格，同时也成为一代游戏文化的符号指涉。

③ 何威、曹书乐：《从"电子海洛因"到"中国创造"：〈人民日报〉游戏报道（1981—2017）的话语变迁》，《国际新闻界》2018 年第 5 期。

萌芽阶段，即处于主流话语所限制的境地，同时受限于彼时的经济环境、技术环境与游戏玩家的游戏经验等主客观原因，这一时期的中国游戏硬件技术以将"小霸王"作为代表的日本任天堂"山寨"产品为主导。此后，2000年6月发布的《关于开展电子游戏经营场所专项治理的意见》这一"游戏机禁令"以官方文件的形式停止一切关于游戏机的生产、销售、经营活动。虽然政策上允许经营网络游戏，主流话语也经历了由"爱恨交织"至开始承认游戏的经济效益的态度转变，但直到2014年"解禁"之前，中国游戏机的研发、生产与售卖一直不在官方书写中存在。

2014年，游戏机禁令被废除。此时的中国游戏市场呈现出"繁荣与空白"的对立特征：在数字游戏的物质实践基本空白的同时，游戏市场却在次年超越美国一举跃为世界第一，游戏软件的资本与行业已经形成了相当规模。这样的矛盾现状也使得从技术应用的硬件层面谈中国游戏较为困难，经历了数次概念炒作式的"国产主机"风波①后，急功近利地要求中国主机概念对于游戏文化进行助力、要求中国主机游戏软件迅速参与到主机游戏的市场竞争中去，不但不符合跨文化的国际游戏文化环境，甚至也不符合中国当下市场的客观环境。基于这样的现状，我们至少可以提供两个维度的思路。其一是着眼于新技术、创新交互方式的硬件设备应用，这一点在上文中我们已经进行了论述，"技术维度建立在其数理逻辑本性、艺术自由与玩家体验层之间的拉锯战，而非简单地用更'高级''逼真''快速'的技术与设计合谋对玩家施魅、使其沉迷的过程"。② 新鲜而又恰当的游戏交互技术，或可使得中国游戏在当下东西方游戏文化确证的对立中寻找新的技术话语契机。其二则是"游戏出海"应重视软件层面上的质量提高。这里虽然有顺着结果谈原因的意味，但抛开文本与故事来看，近年来在海外获得较好经济效益的国产游戏无一可以和"技术呈现的精良"共性脱开干系。如米哈游公司制作的多平台网络游戏《原神》海外版

---

① 这里主要指的是"斧子"主机和"小霸王"主机。前者于2016年发布，以"中国第一台国产游戏主机"为宣传话语，但实为手机安卓系统的直接移植，上市不久后即彻底退市；后者于2018年推出，虽然有AMD公司为其设计的中央处理器，但实际上是一台兼容PC，并不具备游戏主机应有的平台特征。

② 何威：《数字游戏批评理论与实践的八个维度》，《艺术评论》2018年第11期。

"Genshin Impact"虽然在舆论中存在一定争议,但在达成"……海外 App Store 和 Google Play 的预估收入超过 1.6 亿美元,刷新中国手游出海记录。其海外收入前三的市场为日本,美国和韩国"① 成就的同时,游戏专业评论媒体 IGN 也在游戏评测中给出"编辑之选"奖项与 9 分的高评价。尽管 IGN 对此游戏的媒体评测书写主要基于其世界观与游戏性方面,而该游戏在用户评价中却也不乏"手机上的计算机游戏质量""我所见过的手机游戏中的最好图像质量""即便将设置调整至最低画质仍然能够获得好的视觉体验"② 等关于"视觉"与"声音"等来源于技术层面直观体验的评价。这些事实都证实了技术维度对于通过游戏实现跨文化效果的命题至少提供了在"可读性"之前的渠道性"可接触"保障——不过"可接触"与"大量的沉浸式游玩"并不能保证实现游戏的文化认知目的,在技术后的意义框架下,我们将对此继续进行深入讨论。

二　文本与数字游戏的跨文化

在上文中,我们援引了陈启英的研究来说明技术语境之下主机游戏玩家的技术体验对跨文化效果的直接影响,陈启英的论文中仍然存在这样的结论:主机游戏玩家虽然对日本文化印象主要呈现出好感,并未明显表现出对游戏以外的其他日本流行文化产品的消费,这与先前对于日剧在台湾地区的效果研究并不相同③。陈启英在此试图召回游戏文本的特殊性,即游戏文本与电视剧不同,游戏文本往往描绘的是"非现实"的内容,因此并不能够引发如电视剧观看跨文化效果的商业化国家品牌(nation-branding)效应。我们可以看到,数字游戏文本似乎是一个能够影响游戏跨文化实践的不可回避的因素——这里使用"似乎",正是由于数字游戏文本、叙述的研究庞杂而结论多样。首先,数字游戏早期研究实践中的将数字游

---

① 3DMGAME:《〈原神〉登上 10 月中国手游海外收入和下载榜榜首》,https://baijiahao. baidu. com/s? id = 1683043852716231946&wfr = spider&for = pc。

② Genshin Impact, Google Store, https://play. google. com/store/apps/details? id = com. miHoYo. GenshinImpact.

③ Chi-Ying Chen, "Is the Video Game a Cultural Vehicle?" *Games and Culture*, 2013 (8): 408.

戏使用作为因变量的认知涵化研究日渐式微，这些研究多摆脱不了涵化效果论框架的根本弊端，其结论很难在不同类型的游戏文本、不同的社会环境中形成客观规律；其次，文本使用后意义的探讨又涉及讨论游戏研究的一个长久争端——数字游戏意义的生产游戏学（Ludology）学派研究者们看中的"游戏的规则交互"抑或执着于叙事学的"游戏的叙事解读"问题，而在本文的探讨语境中，这一问题与一个数字游戏学界"数字游戏真实性"的经典问题直接勾连：玩家能否在游戏意义的叙述中直接感受到真实，如何认识游戏中的真实。这是一个涉及玩家在异文化游戏的使用实践中建构跨文化认知，并影响目标文化受众态度的本体论关键。

Espen Aarseth 在讨论电子游戏的客观真实与虚构时谈到，将游戏视为传统文学语境之下的虚构并不符合数字时代所出现的新状况，游戏中出现的客体所表现出的是一种并不完全真实，也不完全虚构的中间状态。[①] 游戏的媒介性特点导致了研究者们在具体说明数字游戏媒介真实性时往往需要从意义生产复杂的多方面出发对其进行不同的定义。一方面，如美国游戏设计师 Chris Crawford 认为游戏的真实只是"现实的子集"（subset of reality）："作为一个封闭的系统，游戏创造的是主观的并且经过刻意简化的情感现实……（游戏中的）客观现实只是用来支持玩家幻想的必要物。"[②] 而丹麦学者 Jesper Juul 则在其已成书的硕士论文《半真实：真实规则与幻想世界》[③] 中指出，数字游戏的真实并不存在于文本的意义中，而存在于玩家体验到的游戏规则中。即我们在游戏中进攻一条"龙"的时候，游戏意义产生的真实性并不存在于"龙"或游戏的"虚幻世界"，而存在于我们进攻这条屏幕中的"龙"的行为，以及玩家和"龙"的生死。

在此，我们不对两位学者所提出的观点进行具体分析，两位研究者的观点亦分别从上文所提到的"叙事学"与"游戏学"的不同视角提出，自

---

① Espen Aarseth, "Doors and Perception: Fiction vs Simulation in Games," *Intermédialités: Histoire et théorie des arts, des lettres et des techniques*, 2007（9）: 35 – 44.

② Chris Crawford, *The Art of Computer Game Design*, https://www.digitpress.com/library/books/book_art_of_computer_game_design, 2021 – 7 – 6.

③ J. Juul, *Half-real: Video Games Between Real Rules and Fictional Worlds*（Cambridge, Mass: MIT Press, 2005）.

然对游戏真实的产生有着不同的洞见。但值得注意的是其中所展现的共同点，即对"规则"与"情感"关键词的把握。对于前者来说，其一，在前文中我们已经谈到了来源于"国别"的技术特征对于规则的限定及其引发的跨文化认知效果；其二，我们亦应注意到叙事结构中所渗透的逻辑规则或许能够对跨文化的认知产生影响，即游戏规则可能会来源于特定的文化伦理，而玩家在理解并遵守游戏规则的同时，这种伦理准则也会作用于玩家的现实伦理判断，从而作用于其对游戏文本所描述文化对象的认知变化。虽然这种认知目前仍然并无研究实践可以辨明其显著功用，但从一个案例中我们或可以进行侧面揣测：游戏《侠盗猎车手》（*Grand Theft Auto*）是一款由 Rockstar Games 公司开发的，基于以隐喻美国城市但架空城市空间为背景的开放世界的，以犯罪为主题的著名游戏。在游戏中，玩家不但可以根据剧情引导进行主线任务，同时也可以在开放城市中自由地进行抢车、抢劫、杀人等"犯罪活动"。而在游戏粉丝的"同人化"内容实践中，出现了粉丝们将现实内容剪辑至游戏场景中制作成视频进行互文性隐喻的现象。由于游戏的规则与评价建立在犯罪活动上，因此这些视频往往与社会暴力、犯罪活动等内容相关，如有爱好者将电视剧《征服》中的"买瓜"片段与《侠盗猎车手》游戏的片尾动画合二为一[①]，同时对游戏与电视剧的"梗"进行了戏谑；更值得注意的是，在 2020 年美国大选期间，Bilibili 视频网站中即出现了一系列以美国社会的混乱景象为内容的《侠盗猎车手》同人作品，在点击量超过 100 万的《GTA Ⅵ：自由美国》视频中，弹幕评论不乏"民风淳朴美利坚，人才辈出大白宫""帮派任务""游戏源于生活""这里是格罗夫（游戏中的虚构地名）"[②] 等评论。可以看出，虽然视频创作者使用游戏中的表征来对其他媒介文本进行讽喻，但理解这一互文修辞的意义，还必须要从这些剪辑自游戏中的动画和音乐所指示的游戏中的"开放世界进行犯罪"这一规则出发。因此，无论从视频制作者的角度抑或用户评论的角度，同人视频《GTA Ⅵ：自由美国》的意

---

① 派星仔：《GTA 中国特供版》，https://www.bilibili.com/video/BV1mJ41117Pz，最后访问时间：2021 年 7 月 10 日。

② 辑鸽：《GTA Ⅵ：自由美国》，https://www.bilibili.com/video/BV13k4y1z7ce，最后访问时间：2021 年 7 月 10 日。

义都在于游戏规则与现实之间高度相关所引发的意义的"共振"，在这一刻，玩家试图以游戏规则去进行现实理解，而现实又进一步在描述上加深了玩家对于游戏所指涉的美国社会文化形象的认知——游戏中的规则毫无疑问成了连接游戏意义与文化认知的关键节点。

而对于后者即"情感"这一关键词，虽然并不涉及跨文化范畴的应用，但相关研究已经确证了游戏使用后意义对情感产生的作用或可直接作用于玩家的现实行为，进而使游戏指涉文化对玩家产生吸引力：何威等学者在《戏假情真：〈王者荣耀〉如何影响玩家对历史人物的态度与认知》一文中，通过定量研究发现了"熟练使用特定英雄的玩家，比其他玩家和非玩家都更喜爱相应历史人物；在了解意愿和史实认知方面，游戏行为带来的影响并不显著"[1] 的现象。在当下研究无法清楚说明游戏文本与文化认知关系的背景下，"情感"在游戏的文本接受、游戏的符号化形象的应用方面或可为我们提供一种建构游戏跨文化传播的思路。同样是关注游戏中的符号再现，另一类系统谈论意义的研究则从游戏文本的符号所指与理解可能的角度进行游戏的文化与跨文化分析。这里本土化的谈论较多，刘旭[2]与许丽丽[3]不约而同地选择了越南作为调研对象，以《王者荣耀》与《剑网3》为对象考察了越南游戏市场对中国游戏的接受，结合两款游戏的文本，研究者认为越南玩家长期接触中国武侠小说，对武侠游戏认知度高，同时玩家更想通过武侠类网络游戏去了解中国文化，而中国游戏厂商也针对越南本土市场进行了适应性的文本调整。尽管并未直接说明，但正如亨利·詹金斯在《融合文化：新媒体和旧媒体的冲突地带》[4] 中将数字游戏看作融合文化的典型代表，多数研究者都能够辨析当代游戏的文化特征更多呈现出的是异文化融合的文化杂糅（hybridity culture），而并非本地

---

① 何威、李玥：《戏假情真：〈王者荣耀〉如何影响玩家对历史人物的态度与认知》，《国际新闻界》2020 年第 7 期。

② 刘旭：《中国武侠类网络游戏在越南的跨文化传播研究》，硕士学位论文，广西大学，2019。

③ 许丽丽：《中国手游在越南的传播策略分析》，硕士学位论文，广西大学，2019。

④ 〔美〕亨利·詹金斯：《融合文化：新媒体和旧媒体的冲突地带》，杜永明译，商务印书馆，2012。

化（Localization）①。

总的来说，至少在既有研究视域内，数字游戏的文本内在意义对于文化认知的直接效果是"不稳定的"，谈论数字游戏的文本内在意义与文化习得效果受到游戏类型、游戏的符号言说、游戏玩家的既有文本视野等多方面的限制。一些研究者在以游戏的东方—西方对立模式描述游戏文化时，总会谈到以日韩游戏为代表的"东方式"游戏在亚洲地区的传播缘由是游戏中的"接近性"②——尽管有时被评论为解释力不足③，但"接近性"确实描绘了西方话语中他者化数字游戏得以跨文化的原因的直观表征。与本节理解游戏意义的框架相同，这里的"接近性"存在于"内容"与"规则"（结构）两个维度上。首先是来自异文化游戏内容影响下的惯性文本使用规则，这体现在支撑游戏内容叙事进行的规则接近与模仿中。早期的国产游戏"文化自觉"尝试以此形态出现的案例较多，受到日本主机游戏对中国游戏综合环境的涵化影响，④ 以日式角色扮演（JRPG）游戏规则逻辑制作的武侠类作品，长久以来被媒体认为是具备"国产情怀"的、反映"蓬勃发展的时期"的游戏代表⑤。无论在前设经验中是否接触过 JRPG 游戏，这类游戏都养成了彼时中国玩家的惯性游戏接受视野。其次则是来自内容的接近性，即在游戏的叙述与叙述再现中加入能令目标文化玩家接受的形象、价值观、审美观念、文化习惯、历史故事等元素，从而创造文化上的接近感，这提供的是"接近性"下的"可读性"功能。在这里，规则与内容两者构成的接近性并不互斥，在中国游戏海外市场成功

① Dean Chan, "Negotiating Intra-Asian Games Networks: On Cultural Proximity, East Asian Games Design, and Chinese Farmers," *Fibreculture Journal: Internet Theory Criticism Research*, 2006 (8).

② Dean Chan, "Negotiating Intra-Asian Games Networks: On Cultural Proximity, East Asian Games Design, and Chinese Farmers," *Fibreculture Journal: Internet Theory Criticism Research*, 2006 (8).

③ Tae-Jin Yoon, &Hyejung Cheon, "Game Playing as Transnational Cultural Practice: A Case Study of Chinese Gamers and Korean MMORPGs," *International Journal of Cultural Studies*, 2013 (17): 469–483.

④ Sara X. T. Liao, "Japanese Console Games Popularization in China: Governance, Copycats, and Gamers," *Games and Culture*, 2015, 11 (3).

⑤ 《有多少武侠情怀可以重来？细数中国武侠游戏的发展历程》，https://www.sohu.com/a/220250108_422254。

的现状背后，除却前述制作优良、容易被接受的原因外，还有易于海外消费者接受的内容与规则双重接近：我们看到，曾经深陷青少年传统文化习得忧虑批判困境的国产游戏《王者荣耀》，一方面，继承了发源于美国暴雪公司《星际争霸》《魔兽争霸》的游戏规则框架；另一方面，在其海外版本 "Arena of Valor" 中，制作者采取了将大部分来源于中国历史典故的游戏角色替换为西方人物的策略，同时尽管保留了貂蝉、孙悟空、赵云、吕布等角色，其美术表现也改变为欧美人容易接受的审美风格。然而，如果从跨文化传播的目的价值来看，"接近性"逻辑暴露出的经济效益价值导向无疑值得忧虑。

邓剑在谈到国产游戏的早期发展时认为，"相比游戏程序视听表层的日本风格，更值得忧虑的是那些在表面上与日本文化无涉，甚至在'文化层'（cultural layer）还以中国故事出现，但却在'计算机层'以交互的方式深度学习/模拟日本人的思维、历史及文化逻辑的游戏产品"。[①] 而在当下"商业上的'游戏出海'"这一命题的现状中，更多的"游戏出海"实践多采取的是如上述案例《王者荣耀》的、邓剑言说中"计算机层"与"文化层"的双重模仿，深入一步，从话语实践的视点来看，"结构"（计算机层）或"内容"（文化层）分别指涉数字社会媒介意义生产的技术逻辑视点中列夫·马诺维奇（Lev Manovich）式提供算法逻辑的"数据库"[②]与东浩纪语境中理解特定文化环境中能指与所指成对关系的"数据库"[③]，如果返回我们描述数据库来由的"符号集合""语言系统"等关键词的话，在技术话语与再现符号的双重模仿之下，一个危险的事实便变得显而易见——如果生产全球化中的代工是经济强权的跨国剥削，那么数字游戏"出海"命题中的本国游戏厂商则面临着经济和话语在市场这一"有形的手"和文化霸权这个"无形的手"并存情况下的主动谄媚。

不过，在彻底的批判话语之外，我们也必须承认国际文化传播的现实与

---

①　邓剑：《中国电子游戏文化的源流与考辨》，《上海文化》2020 年第 12 期。

②　〔俄〕列夫·马诺维奇：《新媒体的语言》，车琳译，贵州人民出版社，2020，第 224 ~ 228 页。

③　〔日〕东浩纪：《动物化的后现代——御宅族如何影响日本社会》，褚炫初译，大鸿艺术股份有限公司，2012，第 66 ~ 67 页。

市场经济的客观规律。考虑到我国游戏文化起步较晚，以及建立独特的游戏文化话语，即文化濡化与涵化效果所需要的时间维度，"文本接近性"这一"没有办法的办法"在"游戏出海"中的应用并不该被视为应立即取缔的"洪水猛兽"——这至少为我们提供了进行跨文化实践的契机。既然形式与内容的双重自为距离我们仍然遥远，那么如果我们能够在游戏意义生产与使用的框架下回归上文所述的"规则"与"情感"中，或许可以找到一些具有启发意义的突破口。

首先要明确的一点是，我们不应否定，甚至应鼓励在"游戏出海"的叙事内容中增添中国元素的行为。但单纯的、以接近性为符号再现的中国形象往往并不能达成预期的效果。同样以《原神》的跨文化实践为例，在本土的评论视野中，有网友针对《原神》中的中国角色"钟离"进行了这样的言说："璃月本就是中国文化下的产物，钟离则是璃月的守护神……将中国文化做成璃月，夹在游戏中向世界徐徐道来。这种中华传统文化的输出，只能说米哈游做得好。"① 须知，《王者荣耀》的角色形象本来即依赖于本土受众所熟知的历史背景，而这里针对"钟离"的评论即便是许多中国人都不能够清楚把握其具体指涉，恐怕就更不能要求在异文化受众中达成跨文化效果的实现，何况在谈论数字游戏真实性的诸种角度中，前设经验作为辅助一般都被看作理解游戏现实感的重要一环。② 一个更具备解释力的可能是：考虑到《原神》的日式美术风格与日式游戏逻辑，其海外受众的前设经验或更多地基于对日本动漫文化、日本游戏文化的接受。换言之，日本的游戏实践中向来即有改编其他文本（如光荣公司将中国三国故事改编成《三国志》系列）并进行本地化的"他者化"做法③，在西方受众的恋物式东方审视中，《原神》游戏的表现便成了东方学视点中"他者化"下的"再他者化"。因此，"如何使得现有的'双重他者化'下的

---

① 《从游戏出海到文化出海，〈原神〉做对了什么？》，http://www.time-weekly.com/post/283283。

② A. Galloway, *Gaming*, *Essays on Algorithmic Culture* (Minneapolis: Univ. of Minnesota Press, 2006).

③ Elmer Tucker, "The Orientalist Perspective: Cultural Imperialism in Gaming," http://www.gameology.org/, 2016.

文化形象能够下探至文化现实中"则成为急需考虑的问题，这里我们便要谈到将"规则"作为达成认知目的的具体实践。结合上文谈到的《侠盗猎车手》在同人文化中的案例，我们援引英国研究者 Hanna Sommerseth 使用梅洛·庞蒂《知觉现象学》对游戏的认知形而上研究来解说。[①] Sommerseth 在研究中特别点明了游戏认知中的一些关键逻辑脉络：其一，从梅洛·庞蒂的"工具作为人身体延伸"的论述出发，游戏的物质性操作接口（即键盘、鼠标或操纵杆）可以看作玩家身体的一部分；其二，如果我们将游戏的操作界面看作身体的延伸，那么我们在进行游戏时，所依赖的便不是游戏所提供的如视觉真实或客观现实的反映，而是主观经验，或者说，在进行游戏时不是玩家代入了游戏角色，而是"游戏角色代入了我"——游戏中的角色这时只相当于游戏图像中的一个"空间定位"，角色形象的更换并不会影响玩家对于游戏操作的判断，我们有时甚至不会注意到正在游戏的身体，更多的时候，我们在透过身体来观察游戏；其三，游戏的真实感来源于游戏能够满足玩家使用游戏时候的期待，亦即游戏世界能够根据玩家的主观意愿做出真实反应，因此，游戏的真实与游戏所描述的客观环境无关，而与游戏玩家的主观经验（玩家根据自己的认知，想在游戏中实现什么意图）相关。以此脉络再次检视我们在上文中谈到的《侠盗猎车手》的案例，中国玩家为何将游戏中的犯罪行为与美国社会相连，或许就是玩家在游戏中的期待与他们既往社会经验的裂隙，使得玩家的"游戏身份"与"现实身份"之间发生了伦理上的冲突。换言之，游戏规则与现实规则的统一使得游戏产生沉浸感；而游戏规则与现实规则的裂隙使得受众觉察到了异样，从而使他们认识到了区别之下的意义——即便表征仍然是异文化受众所熟悉的话语呈现，但"异样的他者"却在异文化玩家的知觉中得以被察觉。因此，在数字游戏的跨文化实践中，我们可以在"大结构"下的"小规则"中渗透区别于西方文化的本土价值观逻辑。如在国产的日式 RPG 生产中，无须改变其 RPG 式的操作逻辑，只将中国

---

① Hanna Sommerseth，Gamic Realism：Player，Perception and Action in Video Game Play（paper represented at the DiGRA'07-Proceedings of the 2007 DiGRA International Conference：Situated Play），http：//www. digra. org/digital-library/publications/gamic-realism-player-perception-and-action-in-video-game-play，2021 – 7 – 15.

式的人际关系、家族观念、价值崇尚等价值观渗透在游戏的角色交互、故事目标、经济系统中，这些显著区别于西方的文化逻辑或许可以帮助我们在玩家的游戏使用中唤起当下"游戏出海"中那个被人遗忘的"Made in China"（中国制造）标签。

关于现有框架下的游戏意义跨文化实践的另一启示则蕴含于"情感"之中，这里的"情感"不仅应由故事剧情营造，更应和游戏文本中具体的现实物指涉关联。在此我们直接借用游戏业界既有的成熟案例进行经验性的说明。近年来"游戏出海"实践中的重要一支是模仿日式二次元卡牌收集游戏的一系列游戏文本，以早期的《阴阳师》、现今的《碧蓝航线》《明日方舟》等游戏为代表。这类游戏的核心游玩方式建立在游戏中虚拟卡片的收集上，玩家在于游戏中通过消费现实货币的行为进行"抽卡"收集角色的同时，丰富自己可以使用的游戏角色，该机制不但利用了二次元消费中惯性的"恋物癖"式动机，也在"物语消费"①的意义构成中，通过不同的角色卡牌碎片上的"小叙事"丰富了玩家对故事的想象，最终构成了游戏整体性的"大叙事"。值得注意的是，在这类"抽卡"游戏中，有相当一部分游戏采用的惯性叙事方式是游戏角色的现实指涉"拟人化"：如《碧蓝航线》中将二战时期各国海军的军舰进行符合二次元审美习惯的拟人式角色处理，《食物语》将各种美食以同样的手段进行角色呈现。而在我们观察《碧蓝航线》等一系列拟人化游戏的意义实践时发现，这类游戏毋论世界观的真实或虚拟，"都与作品本身所比拟的'物'有或多或少的联系，并在世界观设定中以线索、时间、空间等小叙事碎片化地与人能够生活的环境建立指涉"②。进一步来讲，在角色的审视与情感投射（尤其是二次元角色的消费方式高度与性向驱动相关）之下，受众很容易对游戏多层意义中的现实产生恋物式的兴趣：日本手机游戏《赛马娘 Pretty Derby》（ウマ娘プリティーダービー）在将现实赛马活动中的马二次元形象化，将赛马活动二次元世界观化后，不但在日本本土引发了游戏玩家对于现实中赛马活动的关注，甚至对于跨文化的中国玩家来说，微博中也有不

---

① 大塚英志：《物語消費論改》，アスキー・メディアワークス，2012，第41~42页。
② 张路：《拟人化角色：意义建构、叙事与消费》，《当代动画》2019年第2期。

少中国玩家开始关注日本的赛马活动并对此进行评论。综合上文何威在
《王者荣耀》研究[1]实证中所得出的结论，游戏中的"情感"——"物对象"
的逻辑不但对本文化有效，亦可在跨文化受众角度建立起更有效的"移情
于文化"行为，这里可以提供的操作细节是在设计游戏中推进剧情所需要
的"游戏物品"时，可以考虑多使用渗透中华文化的象征物——跨文化的
物呈现对于商业的作用在电视剧的跨文化研究中已经表现出了实证性的效
果结论，[2] 虽然还需要更多的证据支持来证明交互逻辑的数字游戏与影视
观看对于"爱屋及乌"式效果认知的效果程度区分，但"情感"——"物
对象"的基础逻辑在实践中应该可以作为"游戏出海"跨文化效果指向的
实践方法在未来的数字游戏跨文化传播实践中得到测量和应用。

三 交互与数字游戏的跨文化

在上文中，我们在陈述游戏跨文化的渠道时主要利用的是对游戏的物
质性、游戏文本本身一方的讨论。在侧重文本意义的同时，并未对"文化
下的游戏"与"游戏产生的文化"进行区别。在本部分，我们将回归数字
游戏的媒介特质"交互"，并对交互后的文化问题进行关注。

Espen Aarseth 在载于游戏文化研究专刊 *Game Studies* 创刊号的文章中
开宗明义地指出："数字游戏呈现出物与过程（Object and Process）的两义
性，它们并不能仅被看作文本进行阅读，或被当作音乐进行聆听，它们必
须被游玩，游玩这一行为是整合（在游戏中）的，这区别于我们传统理解
的读者或听众的接受视野。"[3] 重新审视"游戏文化"这一关键词，Adri-
enne Shaw 通过对来源于论文与媒体报道的文献研究的分类与辨析，鼓励研
究者只从游戏玩家出发进行游戏文化的范式性探寻："'游戏文化'往往形
成于对游戏玩家的描述中……（与我们讨论玩家的刻板印象不同）对于游

---

① 何威、李玥：《戏假情真：〈王者荣耀〉如何影响玩家对历史人物的态度与认知》，《国际
新闻界》2020 年第 7 期。

② X. Hao, &L. L. Teh, "The Impact of Japanese Popular Culture on the Singaporean Youth," *Keio
Communication Review*, 2004 (26): 17 – 36.

③ Espen Aarseth, "Computer Game Studies, Year One," *Game Studies*, 2001 (1).

戏文化的研究应该从三个角度入手，即'（a）谁在玩游戏''（b）他们如
何玩游戏'以及'（c）他们在玩什么'。"① 综观 Shaw 的叙述，游戏文化
研究的方式呈现出两方面的特征：其一，延承了其他媒介文化研究的范
式，即综合了跨学科的多种手段进行游戏文化框架的谈论；其二，遵循了
费斯克式大众文化探索的"生产者文本"取向，确立了玩家在研究中的主
体性，并同时呈现出游戏媒介之于受众的权力塑造（游戏使用的身份认
同、阶级、主体与他者等话题）及玩家主动参与后的话语再生产（玩家在
游戏中的行为、社群交互等话题）。实际上，尽管本文将数字游戏的跨文
化传播进行了前述如技术、文本的分类，但受众的存在维度，无论对技术
使用后的文化生产抑或更为明显的对文本的参与性解读始终是我们理解游
戏不可缺少的一环，鉴于上文已经以此为视角进行了一定讨论，因此对于
数字游戏的互动与玩家主体，我们则单纯谈论不同文化身份玩家参与游戏
方式的迥异以及全球语境下游戏玩家参与的文化交融与生产，抑或微观视
点中"跨文化交流"对游戏跨文化生产的具象探讨。

　　从生产者视野来看，数字游戏进入全球市场后面临着为保证"可读
性"而必须进行的本地化与改良，这种冲突与融合使得游戏文本必然变得
针对目标市场"文化接近"，上文已经对此进行了阐释；从消费者视野来
看，网络化的数字游戏使得游戏社群不再本地化，而成为一个虚拟的跨文
化交际空间。首先，来源于玩家现实生活的文化习惯在游戏中区别了玩家
的主体身份并导致了交流冲突。专注于地域文化与游戏关系的澳大利亚研
究者 Dean Chan 就系统性地谈论了不同地区玩家在游戏使用中的不同习惯：
"台湾地区的玩家在游戏中更加珍惜自己的游戏物品，而如果任务报酬较
高的话，东南亚地区的玩家则对此并不在意。在俄罗斯，网络游戏中的玩
家对抗（PK）被视作游戏环节的自然组成部分，而在中国大陆这往往被视
为暴力行为。"② 其次，如果多种不同的文化因素在数字游戏中呈现出杂糅

①　Adrienne Shaw, "What Is Video Game Culture? Cultural Studies and Game Studies," *Games and Culture*, 2010, 5（4）：403 – 424.

②　Dean Chan, "Negotiating Intra-Asian Games Networks: On Cultural Proximity, East Asian Games Design, and Chinese Farmers," *Fibreculture Journal: Internet Theory Criticism Research*, 2006（8）.

性，那么，"玩家必然前设地参与到（游戏中），并进一步生产杂糅文化"①。一个典型案例是因互动而在游戏交流中出现的"语用融合"——源于多人在线战术竞技游戏（MOBA）《Dota2》的电子竞技比赛，在游戏比赛中因为网络、设备调试等问题，中国选手经常会下意识地在游戏中输入"ka le"（卡了）并要求游戏暂停，这一行为后来被延续至线上游戏中，不少外国玩家也在游戏中输入"kale"来指代游戏延迟；与之相反，跨国游戏中的中国玩家为了交流的通畅，反而输入英语"lag"（延迟）来说明情况，于是在《Dota2》的游戏交流中，来自中文的"kale"与来自英文的"lag"都成为游戏的通用语。

在互动的框架中，对现象描述与传播过程的分析明显多于对传播效果范式的探讨，因此对于跨文化传播的效果研究来说并无过多指导观念可供参考。互动的关注点主要在于玩家的主体行为——虽然互联网游戏制造了跨文化的交互空间，但强行要求参与游戏的玩家都必须具备某种"跨文化传播"的使命意识显然并不现实。因此，在这里我们主要针对游戏文化的外部环境引导作用进行谈论，除却事业性的电子竞技被纳入体育体制，成为国家软实力综合形象指征的一部分外，得益于数字媒介技术新形式的实践，由网络平台主播进行游戏游玩、直播观众进行观看的"云游戏"行为和着眼于虚拟媒介与现实空间发生作用的游戏体验成为值得游戏文化研究注意的新情况。

对于"云游戏"来说，在跨文化目的指向下可谈的方法仍然不多；对于"虚拟媒介与现实空间"的交互来说，在虚拟故事、虚拟世界中渗透以比上文谈到的、作为元素的"物"更为广阔的现实为蓝本的"世界观"进行虚拟与现实互文的意义生产，同时促进对虚拟故事的情感后续进行现实附意，进而通过受众前往内容指涉现实，达成之于地域形象、旅游经济的所谓"圣地巡礼"意义，这种操作方式在日本动画工业中早有实践。就此而言，国产游戏文化传播中近年来的典型案例是香港地区制作的、将"唐

---

① Tae-Jin Yoon, & Hyejung Cheon, "Game Playing as Transnational Cultural Practice：A Case Study of Chinese Gamers and Korean MMORPGs," *International Journal of Cultural Studies*, 2013（17）：469 – 483.

楼、粤剧戏棚、港式屋村"等元素作为世界观的恐怖类型游戏《港诡实录》。游戏发售之后，因其"融合了大量香港本地的都市传说，玩家能够从中体验到许多独特的本地文化和中国传统民俗习惯"①，虽然没有证据说明其对香港本地的现实环境产生了影响，但至少不少尝试深入了解游戏的玩家在游戏后的意义生产中都着重对游戏中的香港文化进行了解析②——当然，这也与我们上文谈到的在现有游戏类型框架中加入文化附着物的实践方式在逻辑上相关。而更为新鲜的案例则是得益于手机等移动终端技术，使玩家的虚拟媒介与现实场景"共在"的一系列数字游戏实践：2016 年任天堂推出的手机游戏《宝可梦 GO》（Pokemon Go）就是此类，其通过增强现实（AR）技术，引导玩家前往特定场景中进行游戏。这里谈到游戏与现实空间交互的操作方式具象案例主要是为游戏的跨文化认知实践提供一种思路：在促进游戏认知方面，提出"程序修辞"观点的研究者 Ian Bogost 制作了描述机场安检程序的《机场安检》（Airport Insecurity）手机游戏，试图邀请在机场排队现场等待安检的乘客在游戏中理解机场安检工作的重要性，Bogost 认为在游戏的劝服性（persuasive）方面，因为受众正在经历在场的现实，其更能够"通过游戏的现实再现与玩家所处现实空间的冲撞觉察到游戏规则与现实的融合与不和谐"③，从而提升游戏的劝服和社会价值效果。其基本逻辑仍与在上一部分中我们在辨析游戏文本的文化作用时所使用的相同，在此不再多叙。这类通过"现实的在场"增强文化认知的数字游戏手段，或可作为新冠肺炎疫情后国际旅游与媒介融合语境下增强跨文化认知与国家形象的具象方案而进行尝试。

四　总结与讨论

至此，我们通过游戏中技术、文本与互动三大框架分别谈论了游戏的

---

① 沁雅畅慧：《改编自香港真实事件，恐怖游戏〈港诡实录〉公布》，http://www.vgtime.com/topic/1068728. jhtml，最后访问时间：2021 年 7 月 18 日。

② 稚九鸟 Kyutori：《港诡实录中那些真实存在的恐怖故事与九龙寨城的历史》，https://www.bilibili.com/video/BV1G741187wY，最后访问时间：2021 年 7 月 20 日。

③ Ian Bogost, "Persuasive Games on Mobile Devices," http://bogost.com/writing/persuasive_games_on_mobile_dev, 2021 - 7 - 5.

文化建构、跨文化理解与实践的具体进路。当然，技术、文本与互动作为我们谈论游戏的框架，在游戏体验与意义生产中互不可分，我们或许可以对其进行简单的关系总结：技术直接决定了数字游戏的文本再现与互动方式，文本再现中反映出文化逻辑并提示玩家互动参与的方式，而互动参与则提供技术的指涉，同时召回在场的文本与不在场的技术文化指征。不过，这样的结论显然对于现实来说显得抽象与过于缺乏应用实践性。同时，虽然从媒介考古的视点来看研究者往往更加倾向于谈论数字游戏硬件对于玩家与产业的形塑及其对于"国别"游戏文化与跨文化认知的决定性作用，[①] 但从更准确的现实环境来看，技术、文本和互动都应该被视为建构游戏文化身份的统一体（见图1），尤其是在数字游戏文化全球实践的今天，很难以决定性的结论认定技术、文本与互动的某个单一因素占据着绝对的优势地位。

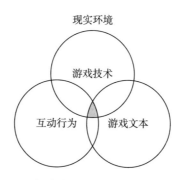

图1 文化的游戏指证与游戏文化的建构

此外，本文也在讨论基础概念后对国内"游戏出海"，达成跨文化目的进行了一些细节化的方向性探讨，并尝试提出具有针对性的改良方案。不过应该注意到，这些方法都是基于现状的临时性"亡羊补牢"。从更长远的角度来看，还需要国内游戏产业更注重游戏技术的开发、游戏互动的玩法创新，进一步提升游戏制作水平。打破游戏文化国际话语霸权的稳定僵局显然是漫长而艰巨的任务，因此不应缺乏政府与相关机构的政策性指导与倾斜性扶持。在此，我们主要通过本研究提供了框架与唤起观照的宏

---

① Sara X. T. Liao, "Japanese Console Games Popularization in China: Governance, Copycats, and Gamers," *Games and Culture*, 2015, 11 (3): 275 – 297.

观描述性任务，其中不乏对细节的粗略化——如在谈论技术时应区分游戏的硬件与软件，在谈论文本时应区分叙事层与表征层，受限于文章体量与逻辑，我们对这些问题均进行了简单化的处理，学界在未来或可尝试对此进行进一步的细节化、实证化研究。

新时代国际传播和跨文化传播的研究视角创新

——基于乌尔里希·贝克的世界主义理论

吴潇阳[*]

摘　要：若想有效应对新时代各类全球风险对国际社会提出的严峻挑战，包括国际传播研究和跨文化传播研究者在内的社会科学界需要重新发掘德国社会学家乌尔里希·贝克的世界主义理论遗产。本文从四个方面详细介绍、梳理贝克的世界主义理论，探讨这一社会学视角对国际传播和跨文化传播的研究与实践所能构成的启发。第一，从认识论层面来说，国际传播和跨文化传播研究需要转变现有基于"方法论的民族主义"的思维范式，向基于"方法论的世界主义"的思维范式转移。第二，从研究对象来说，国际传播和跨文化传播研究需要开始关注各类"世界主义化"进程，其中的代表性议题就是"媒介化全球风险"在形成世界主义观念以及构建全球风险应对共同体中扮演的角色。第三，从分析路径来说，国际传播和跨文化传播研究的分支之一"世界主义媒介研究"需要将研究重心从情感－道德层面的世界主义拓展至此前经验研究很少涉及，但在全球风险语境中占据核心位置的"风险的世界主义倾向"。第四，从与"他者"的相处原则来说，国际传播和跨文化传播的理论与实践都需要从"非此即彼"的逻辑转向"亦此亦彼"的逻辑。

[*]　吴潇阳，大连外国语大学新闻与传播学院讲师，中华文化海外传播研究中心兼职研究员，硕士生导师，新闻传播学博士。研究方向为跨文化传播、国际传播、全球化与媒介研究。本文系2021年度教育部人文社会科学研究青年基金项目"中国网络文学海外受众的线上互动行为与文化认同研究"（项目编号：21YJC860023）的阶段性成果。

关键词： 国际传播　跨文化传播　全球风险　世界主义　乌尔
里希・贝克

引　言

早在 20 世纪 90 年代，德国社会学家乌尔里希・贝克（Ulrich Beck）就
预言了"世界风险社会"的出现：现代化制度本身蕴含了各类新型风险——
新冠肺炎疫情之类的瘟疫大流行、气候变化、金融危机、资源短缺、科技
风险、恐怖主义，等等，将日益威胁着整个人类社会的存续。新冠肺炎疫
情在全球的迅速蔓延使我们深刻认识到，这类新型风险造成的影响在很多
时候远远超出了民族国家的边界，它们所表现出来的全球各地相互联系、
相互影响、相互依存的复杂特性导致没有哪个国家和地区能够独自面对它
们带来的挑战，因此它们都是真正的"全球性"风险。然而，无论时至今
日发展趋势仍不明朗的新冠肺炎疫情，还是不久前在英国格拉斯哥结束的
第 26 届联合国气候变化大会，都暴露出在应对全球风险的解决方案上，国
际社会并没有做好达成相应的全球共识与跨国合作的准备。

在新时代，人类社会或将面临新冠肺炎疫情之外更多不同类型全球风
险的威胁。因此，如何通过全球（数字）媒体平台消解不同国家和文化群
体之间的误解和猜疑，如何借助全球风险的媒体传播创造平等有序、理性
透明的全球公共话语空间，并由此建立面向不同全球风险的跨国共同体，
应当是国际传播和跨文化传播研究亟须回应的新问题。

本文认为，若想有效应对新时代各类全球风险为国际社会提出的严峻
挑战，包括国际传播和跨文化传播研究者在内的社会科学界需要重新发掘
德国社会学家乌尔里希・贝克的世界主义理论遗产。由于我国学界大多更
熟悉贝克的"风险社会"理论，很少关注他的世界主义理论体系，下文将
从四个方面详细介绍、梳理贝克的世界主义理论，探讨这一社会学视角对
国际传播和跨文化传播的研究与实践所能构成的启发。第一，从认识论层
面来说，国际传播和跨文化传播研究需要转变现有基于"方法论的民族主
义"的思维范式，向基于"方法论的世界主义"的思维范式转移。第二，

从研究对象来说，国际传播和跨文化传播研究需要开始关注各类"世界主义化"进程，其中的代表性议题就是"媒介化全球风险"在形成世界主义观念以及构建全球风险应对共同体中扮演的角色。第三，从分析路径来说，国际传播和跨文化传播研究的分支之一"世界主义媒介研究"需要将研究重心从情感－道德层面的世界主义拓展至此前经验研究很少涉及，但在全球风险语境中占据核心位置的"风险的世界主义倾向"。第四，从与"他者"的相处原则来说，国际传播和跨文化传播的理论与实践都需要从"非此即彼"的逻辑转向"亦此亦彼"的逻辑。

一　国际传播和跨文化传播研究的认识论创新：从"方法论的民族主义"到"方法论的世界主义"

世界主义（cosmopolitanism）是一种古老的哲学智慧，在西方社会思想中有着漫长的演化历史。从古希腊的斯多葛学派到启蒙运动时期康德所著的《永久和平论》（*Perpetual Peace*），都构想了一种超越有限共同体边界（例如"城邦"）的、更高层级的"人类共同体"乃至整个宇宙秩序的存在。由于民族主义兴起，世界主义思潮在19世纪经历了一段沉寂。但随着两次世界大战之后世界秩序的重建和全球化进程的加速，21世纪初的西方学术界重新兴起了对于"世界主义"思想的研究，来自各个学科的学者针对这一论题进行了广泛而深入的探讨。

在社会学领域，德国社会学家乌尔里希·贝克是当代公认的对"世界主义"议题进行深入思考的先驱者之一。出于种种原因，我国学界大多对贝克的"风险社会"理论较为熟悉，而忽视了其后期围绕世界主义展开的理论建构。事实上，贝克的世界主义理论并非孤立，而是与其提出的"风险社会"理论、"自反性现代化"理论和全球化观点一道形成了一套相互联系的理论体系。作为一名社会学家，贝克关注的是传统的社会学视角在全球化的风险社会（亦即他所说的"第二次现代性"）中的适用性。从根本上来说，"世界主义"和"风险社会"都是贝克用来挑战社会学自19世纪初创以来形成的"方法论的民族主义"（methodological nationalism）的概念工具。

传统的社会学视角，被贝克称为"方法论的民族主义"。由于社会学起源的 19 世纪同时也是欧洲民族国家（及民族主义和国际政治）形成的时期，因而从一开始"社会"就与民族国家形成了一种"绑定"的关系："社会"被理解为"国家"的社会，"社会"只有在"国家"的界限范围内被理解才有意义。"方法论的民族主义"假设整个人类社会被划分成一个个界限清晰的民族国家。在民族国家内部，"社会"的组织和运行都自成一体；在民族国家外部，各个民族国家通过划分边界而相互区分开来。于是，民族国家成为社会科学分析的基本单位："社会"被装在"国家"这个独立自主的"集装箱"里，被视为一个个为国界、国家机构和法律框架等所约束的离散的、内部相对同质的实体。然而贝克指出，"社会"与"国家"之间的这种联系并非"天然"的、"历史"的和"有逻辑的"，这种联系只是一种短暂的偶然。[1]

贝克认为，"方法论的民族主义"陷入了"民族国家等同于社会"的陷阱，不足以应对全球化社会中出现的种种跨国问题。全球化进程挑战了以往界限清晰的划分方式，使得民族国家的领土边界不再与其政治、经济、社会、文化边界相互重合。虽然在当今的全球化世界中，民族国家依然具有重要的政治意义和社会功能，但如果想深刻理解和分析新冠肺炎疫情这类属于"第二次现代性"社会的全球风险，就有必要破除"方法论的民族主义"在认识论上的垄断地位。我们需要认识到，民族国家不再是组织政治和社会行动的唯一结构性原则，因此民族国家也不应再是社会科学进行分析和观察的唯一单位。

在贝克看来，现在的社会科学界需要一种适应全球化时代的"世界主义社会学"，这种崭新的社会学构想的核心就是"方法论的世界主义"（methodological cosmopolitanism）。[2] 如果说"方法论的民族主义"对应于"第一次现代性"的民族国家社会，那么"方法论的世界主义"就是对应于"第二次现代性"的世界主义社会。"方法论的世界主义"不再假设国家的领

---

[1]　〔德〕乌尔里希·贝克：《什么是全球化?：全球主义的曲解——应对全球化》，常和芳译，华东师范大学出版社，2008。

[2]　U. Beck, *The Cosmopolitan Vision*（Cambridge：Polity Press，2006）.

土边界与其政治、经济、社会、文化边界是重合的，也不再认为"国际"和"全球"的概念是界限分明地"覆盖""附加"在"地方"和"国家"的概念之上。"方法论的世界主义"倡导将社会科学研究中的诸种关键概念（例如家庭、阶层、权力、公平、身份、记忆等）看作"跨国现实"，将这些概念与民族国家"松绑"，并从全球整体的角度重新定义、检视这些概念。"方法论的世界主义"作为一种认识论的转变，提醒我们应当将国际传播和跨文化传播研究的关注点从"民族国家"转向上述以往被社会科学视为次要的"跨国现实"。贝克指出，我们一方面需要考察各类跨国生活空间的流动经验（例如跨国移民群体聚居区）在多大程度上挑战、转变乃至解构了民族国家内部的生活空间和生活经验，另一方面也要考察民族国家的社会结构和文化认同在多大程度上过滤、融合乃至吞并了跨国生活空间的经验，以及这一系列过程会产生何种转型式的政治、文化、社会后果。[①]

本文认为，"方法论的世界主义"在认识论层面对于国际传播和跨文化传播研究的启发至少有两点。第一，由"国际传播"（international communication）范式向"全球传播"（global communication）范式的转移。相较于从第一次世界大战就已出现的"国际传播"，"全球传播"还是一个较新的概念。由于"国际传播"提出的时代背景主要是从第一次世界大战开始至美苏冷战结束，因此其政治性目的较强、意识形态因素较多。而"全球传播"提出的背景是冷战结束、经济全球化和文化全球化逐渐占据主导的和平时期，因此更淡化政治色彩。这种时代背景差异也导致了"国际传播"和"全球传播"的传播主体有所不同。因为"国际传播"强化跨国信息传播的政治色彩，强调国内外传播的界限和国际关系中的国家主权概念，因此国际传播的主体往往局限于主权国家政府。相较而言，"全球传播"的传播主体则呈现出多元化的趋势：除了国家政府，个人、群体、各种社会组织、各类媒体机构、企业集团特别是跨国公司以及超国家机构（如政府间国际组织和国际非政府组织等），都可以成为全球传播的信息发送者和接收者。关于"国际传播"和"全球传播"的区别，国际传播学者

---

① U. Beck, "The Cosmopolitan Society and Its Enemies," *Theory*, *Culture and Society*, 2002, 19 (1-2): 17-44.

李智有较为精辟的概括：

> 如果说，国际传播所指的信息跨国界传播是建立在确认和承认国家政治边界或国际界线的基础之上，它受国界的限制，那么，全球传播所指的信息跨国界传播则是建立在对国界的否认之上，它不以国界为界，没有国界限制，或者说，它超越了国界。①

由此可以看出，从认识论层面来说，"国际传播"体现了"方法论的民族主义"所强调的国家本位主义，即以民族国家为基本的分析单位，强调国家主权和国家利益。而"全球传播"则偏向一种超越国家本位主义的"方法论的世界主义"，即以全球整体为分析对象，不再以主权国家作为唯一的分析单位和出发点，而是囊括了各种超国家/非国家行为体的全球传播网络体系。本文并不认为，"全球传播"范式一定要取代"国际传播"范式。但考虑到全球化进程和媒介化趋势对当今社会生活的渗透程度及其产生的一系列复杂结果，传统的"国际传播"范式只有结合新兴的"全球传播"范式才能更为全面、充分地分析和解释当下的现实情形。

第二，由"跨文化传播"（inter-cultural communication）向"超文化传播"（trans-cultural communication）范式的转移。②"国际传播"和"跨文化传播"在英文中都带有"inter-"前缀，这一前缀在这两个术语中其实都有"在……之间"的含义，因此 inter-cultural communication 实则应当翻译成"文化间传播"。无论 international communication 还是 inter-cultural communication，其中的"在……之间"（inter-）都预设了某种分明的"边界"的存在："国际传播"更偏向政治地理边界，而"跨文化传播"更偏向语言文化边界。显然，这种强调并恪守各类"边界"的分析范式仍然延续了"方法论的民族主义"那种自我封闭、内部同质的"集装箱"式思维。不同于 inter-cultural communication 对边界的"骑跨"（前提是对边界的承认

---

① 李智：《国际传播》（第二版），中国人民大学出版社，2020，第 5 页。
② 对于如何翻译 trans-cultural communication 学界并没有达成共识，如史安斌将 trans-cultural communication 译为"转文化传播"，而更多学者还是将其笼统译为"跨文化传播"。此处借鉴了姜飞的译法，将其称为"超文化传播"。

和遵守），trans-cultural communication 的视野是对民族国家框架的突破和超越。前缀"trans-"在英语中有"横穿、转变（贯通）、超越"的意思，因此 trans-cultural communication 至少有两层含义。一方面，trans-cultural communication 突出的是不同文化之间"贯通"的行为、过程和结果，或者说是在不同文化的交往互动中民族文化自身所经历的文化转型、文化转化和文化融合。① 另一方面，trans-cultural communication 以"全球"、"世界"或"天下"作为看待问题的参照系和具体观照对象，在平等的原则上超越各自文化的深层结构和局限，从哲学意义上"将所有人从各自历史性界定下来的文化堡垒中解放出来……思考来自不同文化的个体或者组织、机构如何处理涉及跨文化的所有议题"。② 不难看出，trans-cultural communication 对于现实的物理、文化疆界限制的贯穿和超越与"方法论的世界主义"不谋而合。在文化全球化的背景下，不同文化之间的交往融合日渐频繁、深入，"文化杂糅"（cultural hybridity）逐渐成为全球化时代的文化逻辑。"文化杂糅"理论认为，不同文化相互作用的结果会产生一种新的文化形态，这种新的文化不同于任何一种原初文化，而更像是"第三文化"。③ 在"第三文化"诞生的过程中，两种或多种文化在交流、对话甚至对抗中产生了各自的文化转型和文化变异，这是一个典型的"贯穿"/"超越"了文化边界的现象。因此，intercultural 的概念已经不能很好地描述和概括今天全球媒介文化的复杂性和新异性，只有转向 trans-cultural 的分析范式才能对上述现象的有效理解构成启迪。

二 国际传播和跨文化传播的研究对象创新：聚焦"世界主义化"的经验现实

贝克将历史上出现的各种道德伦理的、法理的、政治哲学的有关世界主

---

① 单波：《跨文化传播的问题域》，《跨文化传播研究》2020 年第 1 期。
② 姜飞、黄廓：《对跨文化传播理论两类、四种理论研究分野的廓清尝试》，《新闻与传播研究》2009 年第 6 期。
③ 〔美〕简·尼德文·皮特尔斯：《全球化与文化：全球混融》（第二版），王瑜琨译，中国传媒大学出版社，2016。

义的"规范理论"（normative）思考称为"哲学的世界主义"（philosophical cosmopolitanism）。作为对于"哲学的世界主义"的反拨，贝克提出了"世界主义现实主义"（cosmopolitan realism）①。这是社会科学经验研究中"描述—分析"（descriptive-analytical）式的世界主义，它主张将世界主义从哲学思考的范畴转移到可以被经验分析的观察对象。之所以要区分这两种世界主义，是要区分应然和实然两种问题。"哲学的世界主义"思考的是应该提供怎样的世界主义政治—伦理哲学方案来解救陷入自我毁灭的人类文明，而"世界主义现实主义"则思考作为现实存在的世界主义是怎样的，以及为什么会是这样的问题。

　　在"世界主义现实主义"的启发下，不同于将世界主义仅仅看作一种纯粹理想化的哲学玄思，"世界主义社会学"要求社会科学研究者将视线转向"世界主义化"（cosmopolitanization）的经验现实。② 贝克尝试区分哲学规范意义上的世界主义思考和社会学经验意义上的世界主义现实（即"世界主义化"）是极具学术价值的。实际生活中的各类"世界主义化"进程或许永远都达不到"哲学的世界主义"所向往的理想状态，但只有将世界主义作为社会科学的经验研究对象，世界主义才不再是书斋中的人文学者玄妙而远离现实的哲学思考，从而才能摆脱人们对其"乌托邦"色彩的指责。"世界主义化"虽与"全球化"相关，但两者并非等同。"全球化"进程往往只被看作"附加"在边界分明的国家之间的"相互联系"，作为一种外部进程，它并未改变国家的性质和结构。相反，"世界主义化"是一种"内部的全球化"（internal globalization）。在民族国家内部，以往各种相互重合的界限被分离开来，"界限的多元化"（the pluralisation of borders）从民族国家内部（from within）改变着社会结构的性质。③ 因此，"世界主义化"是全球化社会发展到一定程度带来的必然结果，标志着一

① U. Beck, *The Cosmopolitan Vision* (Cambridge: Polity Press, 2006).
② U. Beck, & N. Sznaider, "Unpacking Cosmopolitanism for the Social Sciences: A Research Agenda," *The British Journal of Sociology*, 2006, 57 (1): 1 – 23.
③ U. Beck, "The Cosmopolitan State: Redefining Power in the Global Age," *International Journal of Politics, Culture, and Society*, 2005, 18 (3/4): 143 – 159.

种正在发生的社会转型过程。①

在贝克的相关论述中，"世界主义化"主要有两种具体的表现形式，这两种形式都为国际传播和跨文化传播提供了新的研究对象："平庸的世界主义"（banal cosmopolitanism）② 和"被迫的"（coercive）世界主义③。"平庸的世界主义"与消费社会密切相连。在以往的媒介研究中，"消费社会"早已不是什么新鲜事物。但很少有研究将"消费社会"看成一个跨国的日常生活领域——"跨国消费社会"及其对于人们思想观念的影响。从"跨国消费社会"的角度来看，作为全球化生产—消费链条中的一部分，我们所消费的食品、日常用品、工业产品乃至流行文化产品都不再只来自本地或是本国。其结果是，尽管人们依旧被包围在民族国家的生活空间中，国家观念、国家认同、国家意识等也仍然根深蒂固，但是经由各类媒体的展示和推广，人们逐渐发展出了对于某些"异域风情"产品的喜好和追求。当"世界主义"本身成为一大卖点，"他者"也就成为日常生活中习以为常的存在——所谓"平庸的世界主义"就是这样一种相对被动的、无意识的、稍显"残缺"的世界主义。

而"被迫的"世界主义则与风险社会有关：在全球风险的威胁之下，人们出于生存的压力而不得不形成一些遵守世界主义原则规范的"世界主义风险共同体"（cosmopolitan risk collectivity）。④ 作为一种世界主义现实，"世界主义风险共同体"并非出自精英们的自愿选择，也非出自人类同属

---

① 贝克世界主义理论中的理想色彩往往出现在其对未来社会形态的展望中，但在面对现实情形时，贝克是较为清醒的。贝克在谈及世界主义时，曾多次强调，世界主义同时意味着世界主义和它所面临的敌人（威胁）。世界主义和反世界主义作为当今世界两股并存且相互纠缠的潮流，都是"世界主义化"的结果。这就是贝克所说的矛盾（ambivalence）和辩证法（dialectics）：一方面是人类社会不断世界主义化的现实，另一方面是躲避这一现实、继续蜷缩在民族国家视域内的思维惯性。因此，社会学意义上的世界主义研究并不排除对"反世界主义"的关注。当今的世界局势似乎在某种程度上印证了贝克的看法：世界主义和反世界主义并存于世，有些地方世界主义正在兴起，而有些地方世界主义正在经历衰退，但世界主义的要素实际上可以在几乎所有社会中被发现。

② U. Beck, "The Cosmopolitan Society and Its Enemies", *Theory*, *Culture and Society*, 2002, 19 (1 - 2): 17 - 44.

③ U. Beck, & D. Levy, "Cosmopolitanized Nations: Re - imagining Collectivity in World Risk Society," *Theory*, *Culture and Society*, 2013, 30 (2): 3 - 31.

④ U. Beck, & D. Levy, "Cosmopolitanized Nations: Re - imagining Collectivity in World Risk Society," *Theory*, *Culture and Society*, 2013, 30 (2): 3 - 31.

一个整体的假设，更非出自哲学规范层面的逻辑推理。相反，"世界主义风险共同体"是在全球风险的威胁和压力之下被迫形成的共同体，是我们每个人无论愿意与否都被迫卷入的共同体，是为了满足生存的需要而产生的跨国共同体。正是在这个意义上，贝克将之称为"被迫的"世界主义。

现在的问题是，既然我们将"世界主义风险共同体"看作一种"世界主义化"的表现，那么它究竟是怎样形成的？其形成的基础又是什么呢？这就涉及国际传播和跨文化传播的研究范畴了。这里的关键在于，任何一种超出人们面对面交往范围的共同体都需要被某种传播过程和媒介文化所建构和想象——这正是"想象的共同体"的论证基点。① 如果说现代民族国家是通过19世纪在北美殖民地广泛传播的印刷品而被想象和建构起来的，那么超越了民族国家边界的"世界主义风险共同体"也必须依靠媒体的参与才能逐渐形成。只不过，这种"世界主义风险共同体"的形成路径可能不同于民族国家：这是一种需要被"重新想象"的跨国共同体。它的形成在很大程度上取决于两点因素：第一，全球风险如何被全球媒体建构和传播；第二，这种"媒介化全球风险"（mediated global risks/mediation of global risks）如何成为人们日常生活中习惯性的媒介消费实践。根据贝克的论述，全球媒体对于全球风险事件的持续披露、阐释和再现，以及全球观众对于"媒介化全球风险"的习惯性接触，或将在全球观众中逐渐形成对于全球风险的感知和理解，这些感知和理解会有助于人们意识到彼此相互影响、相互联系、相互依靠的"全球性"（globality）境况，并最终培育出一种"风险的世界主义倾向"（cosmopolitan affiliations of risk）——这是真正经由媒介建构的跨国认同感。② 在此基础之上，聚拢在一个个不同风险议题之下的"世界主义风险共同体"得以逐渐形成。

由此可以看出，"媒介化全球风险"在"风险的世界主义倾向"形成的过程中扮演了重要的角色。由于全球通信网络的发展和普及，发生在地球上某处的震荡会以极快的速度传遍整个世界，人类历史上第一次实现了

---

① 〔美〕本尼迪克特·安德森：《想象的共同体：民族主义的起源与散布》（增订本），吴叡人译，上海人民出版社，2016。

② U. Beck, "Cosmopolitanism as Imagined Communities of Global Risk," *American Behavioral Scientist*, 2011, 55（10）：1346 – 1361.

对同一全球性事件"现时共享"的体验。对于大部分没有亲自经历过全球风险事件的人来说，有关全球风险的经验、认识和理解几乎全部来自全球媒体对于全球风险事件的"展演"（staging）。① 媒体对于全球风险事件的视觉化处理使得某些隐形的全球风险变得有形可见，而诸如9·11事件之类的全球风险事件在全球范围内的实时直播，使得许多全球观众都被卷入其中。全球风险事件所产生的创伤和震惊体验跨越了国家边界和地理距离，这种抹平了社会界限的"命运的打击"，颠覆了人们脑中根深蒂固的陈旧观念。它使人们意识到，这些全球风险事件已经不再受到地域空间甚至时间的局限，类似的悲剧也可能降临到自己身上。全球风险事件中的死亡和苦难不仅是个体的命运，而且是人类共享的"集体命运"，它能使观众参与这类事件，从而在世界风险社会中联合已经被"个体化"了的人们。总之，在观看同一全球风险事件的过程中，全球观众共同分担了镜头里的苦难并形成了一种共同的参与感。正如安德森（Benedict Anderson）所论证的，是人们意识到"我们"与"他们"同时关注同一事件并和"他们"一样受到事件影响的事实，构成了国家这一"想象的共同体"的基本来源。② 类似的，"风险的世界主义倾向"作为一种真正媒介化的跨国认同感，并非仅仅源自全球媒体对于某些全球风险事件的集中报道。这种跨国认同感更多源自人们在接触这类"媒介化全球风险"时，对远方的陌生人和自己一样，同时带着担忧和恐惧关注着同样事件的情况意识。因此，当全球风险事件通过媒体在全球范围内不断扩散，就可能会产生一个孕育"世界主义风险共同体"的跨国公共领域。在这一跨国公共领域内，人们围绕应对全球风险的不同决定展开争论，这些争论能够打开新的思路和空间，使人们在质疑现有世界秩序的同时也去思考建立新秩序和新机制的可能。

本文认为，国际传播和跨文化传播研究若想对"新时代"人类社会面临的"世界风险社会"有所回应，就应当考虑将研究对象拓展至普通人在日常生活中表现出的"风险的世界主义倾向"以及在此基础上形成的"世

---

① 贝克将大众媒体在人群中间散播关于全球风险感知的媒介逻辑称为"展演"（staging），并在《风险中的世界》（*World at Risk*）一书中具体阐发了这一概念。
② 〔美〕本尼迪克特·安德森：《想象的共同体：民族主义的起源与散布》（增订本），吴叡人译，上海人民出版社，2016。

界主义风险共同体"。而这两种世界主义现实的形成，都离不开全球媒体对于各类全球风险的建构和传播——"媒介化全球风险"正在通过形塑全球观众对于全球风险的感知和意识，于不知不觉中改变着全球观众对于自然/社会、国内/国外、全球/地方、我者/他者等问题的理解与观念。全球风险经由全球媒体的社会性建构，正日渐成为一种关键的社会力量，在推进了全球化进程的同时也培育了人们的世界主义观念。综上，作为一种具有代表性的"世界主义化"的经验现实，"世界主义风险共同体"及其媒介化的形塑过程在新的传播生态环境中为国际传播和跨文化传播研究提出了一些值得进一步思考的新问题。

三　国际传播和跨文化传播的分析路径创新："风险的世界主义倾向"与"媒介化全球风险"

近十几年来，"媒介化的世界主义"（mediated cosmopolitanism）或"世界主义媒介研究"逐渐成为西方国际传播和跨文化传播研究的一个新兴分支。贝克在"媒介化全球风险"与"世界主义风险共同体"方面的思考与这一研究分支产生了高度共鸣。现有的世界主义媒介研究大多从"情感－道德"世界主义的角度切入对"媒介化的远方苦难"（the mediation of distant suffering）的考察。具体而言，这些研究主要围绕媒体对于"远方苦难"（distant suffering）的建构和传播而展开，探讨的是这类媒体报道能够在多大程度上促进跨国共同体和国际团结的形成。现今的全球化媒体不仅关注发生在本国的灾难事件，也将更多的注意力转移至发生在别国的各类灾难上：所谓"远方苦难"，即那些相对于本国来说在地理和（或）文化上较为遥远的地方所发生的不幸事件。有关"远方苦难"的媒介话语和媒体实践之所以至关重要，是因为在"远方他者"的苦难面前，人们缺少一种既有的、全球（跨国）层面的同情。而正是媒介技术、媒介话语和媒体实践的发展，使一种新的、超越民族国家的世界主义情感和世界主义想象得以逐渐形成并扩散开来。因此，"媒介化的远方苦难"具有不可忽视的社会和道德意义：在某些情形下，媒介对于"远方苦难"的建构和传播或能促进观众进行一种新的、跨国的情感想象和道德想象，并最终调动起世界主义式的全球同情（global compassion）。在此，"同情"（compassion）一般被理解为针对他者苦难的道德回应，它主要体现为观众持有的某种道德情感、道德义务和责任感。媒介学者们认为，"同情"并不只是人们天生固有的"自然"情感，而是通过媒体等机构社会性建构起来的公共话语，对他者的苦难具有重要的社会和道德意义。因此，这类研究格外关注媒体报道调动观众道德情感的能力，主导这一道德情感的核心是一种利他主义的伦理道德，它推崇对于"远方他者"不幸遭遇的重视、怜悯、同情，并鼓励采取实际的援助行动。

但贝克和利维（Daniel Levy）认为，这一利他主义道德至多只能构成一种"单薄的世界主义"，不足以支撑一种可与民族国家认同相比的"深厚的世界主义认同"。[①] 如果世界主义无法从"单薄"的社会联结转变为一种更加"深厚"的共同体认同，那么它就会始终停留在哲学乌托邦的阶段而难以实现。在贝克和利维看来，如果想要形成新的"深厚的世界主义认同"，则需要结合了民族国家自我利益和世界主义反思意识的"基于利益的世界主义"：

> 为了所有人的生存利益成为每个个体的自我利益……世界主义不是利他主义或者理想主义，而是现实主义，更确切地说，是……利己主义。[②]

将陌生的、分隔的甚至对立的个体和国家联合起来的力量，源自人类对于各类全球风险的集体厌恶和恐惧。这种全球风险的威胁越大、被感知的程度越高，世界主义的"绑定"力量就越强大。不同于基于理想主义和利他主义的"情感-道德"世界主义（如"世界主义同情"），"深厚的世界主义认同"是基于现实主义和利己主义的：全球风险产生的一系列因果链条导致国家之间的利益相互结合，而只有这样，跨越边界的"为了所有人的生存"的责任感才能与国家和个人最基本的利益形成连接。一种可以与民族国家认同

---

① U. Beck, & D. Levy, "Cosmopolitanized Nations: Re-imagining Collectivity in World Risk Society," *Theory, Culture and Society*, 2013, 30 (2): 3-31.

② U. Beck, "Cosmopolitanism as Imagined Communities of Global Risk," *American Behavioral Scientist*, 2011, 55 (10): 1354-1356.

相比的"深厚的世界主义认同"只有在人们广泛意识到人类将共同面临一个
世界风险社会时才可能实现。这时,人们就不只是"重视"和"同情"遥远
的"他者",而是要与他们携手面临世界风险社会的共同命运:

> 我们再也不能把他们看作可怜的陌生人,请求我们富有同情心并
> 施善,相反,我们现在必须将他们看作共同目标的合作者:在生存的
> 利益面前,"我们"和"他们"捆绑在一起,一同面对掌控全球风险
> 的挑战。①

不难看出,在世界风险社会的语境中,这种"深厚的世界主义认同"
实质就是前面第二部分提到的"风险的世界主义倾向"。如果我们深入研
读贝克的相关论著就会发现,"风险的世界主义倾向"超越了"情感－道
德"世界主义的内容,进一步延伸至"理性－认知"层面的"反思的世界
主义"(reflexive cosmopolitanism)。所谓"反思的世界主义"在贝克的论
著中至少包括两方面的意思。②

其一,人们通过社会科学研究和大众媒体传播的全球图景等途径逐渐
清醒地认识到,世界已经变成了一个密集的全球化网络,其中的相互联
系、相互影响、相互依靠日益增多,每个国家或者个体的行为都会影响到
其他的国家或者个体,反之亦然。

其二,在上述条件下,人们能够通过自我审视和自我反思与世界风险社
会中的"他者"形成一种平等的反思式关系,其具体形式可能表现为"在日
常生活中进行对话式的想象","以相对主义的观点将自己的生活置于其他可
能的形式之中",并从"文化他者的视角来看待自己",等等。③

显然,贝克理解和定义世界主义的方式迥异于世界主义媒介研究所看重
的"情感－道德"世界主义。这一不同也导致两者在"媒体如何促进形成人
们的世界主义观念"的问题上产生了明显的分歧。如前所述,从"情感－道

---

① U. Beck, "Cosmopolitanism as Imagined Communities of Global Risk," *American Behavioral Scientist*, 2011, 55 (10): 1357.

② U. Beck, *The Cosmopolitan Vision* (Cambridge: Polity Press, 2006).

③ U. Beck, *The Cosmopolitan Vision* (Cambridge: Polity Press, 2006).

德"世界主义视角考察"媒介化的远方苦难"的世界主义媒介研究大都聚焦于媒体所建构的"他者"的意义及其在多大程度上调动起观众的同情和共鸣。而包含在这些研究中且并未言明的假设是：首先，媒体再现的形式和质量（媒体内容以及叙事、风格、技巧等）是世界主义同情形成的关键因素之一；其次，媒体之所以能够使观众对他人产生世界主义情感道德，是因为观众对媒体内容的关注和积极卷入（involvement）。然而，这种假设或许本身就是有问题的。很多时候，重要的并非媒介对"他者苦难"的呈现方式，而是这种频繁的、无处不在的、习惯性的媒介呈现本身和人们对于这种媒介呈的日常观看/消费行为，这构成了媒介化的世界主义认同形成的关键。媒体不只是一种"再现"（representation）的设备，也是一种生产和维系关联（connectivity）的方式①。人们没有以积极的方式关注和卷入"媒介化的远方苦难"，并不代表他们失去了与外界和"他者"的关联。换言之，观众并非只能通过在情感和道德上积极地卷入"媒介化的远方苦难"激发出世界主义认同。即便他们只在"媒介化的远方苦难"上投入了较少的关注和精力，但只要媒体可以长期持续关注不同地区的"远方苦难"并且人们能够习惯性地接触那些指向外部世界的"媒介化的远方苦难"，观众也会与"远方他者"形成媒介化的跨国认同感。因此，贝克认为今后的世界主义媒介研究应当考虑将关注点从媒体建构"远方苦难"的形式和质量转移到"媒介化的远方苦难"与观众形成的持续关联上："最终，世界主义认同在政治和文化上的重要性取决于风险是如何被媒介化的，以及风险如何成为一种习惯性的媒介消费实践。"② 这就将以往的世界主义媒介经验研究从"媒体再现"的问题引向了"媒体使用"和"媒体解读"的问题，从而将这类研究的关注点从媒介文本转向了媒体受众。

结合前面第二部分的梳理结果我们能够清晰地看到，贝克没有止步于对现有世界主义媒介研究的批判，而是在此基础上进一步为这类研究指出了一条新的分析路径：探索人们如何通过习惯性地接触"媒介化全球风险"而形

---

① P. Frosh, "Phatic Morality: Television and Proper Distance," *International Journal of Cultural Studies*, 2011, 14 (4): 383–400.
② U. Beck, & D. Levy, "Cosmopolitanized Nations: Re-imagining Collectivity in World Risk Society," *Theory, Culture and Society*, 2013, 30 (2): 3–31.

成一种不同于利他主义道德的"深厚的世界主义认同"——"风险的世界主义倾向"。鉴于第二部分其实已经对这一分析路径进行了较为详细的说明，这里不再展开。概括而言，本文认为当前的世界主义媒介研究若想进一步开拓经验探索的空间，或许需要借鉴贝克的相关思考，将开展研究的具体媒体语境从已被讨论颇多的"媒介化的远方苦难"转移至亟待学界关注的"媒介化全球风险"，并将研究的重心从"情感 - 道德"层面的世界主义拓展至包含了"反思的世界主义"的"风险的世界主义倾向"。

四　国际传播和跨文化传播的指导原则创新：从"非此即彼"到"亦此亦彼"

国际传播和跨文化传播要面对的根本问题之一，是如何在一个无法避免与"他者"共存的世界里，处理与"他者"的关系。所谓"他者"，就是与"我们"存有各种差异的人。关于怎样对待"差异"，历史上有很多种主张。比如世界主义的两大传统——道德世界主义和政治世界主义，就体现了一种轻视甚至否定差异（即地方特殊性）的普遍主义，进而在普遍性与特殊性、全球与地方以及世界主义与民族主义之间进行了对立互斥式的划分。这种对立互斥的逻辑——要么是 A 要么是 B，是一种不存在相互尊重、相互交融、相互包容以及"共存"可能的思维方式，被贝克称为"非此即彼"（either/or）的原则。① 这种"非此即彼"或者说"排斥的逻辑"不仅体现在预设了强势普遍主义的道德世界主义和政治世界主义上，也体现在各类主张特殊主义的观点之中：比如相对主义（relativism）、民族主义（nationalism）、种族主义（ethnicism）和多元文化论（multiculturalism）。② "非此即彼"的问题并不在于对差异各方进行区分和划界，而在于用一种等级式的、静态的、对立互斥的观点来看待差异双方的关系：从根本来说，它是排斥差异的。在这一原则的主导下，差异双方的关系是竞争的、

---

① U. Beck, "The Cosmopolitan Society and Its Enemies," *Theory, Culture and Society*, 2002, 19 (1 - 2): 17 - 44.

② 详见 U. Beck, *The Cosmopolitan Vision* (Cambridge: Polity Press, 2006)。

对峙的甚至冲突的，这正体现了当今以民族主义为基础的国家间关系。

与此相对照，贝克的世界主义则试图超越以往普遍主义和特殊主义所秉持的"非此即彼"逻辑，而遵循"亦此亦彼"（both/and）的原则。① 在处理差异的问题上，贝克的世界主义用一种平等的、动态的、相互包容的观点来看待差异双方的关系：它是包容差异的，它包容"他者"的他者性（the otherness of the other）。"他者"既是与我们不同的，又是与我们相同的，但无论如何"他者"之于我们都是平等的存在。在此，差异得到充分的承认与尊重，但又不一味强调和夸大这种差异，也不强迫差异的各方屈从于某个相同的标准。在这一点上，贝克的世界主义与英国社会学家德兰迪（Gerard Delanty）的"批判的世界主义"有异曲同工之妙：② 它们不以本质主义的观点静态地看待文化，而是认为不同文化之间应当进行自反性的相互联系，在相互交换的过程中各自经历变化。在这一过程中，多样性既没有因为混合而消融，也没有造成多极化。同时，尽管多样性被保留，但在不同的元素中也存在某种程度的统一，而且没有任何一种文化能占据主导。这种世界主义的根本逻辑是"共存"，其结果并非某种单一文化的出现，而是通过文化间互动所产生的各自变化最终达成"多样中的统一"（unity in diversity）。因此，这种兼顾了普遍主义与特殊主义的世界主义既不同于文化同化（cultural assimilation）的观点（比如"麦当劳化"③），也不同于文化多极化的观点（极端形式如"文明冲突论"④）。

这种处理差异的"亦此亦彼"原则不仅能够指导从事国际传播和跨文化传播实践的"社会行动者"，也对"社会科学研究者"理解、分析国际传播和跨文化传播现象提供了启发。"亦此亦彼"作为一种指导经验研究的理论方法，在前文提及的"方法论的世界主义"中得到了充分的体现：

---

① 详见 U. Beck, *The Cosmopolitan Vision*（Cambridge：Polity Press，2006）。

② G. Delanty, "Introduction：The Emerging Field of Cosmopolitanism Studies," in Gerard Delanty, eds., *Routledge Handbook of Cosmopolitanism Studies*（New York，NY：Routledge，2012），pp. 1 – 8.

③ 〔美〕乔治·瑞泽尔：《汉堡统治世界?! ——社会的麦当劳化》，姚伟等译，中国人民大学出版社，2014。

④ 〔美〕塞缪尔·亨廷顿：《文明的冲突与世界秩序的重建》（修订版），周琪等译，新华出版社，2010。

方法论的世界主义拒绝非此即彼的原则，其集合了亦此亦彼的原则——如同"世界主义爱国者"一样，是两个世界的爱国者。"世界主义逻辑"指向以"包容的对立"方式思考和生活，拒绝"排斥的对立"逻辑，后者是第一次现代性"方法论的民族主义"的特征。[①]

贝克的世界主义并非否定民族国家认同，也并不试图消除民族主义，而是认为民族国家认同是世界主义认同得以形成的前提，是个体与世界主义认同之间的潜在中介。[②] 因此，在世界主义者身上体现出来的是一种"扎根的世界主义"（rooted cosmopolitanism）："没有地方偏见的世界主义是空洞的，没有世界主义的地方偏见是盲目的。"[③] 世界主义者应当"同时是两个世界的公民"——世界的（cosmos）和城邦的（polis）——重新回归"世界主义"（cosmopolis）一词的本源。实际上，"扎根的世界主义"指向的是多重身份认同的可能性：一个人的身份认同总是既镶嵌在某个特殊的群体之内，又同时能够在某个更大的群体内找到归属。

这提醒国际传播和跨文化传播研究者，对于跨国社会现象和跨国群体的分析和理解不能只局限在"国家"或者"地方"的范围内，而需要同时在"全球"和"国家"／"地方"两个层面进行。在考察跨文化群体的身份认同时，研究者需要注意这样的事实：一个人可以既热爱他的祖国，也具有一定程度的世界主义认同。民族主义与世界主义并非互相排斥的二分

---

① U. Beck, "The Cosmopolitan Society and Its Enemies," *Theory, Culture and Society*, 2002, 19 (1-2): 19.

② 值得说明的是，贝克对于"方法论的民族主义"的批评揭示的是人们在思考方式和认知框架上的局限，这种局限使人们不能把握正在发生的、不以人们意志为转移的"世界主义化"进程。这种认识论方面的批评不应与"民族国家终结论"相混淆，"方法论的世界主义"指出的是民族国家内部社会结构的转变：民族国家不再是组织政治和社会行动的唯一结构性原则，因而民族国家也不应再是社会科学进行分析和观察的唯一基本单位或参照点。在现实层面，贝克的世界主义并不否定民族国家（认同）以及民族主义存在的合理性，而是试图对民族主义或者"国家观念"中的局限进行反思和超越，倡导将世界主义放在民族国家的语境中进行观察和理解，从而整合世界主义和民族主义两者之间的关系。

③ U. Beck, *The Cosmopolitan Vision* (Cambridge: Polity Press, 2006), p. 7.

概念，而是相互纠缠甚至彼此重塑的关系。进一步来说，对于前文提及的"媒介化的世界主义"的经验考察必须置于特定的语境（context）之中，因为不同地区的世界主义观念及其具体表现形式可能都是不同的。那种认为全球媒体会以与国家媒体制造民族国家认同相同的方式来建构世界主义共同体的观点过于简单化：

> 媒体不只是科技或者媒体话语，它们也引发实践，其中最重要的是媒体内容制作者的实践和其观众的实践。这些实践都深深嵌入具体的社会、文化、历史和经济背景中……媒介化的世界主义作为一种社会想象力扩张的中介，超越了地方和国家，它依赖于这些实践、技术和话语，不能想当然地认为媒介化的世界主义的基础就是媒介文化产品在全球的散播。①

有研究者借鉴贝克的世界主义理论，从经验层面验证了世界主义认同和民族国家认同之间错综复杂的关系，发现世界主义认同的增强并不一定带来民族国家认同的减弱。"国家"事实上成为一个认识世界的窗口或者阐释框架，人们只有通过"国家"的认识框架，才能搞清楚全球事件的意义，因此是"国家"参与了世界主义认同的形塑：

> 首先，媒介图像和全球新闻在到达观众之前，已经通过国家广播机构"重新语境化"（re-contextualised）了，因而观众常常预设了一个国家的框架；其次，媒介产品、图像和观点也被本地的观众消费，这些观众在消费和阐释媒体内容的时候会采用早已存在的地方、国家和文化资源来进行意义建构。②

---

① M. Kyriakidou, "Imagining Ourselves beyond the Nation? Exploring Cosmopolitanism in Relation to Media Coverage of Distant Suffering," *Studies in Ethnicity and Nationalism*, 2009, 9 (3): 485 – 486.

② M. Kyriakidou, "Imagining Ourselves beyond the Nation? Exploring Cosmopolitanism in Relation to Media Coverage of Distant Suffering," *Studies in Ethnicity and Nationalism*, 2009, 9 (3): 485 – 486.

既然世界主义观念一般是通过"国家"形成的，那么它是一种"本地化的世界主义观念"（vernacularized cosmopolitan outlooks）。① 如果"媒介化的世界主义"是"本地化"的，那么只有具体考察某一地域/文化背景下的媒体及其受众，才是真正有意义的研究。只有比较不同地区/文化的世界主义观念及其经由媒介而形成的具体过程，才能较为清楚地看到"本地化的世界主义观念"如何与当地的民族国家认同互相纠缠、彼此重塑。

结　语

人类社会进入新时代面临的突出问题之一，就是如何深刻理解、把握各类层出不穷的全球风险及其后果，以及如何在此基础上有效应对它们对国际社会提出的挑战。这不仅是各国政府机构、跨国企业和非政府组织等"社会行动者"所要考虑的现实问题，更是作为"社会研究者"的知识界应当积极参与思考和讨论的学术问题。特别是在信息传播基础结构和信息传播生态环境日新月异的今天，新闻传播学界理应对上述问题做出自己独特的贡献。然而据笔者观察，至少在国际传播和跨文化传播领域，真正能用新的研究视角来思考"全球风险"这类新问题的学术论著，仍然为数寥寥。

面对"全球风险"这种超越了时空区隔、打破了自然/社会界限的新型问题，学界只有用新的概念工具来"武装"自己才能有效对其展开分析并提出可行的解决方案。人类社会正在发生一系列不以人们意志为转移的变化，我们不能无视和躲避这种"世界主义化"的现实，继续蜷缩在封闭自足的民族国家视域内维系传统的惯性思维。无论从事国际传播和跨文化传播实践的"社会行动者"，还是考察国际传播和跨文化传播现象的"社会研究者"，现在都必须正视"世界主义化"的现实，从民族国家视域或者"方法论的民族主义"的窠臼中解放出来，开始采纳世界主义的思维方式或者"方法论的世界主义"。实际上，贝克的世界主义理论并非特立独

---

① U. Beck, & D. Levy, "Cosmopolitanized Nations: Re - imagining Collectivity in World Risk Society," *Theory, Culture and Society*, 2013, 30 (2): 3 - 31.

行，而是呼应了 21 世纪以来在人文社科领域兴起的"世界主义转向"（cosmopolitan turn）。但遗憾的是，国内的新闻传播研究对此的认识和关注程度仍然不高。

著名传播学者李金铨曾指出，新闻传播学研究已经出现了典型的"内卷化"（involution）趋势：学界的眼光不仅"向内看"，还特别"眷顾"本学科那一亩三分地。① 具体表现就是，学者只是在一个小题目上追求技术的精细，自筑围墙、拒绝与外界往来。传播学研究引用其他学科的文献越来越少，引用传播学本领域的文献越来越多② ——这种"从传播看传播"的研究现状说明了学科理论资源的匮乏，"闭门造车"的学术研究逐渐与现实生活中各类政治、经济、文化、社会背景相脱节。长此以往，新闻传播学界不仅会失去更大的社会关怀，更会阻碍思想的创新，导致学科地位进一步边缘化。若想扭转这一"内卷化"趋势，当前的新闻传播研究必须"向外看"：一方面要对现实情形提出的诸种"大问题"有所回应，另一方面也要敢于超越学科框架，"以问题为中心"不断汲取其他学科的养分。对于国际传播和跨文化传播的学术研究来说，这种反思也是大体成立的。作为传播学的分支领域，国际传播和跨文化传播只有关注整个社会科学界正在发生的种种变化，才能在研究上有所创新。整体来看，贝克的世界主义理论不仅为国际传播和跨文化传播研究提供了新的理论视角、开拓了新的研究空间，也在实践层面指导各种"社会行动者"在与"他者"共存的世界中更好地处理"差异"。因此，希望本文能够抛砖引玉，吸引更多的学界同仁共同关注新时代的各类全球风险问题，从理论层面重视能对思考全球风险问题形成启发的"世界主义转向"，进而为扭转新闻传播研究的"内卷化"趋势尽微薄之力。

---

① 李金铨：《传播纵横：历史脉络与全球视野》，社会科学文献出版社，2019，第 92 ~ 93 页。

② C. Y. K. So, "Citation Patterns of Core Communication Journals: An Assessment of the Developmental Status of Communication," *Human Communication Research*, 1988, 15 (2): 236 - 255.

国际传播语境下中国当代体育电影艺术研究

张　帅[*]

摘　要：在世界范围内文化与传播不断交融的时代语境下，中国体育电影的国际传播显示出迫切需要。当前，中国体育电影面临着内外部的双重制约，内部受制于狭隘的创作者与艺术文本，外部则局限于传统的体育观与艺术环境。有鉴于此，体育电影可从主题联系人生、情节走向多样、人事立足真实等方面寻求艺术内容的创新；于艺术形式的突破而言，则可结合民族与世界元素，融合奇观与日常生活，在手法上既敢于致敬亦勇于创造，在视听语言上以最新科技表现人类基本情感；在生产、流通与评论三个环节中实现不同程度的平台聚合；在艺术效果上，具体可从入耳入眼、入脑入心和入志入神三个层级对影片予以价值判断。

关键词：国际传播　体育电影　影视传播

一　理解概念与提出问题：体育电影与国际传播

作为人类身体运动的直接现实，体育以自身特性赋予电影饱含艺术感知与生命激情的故事材料。在讲述中国故事、传播大国形象的对外传播格局下，体育电影既要满足国内民众的消费需求，又应使部分作品具备国际基因。前者对应于美国当代电影理论家大卫·波德维尔所说的"国家电

---

[*]　张帅，北京外国语大学国际新闻与传播学院博士研究生，研究方向为国际传播。

影"概念,① 传播范围主要局限于本国内部;后者则具有较为开阔的国际
视野,以更加普遍与广泛、更能消解文化隔阂与观赏门槛的人类基本心理
为旨趣。本文从国际传播角度出发,重点针对后者进行言说。值得提醒的
是,体育电影的制作与传播者无须笼统地将全部作品定位于国际市场,毕
竟仅面向国内放映的作品亦有其存在意义。在明晰体育电影的国际传播这
一命题之前,不妨先行探讨何谓真正意义上的体育电影与国际传播。

(一)探究"体育电影"内涵

严格来说,以体育为类型与以体育为题材的电影在定义上并不完全一
致,前者应当具备阶段性、模式化且可复制的特征,是旨在反映以"超
越、奋斗、使人类更勇敢"② 或"公平竞争、运动家风度、团队精神"③
等体育精神为文化内核的影片;后者则显得相对宽泛,叙事主体虽以体育
赛事作为参照,但爱情、校园、喜剧等其他元素也不时介入,甚或可能反
客为主,致使其中心思想未必与体育本身的人文价值密切关联。如《百万
美元宝贝》虽以拳击比赛为剧情的主要推动力,事实上重在探讨安乐死、
恋情伦理、人生意义等议题,它"关注的似乎不是运动以及所谓运动员精
神意志的养成"④。如此,区分二者的方式便在于,将一部影片中有关体育
的内容若替换为音乐、美术、军事等其他类目,整体看来是否依然成立,
成则是体育题材电影,否则是体育类型电影,这样的分类是为了核验影片
中的体育元素是否具有不可代替性。

现实情况是,在中国的电影环境中,电影类型化之路"路漫漫其修远
兮",体育电影类型化更是困难重重;在中国的体育环境中,民众的体育
热情与能力较之欧美发达国家尚且有距离。因此,让电影仅仅表现体育是
难以为继的,单纯以类型化意识审视体育电影并不现实,而若仅以体育为
题材展开论述则又可能与体育精神相去甚远。因此本文意在破除这类二元
对立的好莱坞式分类依据,取二者之平衡状态开展论述,既以体育为矛盾

---

① J. Belton, "On the History of Film Style. David Bordwell," *Film Quarterly*, 1999, 52 (4): 55–57.
② J. Ruggia, *Olympic Ideals* (Travel Agent, 2000).
③ 费孝通:《美国与美国人》,三联书店,1985。
④ 饶曙光:《体育电影:借鉴与创新》,《艺术评论》2008 年第 8 期。

发展动力和人物成长环境，亦不排除其中含有的主角的家庭关系、社会交往等生活境遇；既允许其对恋爱哲学、人性认知等话题开展多维探讨，引导观众对时下社会境况产生思辨，亦要求其能在有限的播映时间里重点表达"英雄主义精神、公平竞争精神、团队精神"① 等体育特质与内涵。值得厘清的是，一些电影虽被冠以体育之名，却仅将体育作为事件发生的一个简要场景或前期宣传的一个噱头，情节主线与精神内核同体育统统漠不相关，这并不能被视为真正意义上的体育电影。

（二）溯源"国际传播"概念

再来看"国际传播"，国内外学者对其概念生成各有分说，尚无被普遍认同的一家之言。马克海姆认为："国际传播可以被认为是一个国家以上的个人群体或政府官员跨越被承认的地理性政治边界而进行的各种传播。"② 关世杰教授认为它是"主要通过大众传播媒体并以民族国家和国际组织为主体的跨越民族国家界限的国际信息传播过程"③；程曼丽教授强调国际传播"以大众传播中跨越国界的那一部分传播现象与活动作为研究重点"。④ 可以看出，国际传播的共同特点是传播主体来自不同的国家单位。本文之所以将"国际传播"而非"跨文化传播"作为核心概念，是为区别于跨种族传播、跨族群传播与跨群体传播这三类跨文化传播现象，而以国家作为划分单位或者传播边界，⑤ 以求言辞更为准确与周延。

（三）中国体育电影何以进行国际传播

从《无声的语言》开始，跨文化传播学的奠基人爱德华·霍尔便意识到非语言要素在国际传播中的力量。⑥ 显然，无论作为艺术的电影，还是

---

① 黄莉：《体育精神的文化内涵与价值建构》，《体育科学》2007 年第 6 期。
② John A. Lent：Teaching International Communication in the Era of Electronic Media and Rapid Technological Development，载《第一届上海传播学国际学术讨论会论文选编》，上海外语教育出版社，1987，第 91~92 页。
③ 关世杰：《国际传播学》，北京大学出版社，2004。
④ 程曼丽：《国际传播学教程》，北京大学出版社，2006。
⑤ 姜飞：《传播与文化》，中国传媒大学出版社，2011。
⑥ E. T. Hall, "Learning the Arabs' silent language," *Psychology today*, 1979：45–53.

作为文化的体育，都能在不知不觉中对人内心深处的感悟与知觉产生深远影响。具言之，体育电影之所以具备国际传播的无量潜质，是缘于其一，"体育是讲好中国故事、传播中国形象的最好载体"，① "以小球促大球"的佳话流传至今；其二，电影能在无形无相之中使本民族的文化气魄深入人心。北京师范大学黄会林教授创办的"看中国·外国青年影像计划"一度得到国家领导人认可。国家领导人在外访时，互赠的表达心意的礼物中常有影视碟片。好莱坞电影为人称道的精妙之处便是其在光怪陆离的技术外衣下，以视听语言的方式成功输出了美国梦的价值观，中国作为世界大国也理应让全世界通过电影了解中国体育、感受中国态度。如此说来，体育电影作为体育与电影的联姻，在应然层面上具有无可辩驳的探索价值。

然而，实然情况是，在我国逐步迈向体育强国与电影强国的形势下，体育电影尚未能迎头赶上。目前，中国的体育电影观众并未形成一定规模。这并非体育电影的魅力不足使然，在历届奥斯卡获奖名单中，有多部体育片赫然在列。对照之下，中国当代的体育电影不仅难以在国外崭露头角，在国内的各个电影节与各类观众心中亦是反响平平，这不能不说是一种缺憾。

以高低语境文化理论②来考察体育电影的国际传播，首先应当明确的是语境的归属范畴，即体育电影在传播之前是该倾向于信息意义较多隐含在人事关系中的高语境文化，还是该侧重于信息直接蕴含在语言中的低语境文化，这关乎电影选题走向的命脉。目前学界业界公认的是，中国以同质社会的传统基础而成为高语境文化的代表国家。不难判断，中国的国际传播面向的范围既应当有欧美国家这样以张扬个性为社会追求的西方国家，同时亦应考虑到日本、韩国等有着集体文化特质的国家市场。故而中国体育电影的传播应当在高低语境的错落中追求艺术意识上的平衡，但这并非所谓的"中语境"提法。"中语境"这样一个看似万能、实则中庸的词语无法将错综复杂的传播形势一言以蔽之。进而视之，在有高有低、或

① 《体育是讲好中国故事、传播中国形象的最好载体》，https://sports.sina.cn/rnnniny/2019-05-21/detail-ihvhiews3508717.d.html/2019-05/21/c_1124523082.htm，2019-05-21/2019-10-21，最后访问时间：2021年8月12日。
② E. T. Hall, "Learning the Arabs' silent language," *Psychology today*, 1979：45-53.

高或低的国际传播语境中，假若中国体育电影一味追逐全球化浪潮，而舍弃了中国土地上鲜活持久的生活方式与价值典范，势必有迎合谄媚之嫌，事实上也未必能收到良好反馈；反之，在世界越发成为命运共同体的趋势下，电影一味地独善其身也难免故步自封。唯有将更加开放与包容的国际化思维特征与行为举止灌注其中，中国体育电影才有可能实现创造性转化与创新性发展。简而言之，中国体育电影应在对标国际的情况下，保证中国特色。

在当代中国与世界研究院发布的 2018 年《中国国家形象全球调查报告》中，中国媒体海外传播的障碍中仍有"不善于讲故事，内容不吸引人"① 这一对外传播初级阶段里便悬而未决的问题。自然，中国体育电影的形式与内容需要进一步升级与匹配，而国际传播中的平台与效果也是亟待我们关注的因素。有鉴于此，本研究试图在对标国际的宏观理念下，观照与分析当下中国体育电影何以可能并如何进行艺术的生成与扩散。它的聚焦主体是如今的中国体育电影，参照语境是变动不居的国家间信息流动，探求对象在于体育电影作为艺术的形式与内容、通道与效果，努力目标则是彰显体育精神与电影艺术，乃至服务于人类文化共同体建设。

二　双重制约：国际传播语境下中国当代
体育电影的艺术困境分析

（一）内部因素：创作者与艺术文本

电影是团队工作的综合产物，广义的电影创作者包括如策划人、制片人、编剧、导演、演员、摄影师、美术师、化妆师、造型师、视效总监、配音员、后期制作人员等。此处以演员和导演为例，点明体育电影所遭遇的艺术难题。演员在饰演某个运动员角色前，往往要接受高强度的周期训练。例如印度影星阿米尔·汗为了贴合《摔跤吧！爸爸》中摔跤手马哈维

---

① 对外传播：《中国国家形象全球调查报告 2018》，https://mp. weixin. qq. com/s/EdhH5ACYJwjy8vcj8Tu－tw，2019－10－18，最后访问时间：2021 年 9 月 1 日。

亚在不同年龄阶段下的人物特点，先增肥 28 公斤，演绎了 55 岁的中老年戏份，又用 5 个月减去 25 公斤，出演 29 岁的身体状态。事实上，这种体能磨砺只是考验演员的冰山一角，还有许多具体项目的重复训练更让常人难以忍受。再者，由于中国电影的多数演员前期不具备相关赛事的专业功底，故而在被放大了的银幕上，其呈现动作难以尽善尽美，不免有细节被体育界人士评论为缺乏专业性。因此，一般演员出演体育电影往往会落入吃力不讨好的尴尬境地。或许正是这般心理使然，演员们并不主动投入体育电影中。导演面临的境遇也大抵类似，体育电影首先触及特定的观众，即对于片中某项运动有着特别爱好的群体，他们虽不见得都是业内专家，但大多具备对于该项运动的基本鉴赏能力，故而对于电影中的项目展示有一定审美要求。此外，导演还需平衡体育本身的"真实性"与艺术效果的"演绎性"，既要追求高还原度的动作场景，又能体现戏剧冲突和视听效果。最后，中国的体育电影经营环境并不成熟，为一部体育电影找到高投资目前尚是难事，① 导演的热情与创作愿望很难被有效激发，这使得体育电影的艺术产业化之路举步维艰。

此外，中国体育电影的一大困境是艺术文本的缺陷，即相关文学著作的缺失。中国名著浩如烟海，关于体育的却并不多见。目前中国体育电影反映在剧作上的问题是说教意识强烈，思维模式一般停留在"主人公经受挫折，通过顽强拼搏最终成功"的旧式套路上，体育精神缺乏多样化阐述，人物心理历程更未被深度描摹。再以霍夫斯塔德的文化变异性理论② 来看，影片集体主义色彩较为浓厚，主人公参与体育竞赛的动机包括为国争光、承载家庭希望，个体的存在价值较少；权利距离较大，主角对上司（教练、家长等）有强烈的依附性，上司往往扮演着人生导师的角色，主角自我意识的觉醒被有意无意忽略；对不确定性的强/弱回避程度、男性价值

---

① 《票房 10 亿的〈攀登者〉口碑分化，中国电影为何》，https://sports. qq. com/a/20191017/008633. htm，2019 - 10 - 19，最后访问时间：2021 年 8 月 10 日。

② M. Schwarzenthal, & T. L. Milfont, "Suicide and Culture: Exploring Country - Level Relations between Suicide Rates and Dimensions of Cultural Variability," in C. Roland - Lévy, P. Denoux, B. Voyer, et. al., eds., *Unity, diversity and culture: Research and Scholarship Selected from the 22nd Congress of the International Association for Cross - Cultural Psychology* (2016).

观等均有所体现，由此可见，霍夫斯塔德的文化维度说不仅为描述中国的社会现象提供标尺，在中国体育电影的艺术文本中亦产生了对应情形。

（二）外部因素：体育观与艺术环境

中国体育电影无法与国际观众审美完全对接，还体现在国人有关体育赛事尚待进步的成败观念上，这受制于艺术生产的外部环境。以往，"冠军为王"的制作与观赏倾向始终深深地刻印在体育电影当中，似乎比赛结果必须是赢，也只有冠军才意味着胜利，亚军和季军通通会被遗忘，超越自我的人格蜕变不如一枚金牌受人认可。不得不说，成王败寇、唯金牌论的体育心态严重束缚着体育电影的艺术生产。

三　内容为王：国际传播语境下中国当代体育电影的艺术内容创新

史达洛斯特和陈国明提出的全球倾听模式表明，尽管不同的文化有着不同的背景，但他们之间依然存在互相认同和理解的空间。[①] 为了尽可能探寻与深入这互为交织的中间地带，中国体育电影理应在内容生产上寻求与其他国家观众的心灵共鸣。

（一）主题联系人生

如前所述，体育精神的时代内涵不仅是励志与输赢，电影尽可以"以体载道""以体育人"，在其中隐含丰富的内涵遐想与人生意蕴，从而体现生命在于运动又不止于运动的开阔视野。"体育电影作为一种特殊的电影类型，需要累积的是深层的人文精神，以及主流意识形态、主流社会愿望等种种元素和情感的交叉表达。"[②] 一个正面案例是，电影《破门》以四川绵阳安州区迎新乡小学的足球队为原型，讲述了足球如何使其在灾后走出

---

① 曲冬梅：《美国华文报纸社区新闻跨文化传播模式探析——以纽约〈侨报〉为例》，硕士学位论文，中国青年政治学院，2016。
② 饶曙光：《体育电影：借鉴与创新》，《艺术评论》2008 年第 8 期。

阴霾，共度新的生活。如此说来，《破门》中的"门"不仅是赛事中的足球之门，亦是孩童心中的勇气之门。值得提醒的是，体育电影固然要有主观立场与教育意识，却不可在台词中太过直白地开展说教，而应通过视听语言以润物细无声般的软性方式对之加以修辞，这涉及电影之于形式的场面调度，将在后文道来。

（二）情节走向多样

从开端、高潮、结尾的三幕式到导引、上升、转折、下降、否认的五要素，[1] 电影发展出一套屡试不爽的叙事套路，成熟却又常规。体育其实为电影在情节叙事上提供了情节多样化的可能。因为竞技比赛的高潮或许不在结尾，而在中间；或许不止一次，而是高潮迭起。[2] 在突破以往思维与观念的前提下，体育电影的情节走向理应由单一的结果性评价转向多维度的过程性评价。如常所见，中国的体育电影常常陷入一种类似的情节模式，即家人突然重病，原本大有可为的运动员瞬时意气消沉，想要退出准备许久的重量级赛事，后在家人关怀与教练指导下，又鼓起勇气参加比赛并最终取得优异成绩。诸如此类的同质化叙事不仅使故事元素较为单一，还严重窄化了体育电影的时代内涵。新时代的体育电影应当善于从生活中的不同侧面对体育精神进行多角度的情节阐述，对人物命运进行深度描摹，对人性进行深入挖掘，从而将体育的冲击力与电影的感染力合二为一，达至情节多样化的理想境界。

（三）人事立足真实

真实是艺术创作的支点，同样也是体育赛事的原则。体育电影与其他电影不同之处的关键在于，它往往在以真实人物或事件作为原型时更能集聚观众，这既是缘于真人真事的历史知名度所赋予的宣传效应，也的确是观众对于体育这一题材的天然期望——人们对于弄虚作假的体育成分总在心理上不予认同。此处将人事立足真实进行分解，首先是真人，可以世界

---

[1]　Ed. Sikov, *Film Studies*：*An Introduction*（Columbia University Press，2010）.

[2]　Seán Crosson, *Sport and Film*（Sport and film. Routledge，2013）.

级运动员为主，这能进一步确立演员原型在国际观众心目中的影响力。名人、明星的传播效应是迄今为止欧美舞台演出风靡全球的制胜法宝。中华文化"走出去"应注重品牌的作用，精心培育自己的国际名人与世界明星。① 这里涉及影片选角时，表演技能与体育技能孰轻孰重的问题，即让演员来学体育，还是让运动员来做表演。事实上这很难一概而论，导演陈可辛在《夺冠》中选定巩俐饰演郎平，在《李娜》中选择新人饰演李娜，而在一则提前预热的广告短片中却让李娜本人出演，其他电影在这方面的行事方式各有不同。具体是让运动员本人学习表演基础后加入，还是让演员在训练体育专业后出演，应该因人、因电影要求而异，只要最终人物与角色贴合即可。其次是真事，体育电影不妨聚焦具有全球影响力的事件，例如俄罗斯电影《绝杀慕尼黑》讲述了在 1972 年慕尼黑奥运会篮球锦标赛的决赛中，苏联篮球队打败了保持 36 年全胜纪录的美国队的故事，再如马来西亚电影《李宗伟：败者为王》聚焦 2006 年马来西亚公开赛决赛，在李宗伟与林丹多达 40 次的对抗中，这是李宗伟赢得最具戏剧性的一场，被人称为"21 世纪的逆转案例"：在世界级赛事舞台上，决胜盘显示 13：20 的情况下，李宗伟连得 7 分，最终逆转取胜。

四　形式是金：国际传播语境下中国当代体育电影的艺术形式突破

（一）元素：民族与世界结合

"我们既不可过分强调其全球化的因素，也不应一味偏向本土的情绪，我们可以采取一种'全球本土化'的艺术形式。"② 所谓全球与本土的结合，表现在体育电影中便是民族与世界元素的相映成趣。例如 2001 年上映的《少林足球》，尽管该片因其间不无后现代主义的戏谑而招致争议，但不可否认的是，该片别出心裁地将独属于中华民族的少林功夫

---

① 徐馨：《传统艺术如何跨文化传播》，《人民日报》2015 年 6 月 25 日，第 24 版。
② 天海翔主编《中国文化产业》，中央编译出版社，2006。

与全人类皆知的足球运动珠联璧合。资料显示，这一影片当时的国内票房约 6000 万港币，并不甚可观，但在邻国日本一经上映便宾朋满座，最后收获了约 1.6 亿港币。① 由此可见，尽管民族化元素不一定能被国内持续关注，毕竟国人已然对此太过熟悉，它却有可能受到海外观众的欢迎，因为这对于他们是一种新鲜体验。试想，若能将中国的书法、茶道、刺绣、山水画等民族元素恰切运用在体育电影的运动项目中，也应当别有意境。

（二）场景：奇观与生活相融

当代电影应当采用与国际接轨的视听语言来保证其艺术水准，奇观化便是一条可行之路。对于体育而言，奇观化是其引人入胜的基本特性，"体育总是能够跳出所谓'官方'局限的束缚，为受众带来日常生活之外释放的意外"；② 对于电影而言，奇观化也决然符合大多数人的观影心理。奇观化体现在生活所不能为之处，例如将赛事剪切中的快节奏与精彩细节的慢动作结合，将观众壮观的声势与主角一个人的内心世界映照，皆是奇观表征。而若仅有奇观，观众也不会全然满意，毕竟那还比不上电视的赛事直播。此处分析一下体育电影与体育电视的一处异同：体育电影的结果已被提前设定，电视直播则不然，其悬念充分调动了受众心理的共在感与历时性，一如海德格尔所讲的"Being in the world"。③ 但也正因为如此，电视直播无法像电影那样被人为设置情节起伏与主题立意，这是体育电影魅力之所在。只有在奇观中融入精妙的生活感悟，体育电影才不至于在体育电视面前相形见绌。奇观化的表象实际上反映的却是人类文化共性的东西，如情感与理智的冲突，欲望与法则的冲突，入世与出世、人格的分裂等，④ 这是体育电影可以前期设置的立意取向。

---

① 《总是外国电影来国内吸金？其实这些国产电影在国外赚疯了！》，http://m. Sohu. com/a/308706954_120049657/？sec = wd，最后访问时间：2021 年 8 月 14 日。
② 魏伟：《近现代西方思想家的体育观》，中国社会科学出版社，2017，第 345 页。
③ R. E. Wood, "Heidegger on the Way to Language," *Semiotics*, 1984：611 - 620.
④ 夏海滨：《遭逢后现代文化的现代性尴尬——视觉文化背景下华语大片的处境》，《艺术百家》2009 年第 S2 期。

（三）手法：致敬与新生并在

在中国当代的体育电影中，有一类特别形式可被广泛应用，即"致敬"。"致敬"的做法发源于法国新浪潮时代的青年导演们，他们在自己的影片中刻意模仿或提到电影史上经典的影片或导演，从而表达自己对于这些影片或制作者的敬意。[①] 置换到体育电影中，其显著特征就是在高潮、末尾或其他关键时刻穿插表现赛事的原始录像，用以向主角原型表示敬意。例如《我，花样女王》的表现对象是美国花样滑冰史上第一个完成三周半跳跃的选手坦雅·哈丁，影片在最后时刻将她三周半跳跃的高难度比赛画面重现荧屏，令人备受感染。除了致敬外，该片还做了大量的事后采访，让演员坐在镜头面前回忆往事，这和原本的故事线时空交错，共同构成了影片的双主体结构。这样类似于纪录片的片段采撷，不仅加深了体育电影的真实性，也将片中人物的所思所想展露无遗，使观众游走在真实与虚拟之间而得到别样感悟。中国体育电影可适时利用致敬元素进行形式创新，既充分展示对所关注的体育明星与赛事的敬意，又创作出属于自我的新意，留给后来影人品味与评鉴。

（四）视听：科技与情感共进

如果说传统意义上的体育电影能够让体育迷们在荧屏之外，感受到亲身为一场赛事摇旗呐喊的激情与活力，那么如今的体育电影则可在科技助力下，实现更进一步的"身体在场"。例如将具备沉浸式特性的 VR 技术应用在体育电影中，"身体感觉和热情都完全投入比赛和体育场的环境中，这是在日常生活工作环境中无法体验到的"。[②] VR 技术直接破除了传统屏幕的概念，打破了分隔体育场内外的那道围栏。从这点来讲，看电影比看现场更令人兴奋，因为观众可在头戴装备的辅助下置身于赛场之中，而非只能在外围观助兴。对于一部电影来说，仅呈现赛事本身无法全然显示艺

---

① 聂欣如：《在娱乐和认知之间——以三部世博纪录片为例》，《新闻大学》2012 年第 4 期，第 35 ~ 40 页。
② 魏伟：《近现代西方思想家的体育观》，中国社会科学出版社，2017，第 346 页。

术作者的创造力和容纳度，还应当将体育诉诸情感的力量，使得观众的知性和感性充分参与到故事主人公的体验当中。"顺利地让自己的想象由他人指引，就能做到在想象中参与那个人的经历"，这种意识与想象的变化被称为"移情"。[①] 这需要体育电影有意识地超越本土的心理文化，摆脱自身原有文化的传统眼光，而以普遍性的情感作为铺垫，通过合乎逻辑的叙述，借助 AR、VR、MR 等新兴科技的力量，引导对象自觉地参与到电影当中，在参与中欣赏，在欣赏中对话，从而达到一种平等、如实、真切的感受境界。

五　平台再造：国际传播语境下中国当代 体育电影的艺术平台聚合

在跨文化传播学家巴尼特和金启德看来，两个或两个以上的个体或群体分享信息，以达到互相之间对所生活之世界的理解的过程叫作"文化聚合"。[②] 在体育电影生产、流通与评论三个环节的相应艺术平台中，都应实现不同程度的文化聚合，以探索共享意义上的国际传播。

（一）生产：中方与外方聚合

在中国电影的生产流程中，合拍片案例已然渐次出现。如由贾樟柯监制的金砖国家首部合作影片《时间去哪儿了》，来自中国、俄罗斯、印度、巴西和南非的五位导演，分别以"时间去哪儿了"为主题拍摄一部电影短片，而后进行联合展播。这般各自为导的作品集锦并未涉及联合摄制的问题，因而在较大程度上避免了生产制作时出现文化冲突的可能。对于中国体育电影而言，合拍制片尚是亟待开发之地，目前较有影响力的作品几近于无。电影《大明猩》虽有中国演员徐娇参演，但剧本来源于韩国漫画家许英万的《第七个球队》，导演金容华和制作班底亦是韩国人。这表现出

---

① M. J. E. Bennett, "Basic Concepts of Intercultural Communication: Selected Readings," *Communication Skills*, 1998: 279.

② 王丰：《孔子学院对外传播策略研究》，硕士学位论文，天津师范大学，2015。

中外合拍时一个可供探讨的倾向，即电影整体制作上以谁为主。传统的
"以我为主，为我所用"的拿来主义在新时代有了多元化的思路阐述。中
方在合拍中势必保有必要的话语权，不能将双方"合拍"变为对他人的
"跟拍"和"贴拍"，但也无需强调独立、纯粹的主体性，而是应该认可他
者文化，承认文化的互为主体性。① 合拍应从剧作源头起步，故事创意应
当为全球观众所接受，导演、演员等创作者则需拥有全球知名度，这能够
保证各国的体育文化通过互动与沟通达到效益最优值。

（二）流通：传媒与网媒聚合

由于影院和广播电视在国际传播中仍对电影占有相对重要的传播阐释
地位，因此继续研究传统媒介对体育电影流通的影响依然有价值可言。此
外，为人所共识的是，人们收看电影的渠道早已不局限于影院，而以互联
网居多，包括在对于电影周边信息的传播方面，网络也成为无法小觑的一
极。面向互联网媒体成为全球基础通信工具的现实情况，体育电影应注意
以精准传播的方式提升与用户间的匹配度。正如学者黄会林通过实证调查
所揭示的结论，"不同国籍受访者对于中国电影的不同方面评价均有差
异"。② 投放体育电影需有的放矢，例如将集体主义色彩较为浓厚的体育影
片投放到文化特质相近的日韩等国，将共同价值较为凸显的影片投放至欧
美国家。需要明确的是，网络媒体有着自己的话语系统——有自己的言语
方式、语言规则和话语总体，③ 因此在流通时应注意嵌入式传播与软性传
播，以符合网民心理特点与使用特征的语言推动传播进程，从而为形成中
国体育电影的海外媒体矩阵聚合平台助力。

（三）评论：专业与大众聚合

毋庸讳言，传播并非由此及彼的线性到达，而是一个持续不断的、复

---

① 陈旭光：《改革开放四十年合拍片：文化冲突的张力与文化融合的指向》，《当代电影》
2018 年第 9 期。
② 黄会林、杨歆迪、王欣、杨卓凡：《中国电影对中国文化欧洲传播的影响研究——2018 年
度中国电影欧洲地区传播调研报告》，《现代传播》（中国传媒大学学报）2019 年第 1 期。
③ 姜飞：《传播与文化》，中国传媒大学出版社，2011。

杂回环的意义交流过程。① 影评是电影传播的关键环节，评论平台为电影提供了产生多种意见、促进意见传播的可能性。体育电影如何以国际化的眼光进行实际运作，在信息的回环往复中吸收来自各界人士的评论与意见，亦是值得考量的话题。2005 年，奥运会进入北京周期，中国电影也适逢诞生 100 周年，在奥林匹克运动与中国电影百年交汇的时刻，北京奥组委与国家广电总局共同创办了首届"北京国际体育电影周"，搭建国际体育影视的交流场景。或是电影节与学术论坛，或是研讨会和沙龙，未来的体育电影评论平台都应注意有效吸收多渠道、多维度的评价声音，会聚体育界与电影界人士，打通学界学人与业界一线，将专业人员与普罗大众联系起来，将国内评价与境外反馈汇合，尽力提升影评人群体的参与程度，从而帮助体育电影实现艺术追求。

六　效果引领：国际传播语境下中国当代体育电影的艺术效果层级

约翰·贝利提出的文化适应理论中的双维度模型认为，跨文化适应个体若要积极融入其他文化中，应同时保持两种维度，一是传统文化和身份的倾向性，二是和其他文化群体交流的倾向性。② 有鉴于此，中国当代体育电影既应该保持自己原来的文化身份和特征，同时也要善于了解和吸纳其他文化群体的独异性，以建立并保持良好的传播关系。具体到电影艺术，若在国际化与本土化的双重视域中对其进行整合，则可视为"用最现代的艺术语言来体现最传统的中国文化"，③ 将这一理念再细分至体育电影，又可得出衡量中国体育电影艺术效果的三层递进关系。

（一）入耳入眼：用现代话语讲中国体育

"通过更具普遍意义的影像语言使中国的强语境文化为世界所了解"④

---

① 孙英春：《跨文化传播学导论》，北京大学出版社，2010，第 20 页。

② D. J. Sam, J. W. Berry, *The Cambridge Handbook of Acculturation Psychology* (Cambridge. Cambridge University Press, 2006), p. 11.

③ 彭吉象：《全球化语境下的中华民族影视艺术》，《现代传播》（北京广播学院学报）2001 年第 2 期。

④ 邵培仁、潘祥辉：《论全球化语境下中国电影的跨文化传播策略》，《浙江大学学报》（人文社会科学版）2006 年第 1 期。

是建设电影强国的必由之路，所谓"更具普遍意义的影像语言"，是指在电影艺术中使用的画面、声音与蒙太奇等符合全球多数人审美标准的手段和形式。事实上体育电影做到这一层级已不容易，体育项目由于运动性强、变化迅速，其镜头与画面表现难以捕捉。这需要电影人在视听语言上深耕，在把握中国体育故事的前提下，研习和掌握全球化语境中电影构成的艺术元素，提炼和梳理体育影像制作与传播的规律，以前沿的声光电意识制作电影。将拍摄对象聚焦于中国的体育故事，不仅要宣扬和传播我国目前所获得的赛事成就，而且要在电影中适时反思我国有可能但没能取得国际影响力的体育项目同样具有鲜活的价值；不能只一味沿袭国家队角度的宏大叙事，全民健身等普通民众关于体育运动的实际生活更接地气。但凡是发生在中国土地上的、具有积极导向意义和长久影响力的体育行为，皆可被纳入电影人选取素材的考量范围之中。

（二）入脑入心：用中国体育讲中国文化

在用现代语言讲好中国体育的基础上，衡量体育电影艺术效果的更高层级就是看其中的体育项目是否涵容中国文化的精神道义。中国文化的内涵与外延均十分宽广，一部电影倾向表达的往往是"中国社会形态下已形成的文化信念、道德规范、审美观念以及世代相传的风俗习惯等被中国社会所公认的各种行为模式"，[①] 即传播主体自身或群体的价值观和价值理念。例如《沙鸥》的主人公在"家庭至上"与"集体主义"之间摇摆，最终决定"舍小家、为大家"的精神气魄便是一种中国文化传统观念的印证。从本质上说，能否以中国体育将中国文化的意义广泛传递，决定着价值观念传播这一国际传播的核心目标有无可能持续发挥影响力。只有立足中国大地，从体育视角切入，从文化角度建构，体育电影方可在国际语境中传播中国声音。

（三）入志入神：用艺术眼光讲人类体育

在历经现代语言、中国体育与中国文化的磨炼与洗礼后，体育电影应

---

① 黄会林、杨歆迪、王欣、杨卓凡：《中国电影对中国文化欧洲传播的影响研究——2018 年度中国电影欧洲地区传播调研报告》，《现代传播》（中国传媒大学学报）2019 年第 1 期。

当高层次地回归对体育本身的讲述，只是此时的视域应当更为宽阔，以真正开放包容的心态，将艺术眼光投射到全人类的体育精神，而不再拘泥于故事的发生场所与书写疆域。这恰如余秋雨的论断：艺术眼光非历史眼光，非政治眼光，非道德眼光，"是一种在关注人类生态的大前提下不在乎各种权力结构，不在乎各种行业规程，不在乎各种流行是非，也不在乎各种学术逻辑，只敏感于具体生命状态，并为这种生命状态寻找直觉形式的视角"。① 体育应当是无国界的，文化却有不可避免的显著差别，这也是在体育赛事中可以遵循普遍接受的国际规则，在文化问题的界定上却很难找出一定之规的原因所在。因此，当中国体育电影转而以艺术眼光而非文化视角，来探索以人为本、公平竞争、超越与奋斗等体育精神的深层要义时，显然便开拓与积累了自身在国际传播中的广度和深度。

正如本尼迪克特的"文化形貌论"之说，"一种文化就像是一个人"②。从这个意义出发，电影文化亦如人格体现，体育电影生来便是一位活脱脱的运动员。外在的画面与声音效果就像是运动员的"颜值"与"言值"呈现，看上去健康、激情又风度翩翩，而潜藏其中的哲理思辨则彰显着其技能卓绝且道义深沉。期待中国体育电影能够内外兼修，以向美而行的艺术内涵，积淀并传扬崇高的体育精神，代表中国形象在世界赛道上疾奔。诚然，在用户端检验国际传播语境下中国当代体育电影的艺术效果，还可从量化分析的维度进行指标确立，诸如观众构成是否以当地主流社会为主，当地主流媒体有无报道及评论，是否进入当地主流销售网络售票，票房业绩如何，等等，③ 此处限于篇幅不再展开，留待有心学人予以继续深入。

---

① 余秋雨：《艺术创造论》，上海教育出版社，2005。
② R. Benedict, *Patterns of culture* (London: Routledge & Keagan, 1934).
③ 徐馨：《传统艺术如何跨文化传播》，《人民日报》2015 年 6 月 25 日，第 24 版。

中文国际传播的命运共同体：新时代孔子学院品牌的"距离"调适

张恒军　刘　宏　傅　琼*

摘　要：孔子学院是经中国国际中文教育基金会授权，中外合作方本着相互尊重、友好协商、平等互利原则设立的非营利性教育机构，其设立旨在促进中文国际传播，加深世界人民对中国语言文化的了解，促进中外教育人文交流。当下，孔子学院正处于品牌升级的关键时期。如何确立新时代孔子学院品牌的提升路径是当前和未来一段时间亟待解决的重大现实问题。对此，本文基于传播心理距离理论，总结了孔子学院品牌跨文化传播存在的问题，并重点从传播主体、传播话语、传播渠道三方面入手，提出具体的优化路径。

关键词：孔子学院　品牌传播　国际传播

自 2004 年第一家孔子学院开设以来，截至 2021 年 10 月，我国已通过中外合作方式在全球 159 个国家设立了 1500 多所孔子学院和孔子课堂，累计培养各类学员 1300 多万人。① 孔子学院逐渐开始与歌德学院、英国文化教育协会、法语联盟、塞万提斯学院等世界海外语言与文化推广机构比肩。在跨越式发展中，孔子学院完成了 2012 ~ 2020 年发展规划中提出的

---

* 张恒军，大连外国语大学中华文化海外传播研究中心教授，研究方向为中华文化国际传播；刘宏，大连外国语大学俄语学院教授；傅琼，大连外国语大学高级翻译学院副教授。本文系 2020 年度国际中文教育研究课题重大项目"中国高校国际中文教育办学主体作用研究"（项目批准号：20YH03A）阶段性研究成果。

① 《关于政协第十三届全国委员会第四次会议第 2624 号（教育类 091 号）提案答复的函》（教汉语提案〔2021〕223 号），教育部官网，http://www.moe.gov.cn/jyb_xxgk/xxgk_jyta/yuhe/202111/t20211104_577702.html，最后访问时间：2021 年 12 月 10 日。

"加快汉语走向世界"的使命，[①] 成为世界了解中国的一扇窗户。2020年孔子学院步入发展的新阶段。6～7月，中国国际中文教育基金会和教育部中外语言交流合作中心相继设立。基金会全面负责全球孔子学院的运营；中外语言交流合作中心则是发展国际中文教育事业的专业公益教育机构。一系列重大变化，标志着孔子学院按照国际惯例转型升级，进入新阶段。这一阶段，孔子学院开始以民间基金会的形式运作，"基金会不会具体参与海外孔院的运行和管理，且对孔院的支持更多体现在品牌塑造、标准指引、资源服务和生态营造上"。[②] 孔子学院将在发展中进一步强化高校的主体性作用，这不仅有助于淡化官方色彩，消除合作壁垒，化解潜在风险，而且有助于整合社会资源，促进结构升级，拓展发展空间。面对转变，作为孔子学院运营主体的承办高校使命在肩，如何优化孔子学院品牌跨文化传播的路径，着力塑造符合国际惯例、多元主体协同、具有中国特色、世界一流的语言推广机构，以更开放、更立体的崭新面貌，真正实现"内涵式"跨越，是当前和未来一段时间亟待解决的重大现实问题。[③]

一 离散：孔子学院品牌跨文化传播的现状审视

随着全球经济一体化趋势的不断增强，跨文化传播活动越来越频繁。然而在营销传播中，孔子学院品牌面临的是一个陌生而又复杂的文化领域，文化差异所带来的文化冲突对其传播效果的影响和冲击是直接而深刻的。犹如美国学者拉里·A.萨默瓦和理查德·E.波特所言，"拥有不同文化感知和符号系统的人们之间进行交流，他们在文化认知上的不同，足以改变交流事件本身"。[④] 即便是成熟运作的品牌，其国际化过程也是品牌母国（或称品牌国）文化与进入国（或称东道国）文化发生冲突的过程，文

① 《孔子学院发展规划（2012—2020年）》，《光明日报》2013年2月28日，第7版。
② 柴如瑾：《教育部设立中外语言交流合作中心》，《光明日报》2020年7月6日，第8版。
③ 高玉娟、庄瑶瑶、李宝贵：《孔子学院建设的理念演进、实践成效与发展路向》，《辽宁师范大学学报》（社会科学版）2021年第3期。
④ 〔美〕拉里·A.萨默瓦、理查德·E.波特：《跨文化传播》（第四版），闵惠泉、王纬、徐培喜等译，中国人民大学出版社，2004，第47页。

化的维模功能会驱使东道国的消费者不自觉地对异质文化进行抵制，使得文化冲突不可避免。

本研究中，孔子学院品牌的跨文化传播过程是在复杂的文化因素和心理因素的影响下完成的，品牌和东道国消费者在一定文化环境中进行互动信息传播，其中，文化是贯穿整个传播过程的主线。从传播学的信息传播模式来看，这一动态过程受到众多可预见因素和不可控因素的影响。[①]

如图 1 所示，这一概念模型的内部结构呈现出的主要概念关系如下。

其一，影响国际品牌跨文化传播活动的因素很多，且各因素之间存在综复杂的相互影响关系。

其二，文化融合的主动性是国际品牌进行跨文化传播活动的内部情景条件，同时这一实践活动也受到文化冲突强度及东道国消费者品牌认知的影响，又反作用于这两者，或避免加剧文化冲突，或影响消费者的认知。

其三，国际品牌在进行本土化传播活动的过程中，会遇到不可控因素的影响，如东道国政策变更、两国间的政治和商务冲突、资本控股情况的变化等，这些会对国际品牌的跨文化传播活动带来难以预估的变数，同时在客观上也能推动国际品牌跨文化传播理念的形成。

其四，文化选择的前瞻性也是国际品牌跨文化传播的内部情景条件，直接影响其传播理念的形成。

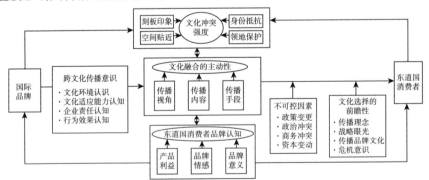

图 1　孔子学院品牌跨文化传播影响因素及其作用机理的概念模型

---

① 姚曦、王佳：《国际品牌跨文化传播的影响因素模型与提升路径——一项基于扎根理论的探索性研究》，《新闻与传播研究》2014 年第 3 期。

据此考察孔子学院品牌跨文化传播的现状，主要存在如下问题。

（一）主体合力缺失：孔子学院品牌跨文化传播主体的作用亟待明确

客观来讲，以往孔子学院的品牌传播，过于依赖国家层面的宣传，特色化、系统化不强，这造成不同国家受众对其品牌认同存在较大差异。孔子学院全球分布不均衡，也在一定程度上影响了品牌认同。再加上跨文化传播领域中国品牌整体曝光度较低，使得国家品牌效应无法成为孔子学院品牌跨文化传播的有效驱动，甚至一定程度地制约了其品牌认同的提升。因此，在未来品牌传播中，跳出国家话语场域的束缚，构建契合民间组织属性定位的个性化品牌话语体系，是孔子学院品牌传播创新的重点。上述传播理念上的偏差，直接带来了传播主体合力缺失的问题，即孔子学院的品牌传播，没有充分发挥民间公共外交的优势，这造成社会力量介入不够，以及个体参与意识不足，即缺乏海外华人华侨、留学生、企业、社团等主体的有效介入。当前，孔子学院品牌跨文化传播主体建设的薄弱环节，需要引起足够的关注。中外方合作机构是建设孔子学院的主体，承担本机构所举办孔子学院的日常运行和管理工作，其根据《孔子学院章程》和总体规划，结合孔子学院所在地实际，制定具体发展规划，建立保障孔子学院可持续高质量发展的工作机制和各项规章制度，为孔子学院运行提供必要的软硬件条件，共同筹措经费保障日常运转和发展。外部合作伙伴是孔子学院生态圈不可或缺的支撑力量，包括积极支持其发展的中外企业、社会组织等。孔子学院既需要这些伙伴的支持，通过他们的参与为孔子学院未来发展奠定更加坚实的基础，扩大孔子学院品牌的影响力，也需要通过自身所提供的服务为这些伙伴的发展创造更多的机遇，提供更广阔的空间和舞台。中外方合作机构是孔子学院品牌跨文化传播的主体，亟待统一理念，多元合作，形成合力，充分发挥各自作用。

（二）目标特性不明：孔子学院品牌跨文化传播的策略亟待优化

传播主体理念的偏差带来了传播策略的缺失。面对复杂的跨文化传播语境，孔子学院品牌建设与传播始终缺乏一套因时制宜、因地制宜的系统策略，针对性、灵活性不强，并由此引发了品牌传播目标特性不明等一系列问题。品牌定位理论认为，品牌传播最重要的是对品牌构成要素进行取舍，集中资源形成聚焦，否则品牌定位很容易演变为抽象的传播概念，削弱自身的实际指导性和价值性。[①] 尽管孔子学院在创办之初有着十分明确的品牌定位——进行中文国际教育，并取得了显著成效。但在规模化发展中，为赋予其更多的存在价值及功能意义，孔子学院核心品牌定位逐步让位于其他延伸功能，如文化传播、人文交流、形象塑造等，导致孔子学院品牌定位纷繁且模糊，这为其带来了许多批评，严重影响了其传播效果。当前，孔子学院品牌已经明确其业务范围：其一，开展中文教学和相关研究；其二，开展以中文为主要媒介的其他相关学科或领域的教学和研究；其三，开展中文教师培养培训；其四，开发中文教学资源；其五，举办中外语言文化交流活动；其六，开展与中国语言文化等相关的考试和认证；其七，开展中国教育、文化、经济等领域研究和咨询服务；其八，开展其他符合孔子学院宗旨的活动。虽然这一品牌定位逐渐清晰，但仍亟待制定与此相适应的跨文化传播策略，进一步突出品牌目标和品牌特性。

（三）模式选择单一：孔子学院品牌跨文化传播的渠道亟待多元化

在品牌传播的整体路径中，除了主体路径、话语路径外，渠道路径是至关重要的存在，其直接影响了品牌传达率和渗透率，是决定品牌认同程度的关键。但客观来讲，孔子学院品牌跨文化传播的渠道路径相对单一，基本以线下外交活动、教学活动为主，没有发挥大众媒体、社交媒体等的优势作用，严重影响了海外受众对其品牌的认知与认同。对于海外普通民众而言，许多人对孔子学院的教育功能较为陌生，在接触到相关信息后，也很难真正了解事实，再加上个别海外媒体的舆论误导，都很容易令孔子学院品牌跨文化传播陷入舆情困境，不利于品牌认同的形成与提升。因此，加强多渠道的品牌正面宣传，增进与西方媒体的平等对话，提高海外普通民众对孔子学院的品牌记忆与认同，就显得尤为关键。在品牌跨国传

---

① 〔美〕艾·里斯、杰克·特劳特：《定位：争夺用户心智的战争》（经典重译版），邓德隆、火华强译，机械工业出版社，2019。

播中，一般会面临本土化、民族化与全球化问题。民族化着眼于品牌所在国与目标市场国文化的异质性（心理距离较远），突出母国个性；全球化着眼于不同地域消费者的同质性（心理距离适中）；而本土化虽然也着眼于两国文化的异质性，但更看重与目标国文化的贴近（心理距离较近）。对三者关系的处理，体现了对心理距离的"适度"把握。在媒体融合时代，更应该看重技术的影响，突出发挥新媒体对孔子学院品牌跨文化传播的作用。跨文化品牌传播中，品牌信息跨越的不仅是空间距离，而且是社会距离以及由此引发的心理距离。研究证明，新媒体对缩小心理距离的效果更佳。

二 共创：孔子学院品牌跨文化传播的"距离"理论

孔子学院品牌提升是一个认同建构的动态过程。在此过程中，既有融合与驱动，也有冲突与对抗。在个人、关系与媒体等层次上，整体把握交往、共识、认同、传播等内在逻辑，明确具体的影响因素和动力机制，是确保孔子学院品牌高效优化的重要前提。

（一）跨文化传播心理距离与孔子学院品牌的"距离"调适

20 世纪 50 年代，Beckerman 首次提出"心理距离"这一概念。[1] 后来，学者们在此基础上将心理距离正式定义为"语言文化、政治体系、国民受教育程度和产业发展水平的差异对两国公司和市场之间的信息流通造成的阻碍"。[2] 随后的几十年，众多学者对心理距离理论进行了发展和完善。

传播学认为，由于品牌所进入国家的文化与品牌母国文化之间存在或大或小的差异，同时其又有面对复杂的人文和历史背景的可能，因此，在跨文化品牌传播中，品牌信息跨越的不仅是空间距离，而且是社会距离以

---

[1] Beckerman, "Distance and the Pattern of Inter – European Trade," *The Reviews of Economics and Statistics*, 1956 (38): 31 – 40.

[2] J. Jahanson, F. Wiedersheim – Paul, "The Internationalization of the Firm: Four Swedish Cases," *Journal of Management Studies*, 1975 (12): 305 – 322.

及由此引发的心理距离。从品牌跨文化传播的实践看，这主要体现为空间贴近性与"领地欲"的冲突，本土化、民族性与全球化的矛盾以及"地域偏见"和"洋品牌"崇拜并存等情形。这些问题，都可以从传播的空间距离、社会距离和心理距离的关系中得到解释。品牌在跨文化传播时，品牌信息首先需跨越国家领土地域——跨越"宏观"空间距离进行传播，接下来其面临的是与东道国消费者在空间上接近时所产生的冲突和共融问题——"微观"的空间距离问题。因为不同文化处理空间的方式不同，对空间的感知经验也不同。在跨文化品牌传播中，如果店铺或广告载体（信息）在空间上过分贴近异国消费者，突破了异域文化心理的容忍限度，就会产生空间上的排斥，触发"领地欲"问题。该理论对孔子学院品牌跨文化传播路径优化的启示是：避免触及政治敏感区域，慎用文化图腾；通过本土化，拉近双方的社会距离和心理距离；调整"空间"的主体间性和文本间性，淡化"领地欲"的影响；谨慎处理本土化与民族性的关系；"欠发达"（或弱势文化）国家或地区的品牌在跨文化传播中，应从提升信息传播的"质"和加大信息传播的"量"入手，"推"和"拉"相结合，迎合受众求知、求新和求异的心理，吸引东道国消费者的关注、认可和接受，以消解地域偏见。[①]

（二）跨文化传播意识与孔子学院品牌的"距离"调适

在先前的研究中，许多文献往往肯定了文化环境认知和行为效果认知对国际品牌跨文化传播的驱动作用，如霍尔（E. Hall）提出的"背景—内容"文化说和利普托特（N. Leaptroot）提出的世界文化类型说等，均是从文化类型的角度展开，为相关主体在不同文化语境中展开跨文化传播活动提供依据。认同传播论明确提出认同是一个动态传播过程。

赫拉克（Herac）认为，在动态传播中，认同不仅被建构、维持和修正，而且会被实现和交换。换句话说，传播是认同的表征外显，双方属于内化与外化的共存关系。而传播内化为认同主要通过两个渠道实现，一个

---

① 张景云、杨彬、何昕：《基于传播心理距离理论的品牌跨文化传播策略》，《现代传播》（中国传媒大学学报）2012 年第 6 期。

渠道是通过社会互动，使社会现象的符号象征意义得以生成和交换，当部分相关性符号意义在具体情境中被附加于个体时，就完成了认同建构；另一个渠道是当个体将自身归类为某一社会认同类别时，其在具体社会互动中会确认所归属类别与自己的相关性，最终达成认同建构。① 总的来说，认同反映传播，传播表现认同，认同就是动态传播的生成过程。赫拉克在阐述认同与传播关系时指出，可以从个人层次、表演层次、关系层次和社区层次对认同建构进行考察，四个层次相互作用、互为一体，是认同与传播进行相互转化的核心支撑。该理论对孔子学院品牌跨文化传播路径优化的启示是：某一认同类型的确定和建构，实际上是个体在对某一象征符号进行内化实践的同时，将其外化为具体传播行为的双向过程。因此，必须强化跨文化传播意识（由文化环境认知、文化适应能力认知、企业责任认知和行为效果认知等因素决定），这是孔子学院品牌开展跨文化传播活动的内因，也是孔子学院品牌跨文化传播的前置因素。

（三）跨文化交往共识与孔子学院品牌的"距离"调适

文化融合的主动性（由传播视角、传播内容和传播手段等因素决定）是国际品牌开展跨文化传播的内部情景条件，文化冲突的强度（由刻板印象与身份抵抗、空间贴近与领地保护等因素决定）和消费者认知（由产品利益认知、品牌情感认知和品牌意义认知等因素决定）是外部情景条件。作为调节变量，它们都通过影响跨文化传播意识—跨文化传播行为之间的关系来调节"意识—行为"的方向和关系强度。这些调节变量也受国际品牌跨文化传播意识强度的影响。当国际品牌跨文化传播意识较弱，如对东道国的文化环境认识和自身的文化适应能力认识较浅，或不能认清跨文化传播活动对品牌传播活动和主体经营活动的影响时，这些变量的调节效应相对较强，国际品牌的跨文化传播活动主要受内外部情景因素的影响。相反，当国际品牌有着强烈的跨文化传播意识时，情景因素的调节效应相对较弱。

---

① M. L. Heckert, *African American Communication: Exploring Identity and Culture* (NJ: Lawrence Erlbaurn, 2003).

任何文化的形成，以及文化认同、文化传播的形成，都必须具备一个哲学前提——交往。交往即社会个体借助一定的工具或媒介，进行资讯、物质、能量等方面的交换，是主客体在社会中相互作用，最终达成共识的目的性行为。可以说，只要社会存在个体之间的交往行为，就无法绕开共识、认同与传播相关问题。哈贝马斯的交往共识论强调通过交往双方的商谈达成共识，这种共识是多元主体之间理解的、达成的、现实的、经验性的存在。① 交往共识的达成离不开两大核心因素，包括良性的交往环境和理性的交往行为。一方面，只有在平等自由的交往环境中，交往主客体才能围绕具体问题展开充分对话，确保彼此在相互尊重、相互了解的前提下进行充分表达，并积极寻求差异博弈后的"最大公约数"；另一方面，在整个交往过程中，不仅要确保交往主体身份的理性，即互为主体的身份状态，而且要兼顾交往目的和意义共享的双向达成，既要注重交往主体之间的反思对话，又要做好交往规则的程序规范。哈贝马斯交往共识论的内部动力是文化，特别是文化认同，尽管该理论存在一定局限性，但无疑为我们探讨孔子学院开展品牌跨文化传播活动涉及的主体之间交往、文化合理性、沟通一致性等问题提供了重要依据。

（四）跨文化多元因素与孔子学院品牌的"距离"调适

不可控因素（由政策变更、政治冲突、商务冲突和资本变动等因素决定）和文化选择的前瞻性（由传播理念、战略眼光、传播品牌文化、危机意识等因素决定）亦分别是国际品牌开展跨文化传播的外部、内部情景条件，它们也是调节变量，通过影响跨文化传播行为与跨文化传播理念之间的关系来调节"行为—理念"的方向和强度。应该说，伴随着传媒技术的升级，文化在全球化时代传播与交融的状况日趋复杂。在这一语境中，仅仅以本土化的传播行为应对和规避文化冲突显然是不够的，国际品牌需要思考的是如何发挥自觉能动性，以积极的态度和立场审视文化改造与发展的问题，并以此指导自己的行为。

利益相关者理论，由弗里曼等人提出，其主要观点是：在一个社群

---

① 王秀娜：《从同意到共识：现代政治合法性基础的转变》，《理论界》2013 年第 11 期。

中，存在不同的利益相关者群体，他们对同一问题有不同的利益诉求；品牌涉及多方利益相关者，应全面地考虑可能影响或受品牌影响的各方利益相关者的利益；品牌建设的利益相关者主要包括居民、消费者、游客、学生、人才和投资者等。引入该理论的目的在于面向孔子学院的各方利益相关者，全面地分析孔子学院品牌形象定位；探索孔子学院品牌形象对各方利益相关者的共同影响；在孔子学院品牌跨文化传播过程中，与各方利益相关者进行互动、共创价值，实现多赢。

态度理论，由罗斯等人提出，其主要观点是：态度主要包括认知、情感和意动三种。孔子学院作为某种"形象"，反映利益相关者的主观态度。因此，孔子学院形象分为认知、情感和意动的品牌形象。通过引入该理论能够更加全面地介入分析数字时代下孔子学院的认知、情感和意动品牌形象。

价值共创理论，由普拉哈拉德等人提出，其主要观点是：企业与消费者在社会交换中存在天然的依存关系；企业与消费者各自投入资源，通过互动与合作实现价值共创；使用社交媒体进行营销传播的优势在于信息传递是双向的，信息传播者与接收者互动频繁、共创价值、实现多赢。引入该理论的目的是提出在孔子学院品牌跨文化传播过程中，通过社交媒体，寻找建立的与利益相关者积极互动、共创价值、实现多赢的新模式。

三　孔子学院品牌提升的逻辑理路

孔子学院品牌跨文化传播的优化，应是从其本身出发的一种愿景品牌优化，而非从海外受众出发的虚拟品牌优化或认知品牌优化，但无论哪种品牌优化，一经形成便有着自身独特的运行逻辑，且不同层面之间存在相互作用与约束的关系，我们需要对其进行整体把握，在此基础上明确孔子学院品牌跨文化传播的动力机制。

（一）孔子学院品牌形象的类型

我们可以将孔子学院品牌形象分为三个类型，包括愿景形象、虚拟形象和认知形象。愿景形象是孔子学院最理想的品牌形象设想，通过宗旨、理念、章程等进行塑造，是其期望呈现出的一种形象，该形象是后续一系列品牌优化行为的根本指导，或者说根本诉求，不管运营管理，还是业务开展，都需要围绕愿景形象展开，以获取社会公众的正面评价，进而影响海内外受众对孔子学院的认知。① 虚拟形象是媒体通过新闻报道和评论所传达的对孔子学院品牌的总体印象，其中既有孔子学院主动进行的媒体传播，也有海内外媒体做出的客观评价，前者更趋向于愿景形象的自主传播，后者则属于上文所述的媒体形象范畴。但无论哪一种，都是媒体借助传播学手段为公众构建的"拟态形象"，与真实形象之间必然存在不同程度的偏差。认知形象是社会公众对孔子学院品牌的客观评价，包含国内公众的评价和国外公众的评价，当然不同的公众层次会在形象认知上产生较大差异，如学者与普通民众，因其所接收的信息流不同和利益诉求存在的差别，会产生不同的主观认知。

不难发现，孔子学院的品牌形象是立体的、多维的，愿景形象、虚拟形象和认知形象之间存在密切关联，相互作用、彼此牵制，尤其是认知形象因认知主体的差异性和其他两大形象的影响，形成了相对复杂的生成机制。因此，在孔子学院品牌的跨文化传播中，相关主体不仅应从顶层设计入手加强愿景形象的持续建构，而且应做好自我宣传，加强与媒体合作，借助媒体议程设置等手段维护好虚拟形象，还应加强针对受众的精准传播。只有如此，才能缩小愿景形象与认知形象的内在差距，形成整体有利的舆论环境，拓展孔子学院品牌良好形象的覆盖范围，形成更为广泛的、向上的认知形象，为实现孔子学院的稳健发展提供重要保障。

（二）孔子学院品牌形象优化的动力机制

依托上述理论框架，运用形象设计系统理论，本文确定了孔子学院品牌形象优化的三大驱动要素，即个人层次的愿景形象认同、关系层次的认知形象认同和媒体交互层次的虚拟形象认同，它们在交互共识的加持下最终实现认同的传播。

个人层次：愿景形象认同。赫拉克指出，个体作为认同所在，是一种

---

① 石晨旭：《中国国家形象设计的愿景与目标》，《美术观察》2014 年第 1 期。

自我概念、自我形象、自我感觉和自我存在，能够为他人提供了解自我的重要途径。而交互共识的达成，就需要不同交互主体面对同一共识客体，在趋同的立场与方法作用下，形成知识性或意义性的认知共识。其中意义性认知共识，就是对共识客体价值、功能等内容的理解，与认同的传播理论中个人层次的建构存在本质共通。就孔子学院的认同传播来讲，首先应形成能够让人清晰感知、理解的愿景形象，即孔子学院的运营理念、价值共创等顶层设计上的一致性建构，包括对办学宗旨、运行章程、指导思想等的统一阐述。客观来讲，孔子学院已经构建了十分鲜明的文化品牌形象，形成统一的办学理念、指导思想和发展目标，尤其是其求同存异、追求和平的价值理念得到的广泛认同，为其他维度的形象认同夯实了基础。

关系层次：认知形象认同。赫拉克认为，在认同的传播中，除了内容外，关系也是重要构成，即认同是在社会交互中多维建构的，个体通过与他人交互的传播过程相互形成协商认同。就孔子学院来讲，需要强化内部沟通和外部联系，在不同的业务情境中与其他主体达成共识，强化自身认知形象认同与传播。具体来讲，孔子学院应凭借不同情境中既成事实的传播，获得高校管理者、教师、志愿者、学生、地方民众等的信任，有效维持自身良好形象，正向影响海外公众对孔子学院和中国的品牌形象认知。受组织性质、业务构成、职能范围等的影响，孔子学院品牌形象认知呈现出多维度特点，包括认真、严肃、包容、创新、真诚、非营利性等，而这些恰好是其实现良好形象认同与传播的重要支撑。

媒体交互：虚拟形象认同。大众媒体联系着各种社会共同体的形象与现实，如家庭、企业、国家等，是实现群体认同的重要维系。[1] 同时，媒体传播之间的交流互动，也是扩大品牌影响范围、强化虚拟形象认同的重要路径，这种交流互动可以通过形成代表性符号，建立起与受众之间的精神纽带，进而引发共鸣，提高受众对虚拟形象的忠诚度，实现深层次的认同传播。[2] 在孔子学院品牌跨文化传播的优化路径中，大众传播领域的媒体交互是不可或缺的重要存在，其在传达品牌价值、构建群体认同方面发

---

[1] 〔英〕戴维·莫利：《电视、受众与文化研究》，史安斌主译，新华出版社，2005。
[2] 潘天敏：《探索消费者形成品牌文化认同条件》，《艺术科技》2015年第9期。

挥着重要作用。也就是说，新阶段的孔子学院应重视媒体交互的作用，构建属于自己的外宣机制，并做好与地方媒体的交流合作，全面增强虚拟形象的海外适切性。

四　孔子学院品牌跨文化传播的优化路径

寻求新阶段的优化路径，首先需要厘清这一阶段孔子学院的总体定位：作为国际中文教育的有机组成部分，成为当代国际人文交流和国际语言教育合作的典范。为实现这一目标，从传播学的角度考量，应着重从传播主体、传播话语、传播渠道三个方面入手，积极寻求优化路径，构建孔子学院品牌愿景形象、虚拟形象和认知形象整体维护与同步传播的整合体系。

（一）传播主体的优化

品牌优化是十分复杂的系统工程。除了以传统的高校、新成立的基金会等为主体进一步优化孔子学院全球布局、提升其办学质量之外，新阶段的孔子学院应充分联合海外华人华侨、留学生、当地专业人才、地方民众等主体，积极探索建立系列化品牌形象传播体系，实现传播主体的民间化、在地化，促进孔子学院认知形象的正向提升。[1]

海外华人华侨。海外华人华侨长期生活在国外，不仅保留着许多中华文化的优良传统，而且十分了解当地历史文化、社会组织特点、民众思维方式等，是跨文化传播中非常重要的传播主体。通过海外华人华侨进行正向宣传，无疑更具说服力，能够取得事半功倍的传播效果。新阶段的孔子学院应加强与海外华人华侨的沟通交流，让他们积极参与到相关文化活动中，发挥他们的本土优势，动员更多当地民众参与其中，进而扩大孔子学院的影响范围。同时，孔子学院还应采取有效措施，鼓励当地留学生加入志愿者队伍，有意识地开展孔子学院的形象宣传，充分发挥其"二次传播者"的角色优势，提高孔子学院品牌跨文化传播的渗透性。

---

① 朱玲玲、蒋正翔：《人类命运共同体的理论阐释与国际传播》，《党政研究》2019 年第 1 期。

当地专业人才。在新阶段孔子学院的本土化建构中，当地专业人才是不可或缺的核心主体，他们熟知当地社会文化、行业结构、市场机制等，在协调各类利益关系方面有着天然优势。因此，应构建相应的当地人才引进体系，通过各类专业人才的加盟，提高当地政府和相关利益主体的支持度，在降低运营成本的同时，增强品牌形象建设的适切性。当然，受性质影响，在当地专业人才方面，本土教师是其最重要的构成主体，为此，孔子学院应加大本土教师培养力度，设立市场调研、关系协调、品牌宣传、形象传播等岗位专员，通过本土化设计及其实施，切实增强孔子学院品牌跨文化传播的针对性与实效性。

当地民众。在认同的传播机制中，利益相关是重要内驱力，直接影响着传播受体的感知和效能。因此，孔子学院在品牌优化实践中，应通过稳定的招生渠道和资助渠道，与当地民众达成良好沟通，逐步形成稳定的情感表征，促使当地民众发自内心地接受孔子学院，并将其视为日常生活的重要组成部分。具体来讲，应通过专业化、多元化、优质化的语言教育服务，为当地民众提供符合职业发展和生活期待的纽带联系，使汉语和中华文化成为各类学员的沟通渠道，最终打造一个超越国界和文化的"汉学共同体"。如此一来，孔子学院就能够在维系学员情感阐述和社会产出的基础上，有效维护自身良好形象，并逐步被内化为当地民众的共识性符号。

（二）传播话语的优化

在跨文化传播中，要想构建一套能够被当地社会成员共同接受的话语范式，就必须通过语言教育、文化活动、社会交流等接收和传递信息，由此逐步形成新的思维模式，打造异域社会中形象自我塑造与他者塑造良性互动的局面。[①]

共识性文化活动。新阶段的孔子学院应注重对当地民众及其活动的深入分析，利用中华文化的共融性、沟通性特点，促进当地民众全面参与其

---

① 管健：《社会认同复杂性与认同管理策略探析》，《南京师大学报》（社会科学版）2011 年第 2 期。

中，生成更具意义、更加广泛的社会性活动，进而增强认知形象认同的适切性，让孔子学院能够在地方多元文化圈中发声。一方面，应加强与地方社团的交流合作，积极开展与地方政府共同主导的文化活动，确保传播诉求、传播内容、传播形式等符合地方民众期望，最大限度地提高认同传播的感染效度；另一方面，应善于利用多向度的文化互动，为地方民众创造更多情感表达的渠道，如与地方华人联合会等组织联合举办"新年音乐会""学会中国菜"等主题活动，在文化交互情境中实现地方民众话语主体性建构，并借此实现多元社会的超越，有效维护和传播孔子学院亲善惠民的良好形象，同时提高中华文化普惠包容的国际性话语表达能力。

本土化传播形式。新阶段的孔子学院应注重传播形式的本土化建设，在共识性文化活动建构中，结合地方受众实际需求制定"一国一策""一地一策"的传播方案，以增强孔子学院形象传播的精准性与实效性。传播学理论认为，"受众在接收信息时，并不是不分巨细、不加分析地照单全收，而往往是有所选择、有所侧重的，这就是心理学研究中的所谓选择性规律的体现。受众对信息的选择性心理和行为，体现在对信息的接触、理解和记忆这三个环节中"，① 我们可将其"视为三个防卫圈。选择性注意是最外一圈，选择性理解是中间一圈，选择性记忆是最里一圈。不合己意的信息往往在最外圈就被'挡驾'"。② 因此，孔子学院应加强对当地文化传播、民众思维、审美诉求等的调研分析，结合受众性格特点、文化风格、组织模式等，采用"最里一圈"和"中间一圈"的传播形式，最大限度地提高认同传播接受度。如美国民众具有个性张扬、强调自我的性格特点，孔子学院可组织一些具有较强参与性、体验性的文化活动，如学唱戏剧、学做中国菜等，让他们在深度参与中逐渐产生认同。

发展性评估体系。新阶段的孔子学院应构建发展性与科学性并重的传播效果体系，立足长远谋划，把握整体传播效果。首先，应做好受众样本的多样化、合理化选择。具体来讲，在进行形象认知评价方面的调查时，对受众的选取不仅要考虑地区、年龄、受教育程度等因素，而且要考虑兴

---

① 张国良：《传播学原理》，复旦大学出版社，2009。
② 张国良：《传播学原理》，复旦大学出版社，2009。

趣、个性、心理等因素，以全面反映受众接受孔子学院形象的具体状况，确保评估结果的可靠性。其次，应落实评估指标的全面化、科学化、发展性。结合孔子学院品牌跨文化传播的生成机制，在构建评价指标时应明确三个一级指标，包括受众认知、受众态度和受众行为，并设置检索量、阅读量、正面评价、负面评价、媒体报道规模、受教育人数、家长支持度等二级指标。最后，应确定评估方法的可靠性、灵活性。孔子学院品牌跨文化传播效果的评估，应结合不同形象类型和目标，灵活采用定性分析、内容分析、综合分析等方法对其展开分析，在确保评估结果精准性的基础上，及时发现实践层面的不足之处，进而为后续的方案优化提供可靠依据，促进整体效果的持续提升。[①]

（三）传播渠道的优化

新阶段的孔子学院，要想达成预期的形象效果，构建完整的传播闭环，除了要有传播主体、传播内容、传播对象外，还必须要有传播媒介将他们连接起来。[②] 为此，应加强传播渠道的创新与优化，探索如何建立多元交互的传播模式，包括传播平台与载体的多样化、传播技术与手段的交互化。

大众传播媒体。在品牌优化的实践中，大众传媒是最基本的工具，除充分利用当地纸媒、广电媒体等来讲述孔子学院故事外，新阶段的孔子学院还应走出校园，借助当地博物馆、大剧院、图书馆等媒介开展形式多样的文化活动，增强形象传播的地方贴合性。如在博物馆、图书馆等地开展中国书法、国画等艺术展览活动，在当地大剧院开展中国民乐、戏曲等演出活动，在传播中国文化、强化孔子学院形象认知的同时，推动中外文艺界的深层交互。此外，应加强与地方主流媒体的合作交流，在提高形象自塑话语权的基础上，有效平衡其与形象他塑的关系，以最佳的渠道组合来提高孔子学院的当地知名度。[③] 如孔子学院可与 BBC 等广电媒体合作，制

---

① 李明德、李巨星：《国家主流意识形态网络传播的效果评估体系研究》，《当代传播》2019年第 2 期。

② 郭庆光：《品牌传播：理论建构与实践创新》，《青年记者》2015 年第 4 期。

③ 邓新：《孔子学院参与"一带一路"建设的方法与途径研究》，《民族教育研究》2016 年第 4 期。

作定制化的文化节目，由精通汉语的当地学者或孔子学院优秀学员进行系统讲解，强化形象传播的定向性与渗透性。

网络媒体。全媒体时代，网络媒体的传播效能日益凸显，其有效拉近了传播主客体之间的距离，为跨文化传播提供了重要渠道，有利于传播主体更加高效、立体地开展传播活动，同时为品牌形象的建构与维护提供了全方位的渠道支持。目前，孔子学院总部和各海外孔子学院网站的建设都还比较薄弱。新时代，尤其要重视门户网站提供在线教育服务与传播自身形象的特殊作用，"积极补足我国国际中文在线教育的短板，发挥其潜在战略价值"。① 现有网站受众有限，渠道优势不明显，最突出的问题是未能与当地受众实现有效贴合，用户市场没有得到有效开发。为此，新阶段的孔子学院应加强对当地网络资源的挖掘利用，在当地主流网站的相关频道进行定向的信息输入，系统提供中华文化信息资讯、定制服务等②。如可与 BBC 网站 BBC Online 等达成合作，为其文化、艺术、教育等频道提供信息素材，这样不仅能够丰富网站内容，扩大网站受众覆盖范围，而且能够借助其平台优势将孔子学院和中华文化推介给更多当地民众。

社交媒体。相比于传统媒体，社交媒体打破了以往单向传播的局限，赋予了受众更多选择权和话语权，全面反映了受众的真实需求和情感态度，已经成为当前覆盖范围和影响范围最广泛的一类媒体。在跨文化传播领域，社交媒体的合理利用，能够有效增强传播内容在不同社交圈层的渗透性。因此，新阶段的孔子学院应做好当地主流社交媒体如 Facebook 等账号建设，加强在地化互动，通过分享传播动态信息和中华优秀文化，增强孔子学院形象传播的时尚性、移动性。需要重点指出的是，孔子学院应充分利用社交媒体收集整理受众反馈信息，并构建相应的信息反馈互享平台，精准绘制不同国家、不同地区的受众画像，及时调整传播策略，增强

---

① 文秋芳、杨佳:《从新冠疫情下的语言国际教育比较看国际中文在线教育的战略价值》,《语言教学与研究》2020 年第 6 期。
② 王坦:《文化自信: 高等教育国际化应有的精神立场——以孔子学院为例》,《高教发展与评估》2020 年第 4 期。

孔子学院品牌优化的精准性。①

　　作为发展中国家践行《世界文化多样性宣言》精神的杰出代表，前一阶段的孔子学院已经树立起独特的品牌形象。在高质量稳定发展的新时代，孔子学院品牌在于跨文化传播中缩小心理距离，强化认同，巩固优势，实现创新等方面，仍有巨大的发展空间。孔子学院合作生态以孔子学院为中心，由基金会、中外方合作机构和广大外部合作伙伴共同打造，服务于孔子学院学员和全球中文学习者，所有参与方共同致力于构建范围广泛、连接紧密、互惠互利的全球伙伴网络和命运共同体，因此亟待制定孔子学院品牌传播规划，制定品牌标准和指南，实现品牌的迭代升级。

---

　　① 刘宝存、张永军：《"一带一路"沿线国家孔子学院发展现状、问题与改革路径》，《西南大学学报》（社会科学版）2019年第2期。

越南汉语国际传播现状及对策

——以河内大学孔子学院为例

谢春辉　罗　军[*]

摘　要：本文以越南河内大学孔子学院（以下简称"越南孔院"）汉语国际传播实践为研究对象，利用要素分析法、访谈法、案例分析法，总结越南孔院汉语国际传播的现状和问题，剖析现阶段影响越南孔院汉语国际传播的因素，并探讨可行的对策。

关键词：越南　孔子学院　汉语传播　汉语国际传播

一　引言

2018 年，中越双边贸易额首次超过 1000 亿美元，各方面联系日渐紧密，而随着经贸合作的不断深入，汉语在中越交流中的作用日益彰显。正如陆俭明（2016）所说，"没有语言互通，政策难以沟通，更谈不上'民心相通'，也会影响'贸易畅通'和'货币流通'"。然而，随着新冠肺炎疫情的蔓延，越南汉语国际传播的进程受到了极大的干扰和影响。因此，分析新形势下越南汉语国际传播的现状及对策，对于高效推进汉语国际传播的进程、促进中越教育交流与合作、深化中越文化发展、提高越南社会对中国国家形象认知的水平、推动两国友谊发展有着积极的促进作用。

---

[*]　谢春辉，广西师范大学外国语学院助理研究员，研究方向为外语教学；罗军，越南河内大学孔子学院中方院长，研究方向为职业教育。本文系 2020 年中外语言交流合作中心资助本土教材建设项目"跨文化交际学"阶段性成果。

二 前期研究

"汉语国际传播"是汉语从中国走向世界的语言传播现象，这一现象建立在世界各国对汉语的需求基础之上，遵循语言传播的规律。国外关于语言国际传播的研究最初多集中在推广介绍方面，诸如英国文化委员会发表的英语语言推广文章、美国的富布莱特计划等。随着汉语在不同国家的传播，陆续有海外学者对汉语国际传播的教材、教法、语言政策、师资等方面展开研究，如沙依然·沙都瓦哈斯（1999）、赛力克·穆斯塔帕·巴合提江·孜牙达（2010）、古丽尼沙·加马力（2013）、Tran Linh Chi（2016）、Nguyen Thanh Son（2018）等。汉语国际传播在不同时期、不同国家的曲折历程，充分证明了语言国际传播具有动态灵活的特征。Giles、Johnson 和 Bourghis（2003）提出了语言活力理论，认为"语言活力取决于几个方面的因素：经济和社会地位、人口、制度性的支持"。联合国教科文组织（UNESCO，2003）提出了 9 个要素来评估语言的活力现状。这一语言活力理论和语言活力的评估标准可被借鉴并用于对"外语"传播活力的研究和考量。Hillary Clinton（2012）提到"影响语言国际传播的因素主要有：第一，源语言国的实力；第二，学习和使用该语言的人口；第三，两国语言制度的支持；第四，该语言本身的价值和吸引力。源语言国经济强弱是语言冷热、盛衰的决定性因素；语言政策对语言传播起着举足轻重的作用；学习和使用该外语的人口越多，该语言活力越强；语言价值通过全球性劳务市场和商贸活动来影响主流社会语言意识形态和语言选择，从而影响语言传播"（见表 1）。因此，一门语言只有在人们意识到或相信它会带来某种利益和好处的时候才会具有活力，也最具有国际传播活力，例如，经济利益、政治利益和更大的权力。泰国政府明确提出促进汉语教学，其目的是"提高国家竞争力"；美国政府号召学习汉语，其目的是维护国家利益和国家安全，保持全球性竞争能力和优势。个人选择学习和使用汉语，其目的则是为未来求职、晋升、升学、娱乐、旅游（历史文化）做准备。

2013 年以前国内关于汉语国际传播的研究大部分聚焦于语言政策（刘旭，2009；文秋芳，2011），教材、教师、教学方法（周小兵、张静静，

2008），环境建构（李洁麟，2013），模式研究（吴应辉、杨吉春，2008），综述类（王国平，2015）等领域。2013 年以后，随着"一带一路"倡议的规划与实施，学者们认识到，"语言传播不仅可以增加不同国家之间的文化认同，还能降低国际贸易的信息成本、交流成本和翻译成本，进一步促进国际贸易发展"。商务部副部长钱克明指出，汉语国际传播应围绕拉动相关国家经济建设与发展这个主线开展工作，着力于培养专业技术型汉语人才以及沿线国家语种的专业技术型人才。培养"一带一路"建设需要的专业技术型语言互通人才，为我国与沿线国家的交流交往及合作互通做充分的准备，这样才能更好地发挥汉语国际传播在"一带一路"中铺路石和桥梁的助力作用。刘香君强调，要加强对政治经济、科学技术、综合国力在汉语语言文化传播中的作用的研究；发挥理论指导实践的作用，加大对现有汉语传播品牌模式的研究，同时，以适应受众的原则，加大力度研究新的传播模式，以世界的眼光创建风行于世界的品牌。[①] 张治国（2016）提出，"一带一路"汉语国际传播联动网络，不仅有利于统筹开展区域性汉语教学，还将形成汉语国际传播区域式协同发展，同时指出建设汉语国际传播区域式发展网络，有利于推动国际贸易等合作项目的顺利实施和深化发展。李宇明（2018）认为，作为汉语国际传播的对象之一，少年儿童更易产生语感和语言认同感，进而产生文化认同感。语言和文化认同感一经产生，就基本实现了"民心相通"。实现了"民心相通"，就能传播中国好声音，讲好中国故事，培养知华友华人士，建立国际友谊。当前，作为汉语国际传播过程中比较成熟的汉语传播模式之一，"孔子学院"模式研究占相关研究成果数量的 44%，如高莉莉《非洲孔子学院职业技术特色办学探究——以亚的斯亚贝巴孔子学院为例》（2014）、周延松《中医孔子学院的语言文化传播及其模式构建》(2014)、李湘萍《孔子学院与歌德学院比较研究》（2012）等。康继军等(2019) 指出，孔子学院跨文化传播效果对中国在沿线国家的出口贸易有促进作用，且其研究结论证明进口国汉语文化传播效果评分每提升一个单位，将拉动中国对该国的贸易出口上升 0.4%，这再一次印证了"一带一路"建设中语言先行的重要性和必要性：不仅能够实现语言互通、民心相通，还能

---

① 刘香君：《汉语国际传播研究述评：2000—2014》，《中国语言战略》2015 年第 2 期。

切实拉动相关国家和地区的经济发展。可见，孔子学院汉语国际传播模式研究与"一带一路"倡议的有机结合乃是大势所趋。

三　研究设计

　　本研究在"一带一路"倡议实施的全球发展背景下，以越南河内大学孔子学院（以下简称"越南孔院"）汉语国际传播实践为研究对象，利用要素分析法、访谈法、案例分析法，总结越南孔院汉语国际传播的现状和问题，剖析影响现阶段越南孔院汉语国际传播的因素，并探讨可行的对策。

（一）语言活力因素表

表1　语言活力因素表

因素	概念定义	操作定义
源语言国的实力	国家综合实力	GDP 总量
		GDP 增速
学习和使用该语言的人口	语言使用人数	母语使用人数
		非母语使用人数
两国语言制度的支持	语言传播渠道	互联网
		影视传媒
		出版物
		人际交流
该语言本身的价值和吸引力	语言相关产业	留学服务
		文化产品
		国际旅游
		实习就业

（二）访谈提纲

新时代，越南孔院：

1. 汉语传播渠道有什么变化？

2. 汉语相关产业有什么偏移？

3. 汉语使用人数有什么浮动？

4. 汉语传播遇到的困难或问题是什么？

5. 刺激汉语传播的方法是什么？

（三）案例观察

1. 目标设置

在开展汉语教学与文化交流的同时，与外方合作设立联合研究基地，开展科研工作，将孔子学院从单一的语言教学单位转变为集汉语教学、文化交流、国别研究、学术交流及为中资企业服务于一体的汉语人才培养基地。

2. 工作开展

（1）继续做强汉语考试

2018 年 1 月，越南孔院首次举办汉语考试（以下简称"汉考"），经过两年多的努力，于 2020 年 12 月荣获 2020 年度汉考优秀考点荣誉称号（全年考量 9863 人次，位列全球第 5）；2021 年一季度，越南孔院克服越南疫情严重反弹等困难，采用网上报名和缴费等方法继续为考生提供优质服务，于 1 月 9 日、3 月 20 日、3 月 27 日举办了三场大规模汉考，考生共计 6000 余人次，继续保持汉考全球领先的地位。越南孔院历年来以高标准、严要求的原则举办汉考，获得越南社会的广泛认可，汉考的成功已经成为越南孔院一张亮丽的名片，不仅扩大了越南孔院的社会影响力，也为今后探索扩大汉考规模，提高汉考效率和服务水平提供了新路径。

（2）提供国际中文教师奖学金推荐与留学中国的高质量服务

越南孔院于 2020 年 12 月、2021 年 1 月，举办两场 HSK 越南首届留学中国（线上）推荐会，清华大学、华中科技大学、北京师范大学、北京理工大学、西安交通大学、中山大学等 13 所国内名校第一次通过孔院招生平台在越南介绍了各自的学校情况和招生条件，越南孔院通过主页直播，共吸引约 7 万人关注。这次活动为国内高校在越南开拓留学生市场，树立品牌形象做出了有益尝试，并进一步巩固了越南孔院在奖学金推荐和留学中国服务咨询方面的权威地位。截至 2020 年 12 月，越南孔院共推荐 500 多名学生，录取 320 人，推荐和录取人数都创新高。截至 2021 年 3 月底，越南孔院已经推荐100多名学生申请奖学金，超过去年同期水平。2020年12月底越南孔院出色完成广西师范大学国际中文教师奖学金线上授课项目的招生任务，招收近300名越南学生，2021年2月又推荐近300名学生参加广西师范大学汉语桥线上中国文化体验营项目。以上两个新项目的学员人数，在全国同类项目中均领先。

（3）开发和开展各项新的业务

2020年8月越南孔院首个汉语+职业教育班（农业方向）启动，为在北宁省的中资畜牧医药方面的企业培养人才，学员先在越南孔院学习一年汉语、职业道德和基础农业课程，HSK考试合格后，再去广西师范大学继续强化中文和专业课程，同时开展专业实习，毕业后回越南送培企业就业，学费由企业负担。这是越南孔院根据在越中企数量庞大，对汉语专业人才需求强劲的实际情况，探索出的汉语教学供给侧改革的新路；2020年9月首个中越家庭少儿班顺利开班，满足中越家庭孩子汉语学习的刚性需求；2021年3月2日，越南孔院获批国际中文教师资格证考试海外考点，这也是越南唯一的考点，这项新业务的开展，进一步丰富了越南孔院考试类型，增厚了核心业务的实力，形成了国际汉语教师培训与资格证考试、教学实习与科研、汉语水平考试、学生辅导及教材开发等全业务链的协同发展。

（4）丰富文化交流宣传活动的渠道

中越双方利用中越建交70周年的契机，加强国内外主流媒体（如《世界与越南》、新华社、人民日报、中国中央广播电视总台、中国日报、凤凰卫视、越南中央电视台国际频道VTV4、越南之声等）宣传，报道越南孔院的重大活动和日常活动〔如越南孔院成立五周年庆祝活动、汉语桥大中学生中文比赛、孔院抗疫、孔院中国文化体验周（国庆）活动、疫情后汉考人数创新高等热点事件〕，越南孔院Facebook主页粉丝数超过3万人，成为越南河内大学关注人群最多的网站，多家广告公司寻求与其合作，扩大了越南孔院影响力。如2020年12月13日举办汉越口译大赛，2021年4月举办首届中学生中华才艺大赛、"壮美越南、壮美中国"图片展，与广西电视台合办2021中越青年民歌交流活动，等等，这些活动既有实用的翻译比赛，也有突出广西特色的文化活动，通过线上线下不同渠道开展，既符合越南疫情防控的要求，又深受青年学生的喜爱，为巩固和发展中越传统友谊做出应有的贡献。

（5）搭建特色科研与国际合作多元化平台

在越南孔院的积极协调下，广西师范大学马克思主义学院与越南社会科学翰林院研究生院开展联合培养硕士、博士及科研合作项目，合办中越社会主义发展研究基地。广西师范大学越南研究院与越南社会科学翰林院合作，共同开展越南问题、中国问题研究。广西师范大学出版社与越南社会科学出版社合作，开展两国经典互译并出版发行等方面的工作。这些项目已经陆续启动并实施。2021 年 1 月，中越双方已经完成《跨文化交际》中文教材的立项和出版合同的签订，并按照计划组织专家进行编写工作。越南孔院首届"新时代国际中文教育国际研讨会"于 2021 年 2 月初筹备，确定了 8 个专题。越南汉语教师积极响应，纷纷来电来函咨询论文集的要求，积极投稿。

3. 问题呈现

（1）孔院数量过少

越南汉语市场巨大，汉语学习者人数众多，但只有一所孔院，远远无法满足需求。孔院转隶属后，迎来新的发展机遇，希望越南能够开办新的孔院或孔子课堂、孔院教学点，方便广大的越南汉语爱好者学习中文。

（2）教师短缺

目前孔院人手不足，无法匹配快速增长的汉考、教学、文化体验交流活动。2021 年 6 月，孔院两名志愿者教师回国，新的志愿者和公派教师无法到岗，更加剧了人手短缺的状况。

（3）员工健康状况堪忧

越南孔院领导和员工长期超负荷工作，周六、周日几乎全是汉考、网课或文化活动，无法休息。员工身心比较疲惫，部分员工健康状况堪忧。

（4）经费不足

越南孔院的高速发展需要资金的支持，因为孔院是非营利的教育机构，加上疫情影响，教学、文化交流活动增加比较多的费用，资金短缺问题日显突出。

四　研究结果

1. 越南孔院汉语国际传播现状

突袭而至的新冠肺炎疫情不仅给全人类的生命安全带来了极大的威胁，对全球的产业链也造成了严重的风险和冲击，如何平衡健康生活与繁荣经济，成为各个国家面临的重大考验。

众所周知，越南社会方方面面都深受汉文化的影响，可以说已经到了根深蒂固的程度。但与之不相称的是，越南近30年来的汉语教学却发展缓慢。2014年，越南首个也是唯一一个孔子学院成立。这家孔子学院依托于越南河内大学，但是历经六年并未发展成越南汉语教学的核心部分和主体。汉语国际传播任务对于越南孔院而言仍是一项复杂曲折的工作，亟待探索更加高效的传播模式。通过调查、访谈和案例观察，笔者发现越南孔院在疫情后的汉语传播进程中发生了如下变化。

（1）学习人数变化

自2019年底开始，越南孔院的汉语国际传播形势发生了重大改变，汉语学员人数增加近1000人，参与文化活动人数线上线下累计超10万人次，参加HSK和HSKK考试人数累计约2万人次，仅2021年上半年就达到了7439人次，实现了跨越式的增长。目前越南有着庞大的汉语学习群体，因而愿意更深入全面地了解中国，期待与中国进行科技文化等方面的交流与合作，为日益活跃的中越经贸往来做准备。

（2）传播渠道变化

越南孔院主要从事汉语课程教学、汉语教师培训、汉语学习教材编制、奖学金生推荐以及中越两国文化交流与推广等工作，力图推动越南汉语教学多层次、全方位的发展，促进中越两国在教育、文化等领域的交流与合作。这些活动对搭建中越友谊之桥，助推中越友谊健康发展，起到了很好的帮助作用。但是随着新冠肺炎疫情的扩散，在越南疫情防控政策的严格要求下，越南孔院的线下教学活动安排受到了极大的限制，于是他们将重心转移到线上教学、线上考试（超1700人次）、线上文化体验（如云游桂林、线上中国文化体验营、线上今日中国等），这些线上活动依托中国成熟的网络平台技术和中越社会各界的大力支持，均取得了良好的效果。

（3）教育模式变化

目前，中国同东盟国家的经贸往来更加频繁，中越两国乃至东盟地区对汉语人才的需求高速增长，这对越南孔院来说，既是机遇，也是挑战。当前，中国在科技发展中取得的巨大进步举世瞩目，这为国际中文教育服务区域经贸合作，助力中国—东盟战略伙伴关系提升及"一带一路"倡议在东南亚地区的高质量发展提供了有利条件。根据调查了解，越南汉语学习者对单纯的中文和中国文化的学习需求正逐渐向基于中文的职业教育需求转变。越南孔院顺势而为，为在越中资企业有针对性地开发"汉语＋职业教育"课程，为企业提供急需的汉语人才，同时也为越南汉语学员职业发展，解决家庭生活问题提供帮助。该模式的优势在于学生有了良好的中文基础之后就进入专业知识学习并在与专业相关的企业和单位实习。目前泰国、马来西亚、印度尼西亚以及东南亚其他一些国家正在运用该模式并取得了不少成就，该模式使学生提前确定自己的发展方向并在学习阶段提升对行业的适应能力。截至 2020 年底，在越南的中资企业已经超过 3000 家，其中有不少是广西的企业。为中资企业在越南的本土化发展培养人才是越南孔院的责任，这也是践行构建人类命运共同体和"一带一路"倡议的有效方法。越南孔院根据企业不同的需求，量身定制课程，积极推广中文＋职业教育，为南航、工行等大型国企以及广西民营企业中的越南籍员工开设汉语培训课程，帮助员工了解中国文化、当代中国国情并尽快融入中资企业。

可见，新时代越南孔院汉语国际传播进程不仅受到政治环境的影响，而且极大程度受到当前外部生态环境和经济环境的影响。因为历史原因，中越两国关系复杂多变，越南孔院的生存发展环境非常复杂和艰苦。在新时代，越南孔院不仅要坚持科学定位、突出特色，努力适应汉语学习者多样化、多层次的需求，还要坚持突出公益性、民间性，充分调动各方力量的办学积极性，从而解决越南孔院的生存问题（外部生态）、生活问题（日常运营）、生长问题（可持续发展）。这对越南孔院而言是一个严峻的考验。

2. 新时代越南孔院汉语国际传播对策

面对当前形势，越南孔院调整了传统的工作思路，一是明确孔院发展的战略目标，即把越南孔院打造成以汉考、特色汉语教学为主业，以"中越国际文化与学术交流与合作平台"为特色的孔子学院，构建"守法、融合、务实、和谐"的越南孔院文化；二是以汉考为突破点，把河内大学的利益和越南孔院的发展捆绑在一起，形成利益和命运的共同体，实现包容性发展；三是抓住机会，积极参加各种活动，主动参与并引导孔院舆情导向，获得越南各方，尤其是高层的理解和肯定，拓展孔院生存空间。

秉持上述原则，越南孔院初步建成以"汉考"为品牌，以"汉语＋职业教育"模式为创新，以"中越国际文化与学术交流平台"为特色的汉语传播路径，力争打造越南孔院的三张名片：一是汉考（核心竞争力）；二是特色教学（汉语＋职业教育）；三是高层次科研和文化与学术交流平台（发展动力）。相应的工作从以下六个方面展开。

其一，建设"汉语＋职业教育"培训基地，为开展汉语职业教育与培训做好充分的准备，尽快组织编写并推广使用针对职业教育的汉语教材，形成行之有效的教学法，组建经验丰富的汉语职业教育师资队伍，形成专业化、标准化、系统化的职业汉语教育与培训服务体系。让汉语国际传播更好地解决"一带一路"建设中的实际问题，从而进一步深化汉语国际传播的内涵建设。

其二，搭建中越国际文化与学术交流平台，建设越南孔院特色发展之路，扩大中国与越南高校的校际交流，增加教育、经济、文化合作，推动汉语国际传播的进程。

其三，提高越南汉语教学的本土化程度：符合越南政策要求，满足越南人学习汉语需求，充实越南本土汉语师资队伍，促成越南首个本土汉语教师协会的建立，提高越南本土汉语师资专业发展意识，等等，为研发本土汉语教材、科研创新、访学进修等提供支持与服务。

其四，成立越南孔院校友会，与华文教育形成合力，共同推进"一带一路"语言之路的建设。

其五，拓展教学模式，如专题研究式教学模式、探究式学习、范例式教学、线上线下混合式教学等。

其六，建立健全各项管理制度，科学管理各项工作，进行市场策划和运作，提高汉语教学和汉语水平考试的服务质量。实行考教结合，纸考、机考、网考结合，以满足不同年龄、不同人群汉语学习者的多样化需求，形成越南公认的权威汉语考试品牌。

此外，应在以语言与文化交流为核心的基础上加强推动以下合作。

第一，加强与企业的合作，为有良好中文基础的学生提供实习机会。越南孔院应作为中文学习者与招聘单位之间的桥梁，与各校中文系紧密配合，以选拔优秀学生到企业实习或工作。

第二，根据学校培养和企业专业知识的需求，推出合适的中文教学课程，这不仅可以提高学习者的中文水平，还使其有机会学习未来职业的专业知识和技能，满足越南目前职业专业化的需求。

第三，作为越中两国高校的合作桥梁，协助河内大学中文系及其他教育单位推出"1+3"和"2+2"的联合培养项目：在越南国内完成一年或两年汉语和专业学习后，越南学生可到中国高校继续学习并在中国企业和单位实习，他们会同时收到两所高校的毕业证书。因此，毕业后学生会有多元文化和国际化的工作经验，未来会有更多的职业发展机会。

结　语

新时代，越南人学习汉语的需求日益增加，中越两国的政治环境、外部生态环境和经济环境直接影响着越南的汉语国际传播进程。在汉语国际传播的过程中，越南孔院必须遵守越南的法律法规，尊重越南文化传统和习俗；必须坚持共建共管共享，坚持服务越南、互利共赢，努力为中越经济、教育、文化发展提供服务。只有如此，越南孔院才能抓住机遇获得更大的生存发展空间，才能充分发挥新形势下的综合文化交流平台作用。

◆ *海外汉学研究* ◆

叶维廉传释学理论与国际传播能力建设

于　伟*

　　摘　要：传释学是美籍华人学者叶维廉提出的理论体系，是他精研西方诠释学与中国传统诗学的结晶。传释学将作者的创作、作品的传播以及读者的阐释看作一个统一的整体、一个动态的过程，它既关注"传"，也关注"释"，同时关注"传"与"释"之间的各种要素。传释学理论对中国国际传播能力建设有着重要的启示，它要求我们在着眼于"传"的同时，不能忽略"释"，"传"要以"释"为前提，传播者要心怀信息接收方，要引导"释"，通过诸种传播策略的选用，努力避免过度阐释、强制阐释等情况的发生，以确保传播的效果。同时，传释学也预设了中国国际传播能力建设，中华文化的对外传播与交流，必将带来中华文化的创造性阐释与创新性发展。

　　关键词：传释学　阐释学　中华文化　国际传播　叶维廉

　　2015 年 12 月，习近平总书记在《在全国党校工作会议上的讲话》中指出，"落后就要挨打，贫穷就要挨饿，失语就要挨骂。形象地讲，长期以来，我们党带领人民就是要不断解决'挨打'、'挨饿'、'挨骂'这三大问题。经过几代人不懈奋斗，前两个问题基本得到解决，但'挨骂'问题还没有得到根本解决"。① 2021 年 5 月 31 日，中共中央政治局就加强我国

---

　　*　于伟，中国人民大学文学博士，北京语言大学发展规划与学科建设办公室副主任，研究方向为中西比较诗学、中美文学交流史、国际中文教育等。本成果受北京语言大学校级项目（中央高校基本科研业务费专项资金）资助，项目名称："叶维廉传释学的价值重估与理论重构"，项目批准号：23YJXZ0003。

　　①　习近平：《在全国党校工作会议上的讲话》，《求是》2016 年第 9 期。

国际传播能力建设进行第三十次集体学习，习近平总书记再次强调，讲好中国故事，传播好中国声音，展示真实、立体、全面的中国，是加强我国国际传播能力建设的重要任务。那么，如何才能解决好"失语""挨骂"的问题，向世界展现真实、立体、全面的中国，讲好中国故事，传播好中国声音呢？本文试图从传释学的角度做理论层面的分析，并尝试给出有效的建议。

一　从盲人摸象的故事谈起

盲人摸象的故事大家耳熟能详，一般认为这个故事出自佛教经典《大般涅槃经》第三十二卷，原文节选如下：

> 有王告一大臣："汝牵一象以示盲者。"尔时大臣受王敕已，多集众盲，以象示之。时彼众盲各以手触。大臣即还，尔白王言："臣已示竟"。尔时大王即唤众盲，各各问言："汝见象耶？"众盲各言："我已得见"。王言："象为何类"。其触牙者即言："象形如芦菔根。"其触耳者言："象如箕。"其触头者言："象如石。"其触鼻者言："象如杵。"其触脚者言："象如木臼。"其触脊者言："象如床。"其触腹者言："象如瓮。"其触尾者言："象如绳。"①

同样面对着大象，盲人们众说纷纭，为什么呢？因为是盲人，不见全象，或者没见过全象，显然也没听说过象，所以只能仅凭自己所触所感，给出"什么是象"的感性描述。他们的回答对吗？显然不对。但真的不对吗？显然也不是完全不对。说他们不对，是因为他们的回答离真相太远了，我们耳聪目明，显然比他们知道得多，所以轻易可以判断出他们说得不对。说他们不完全不对，因为他们给出的是他们对大象局部的判断，是未见全象的情况下，对大象某一部分的判断，这来自他们的直接经验与思考，虽然不是绝对正确的认知，却也是相对正确的认知，最起码他们自己认为是正确的。盲人摸象，答案五花八门，认知偏差很大。笑过之后，我

---

① 袁晖：《历代寓言·汉魏六朝卷》，中国青年出版社，2011，第453页。

们是不是也可以思考，盲人认知产生偏差，是谁之过？是盲人的过错吗，我们是不是可以怪他们不见全象、不知整体，不知来龙去脉，就盲目下判断？我们是不是也应该反思让他们在不知全象的情况下去认知大象的这一方的问题与过失呢？我们应该怎样才能让盲人正确或相对正确地认知大象呢？我们可以把盲人一方界定为对世界、事物的解释者，同时把给盲人的布置认知任务的一方界定为事物、信息的传达者。这样一来，问题就可以置换为，解释者对事物、信息的理解有偏差，是不是就只是解释者的问题，是他们盲目、主观、有偏见、认识问题不全面、视野狭窄、知识浅陋？这种解释者认知的偏差，或者说解释方对传达方信息的误会、误解，传达方是不是也应该承担责任，传达方抛出问题、传递信息的时机、条件限制、难易程度，是不是也有问题，需要斟酌？

西方有门学问叫作诠释学或解释学，是一门研究理解和解释的学问，是关于理解包括法律文件、历史文献、文学作品以及圣经文本在内的一切文字文本含义的原则和方法的阐述。① 在系统阐述对原文含义的理解方法时，传统阐释学提出了阐释循环的理论，即要想弄明白语言单位整体中各文字部分的确切含义，就必须先领悟该语言单位的总体含义，然而只有理解了各组成部分的含义，我们才能了解作品的整体含义。② 这就是阐释的循环，它并非恶性循环，我们在逐层深入领会全文含义的同时，也在不断地追忆理解其组成部分的文字的含义，通过这两个步骤共同修正性的互相作用，我们就能得出正确的释义。其实，这种释义过程的循环，既适用于任何语句中的字词与全句之间的关联，也适用于一部作品中所有句子与作品总体的联系，还适用于一部作品与其所产生的社会历史语境总体的关联。根据这样的阐释学理论，要解决盲人摸象认知偏差的问题，让盲人能够真正理解全象，就必须设法先给盲人一个有关全象的整体观，尽管这个整体观可能是浅层次的、表面的，但有了这样一个浅表的整体印象，盲人靠触觉所得的局部印象才能有处安放，而盲人依据自己的触觉感官，逐步

---

① M. H. 艾布拉姆斯、杰弗里·高尔特·哈珀姆：《文学术语词典》（中英文对照），北京大学出版社，2014，第176页。

② M. H. 艾布拉姆斯、杰弗里·高尔特·哈珀姆：《文学术语词典》（中英文对照），北京大学出版社，2014，第177页。

加深体验获得局部印象，也就逐渐修正自己原本获得的浅表的整体印象，就这样，经过多次整体与部分之间循环交互，最后方能逐渐拼贴叠合成一个全象，进而获得一个更新了的、较深层次的对全象的认知。

如果这样是可行的，那么问题就转移到我们如何给盲人一个有关全象的整体观念上来了。依据西方阐释学，我们自然不难推知，当人们认识一个全新的事物时，以往人生历程中所获得的直接经验和间接经验，都构成了我们理解新事物的大语境，我们就是依据这样的大语境和前理解，来展开我们的新认知的。在这个新事物面前，我们其实就是盲人，我们没有对这个全新的事物整体认知，哪怕是模糊的和浅层次的，我们内心充满了对陌生事物的恐惧，从而小心翼翼调用自身所有的经验和知识，试图获得对新事物的点滴心得，并且一有斩获就将这新心得融入旧经验中，从而在理解新事物的过程中，逐渐更新自己的经验和认知，最终经过不断的尝试摸索获得一个相对正确的认识，并在无尽的摸索中不断更新自己的认知，从而使自己的认知不断走向正确。这实在是一个艰辛的认知过程，也是对新事物认识的必由之路。人非生而知之，只能如此像盲人一般在未知的世界里摸索。但好在人是懂得积累知识、传承知识的社会人，人可以继承前人的经验和认识，并站在前人的肩膀上使用已知、探索未知，从而使人类的知识越来越丰富，使人类的认知边界越来宽广。从这个意义上说，后来的人，也就有了后发的优势，有了不必如前辈一样在黑暗中一点点摸索，而是通过学习就能掌握前人认知的成果的机会。这前人所积累下来的，后人能够传承的东西，就构成了上面假设所说的在盲人摸象之前所给予他的关于全象的整体观念。有了这样一个从外界获得的、自己可能对其理解并不深入的整体观念，盲人就获得了对于全象的初步了解和认知，如此，再加上自己亲身的体验和思考，以及自己站在前人肩膀上的探索和历险，也就逐渐建立起自己对"象"更为深刻的认知。

所以，这里就提到了一个接受教育、传承知识、进行学习的问题，也就是一个"传"的问题。有人传道、授业、解惑，大家对世界的认知自然事半功倍。所以，就对事物的认识而言，"传"非常重要，"传"无疑深刻地引导、影响着"释"。正如上文所说，王在让众盲人摸象之前，如能结合盲人对常见动物的认知先告知他们象是一种体型庞大的动物等，盲人对象的认知可能就会准确很多。这就给我们一个启示，我们要想有效地传情达意，要想让信息的接收方、文本的读者正确地解读和阐释文本意义，那么在信息传递、文化传播之前，进行背景知识的普及与传播信息的解析都是十分必要的。更进一步说，信息的传达方如果能关注读者自身的条件和局限，就如因材施教的教师般，循循善诱，注意信息的传达方式与策略，并根据解释者对信息的解读情况不断调整自己的方式策略，那么文化的传播自然就能有较好的效果了。当然，传释学中的"传"的含义，远比笔者在这里提到的丰富复杂，后文还会有进一步阐释。但是，相比之下，现代阐释学理论不重视"传"而只重视"释"，也是显然易见的。阐释学只着重从事物认识者、信息接收者、文本读者的角度，来展开日渐深入的研究，而将作者的传情达意及文本编织的语境、意图、努力、策略、达成度等置之脑后。现代西方阐释学由于漠视作者传播信息的努力，将作者看成已死之人，不重视作者创作作品的主观意图，认为读者对作品的理解是因人而异的，所以他们要么承认文本的语言含义确定不变，而文本的意义却是永远变幻不定的，要么认为成功的理解一定是读者与文本的"视界融合"的产物，是读者与文本敞开心扉的对话互动的结果。这两种主张的结果，则是解放了读者解读、阐释文本的束缚，它在为读者的创造性阐释开辟了空间的同时，也给读者对文本的过于主观的过度阐释①创造了条件。于是，我们看到了读者不顾作者本意的众声喧哗、不细心考辨作者言论语境的强制阐释，② 人与人之间的理解变得越来越困难，隔膜也越来越深。而这，不就是盲人摸象之后的场景吗？人与人之间失去了可以沟通对话的共通之处，于是各种侮辱谩骂之词充斥虚拟与现实空间。于是，不同文化之间、中西文化之间的隔膜与冲突，上文所说的"挨

---

① 过度阐释的说法源于意大利文学批评家安贝托·埃科，埃科反对读者不受任何拘束地对文本进行阐释的状况，在他看来，阐释是有边界的，文学批评必须从信马由缰的失控状态回归作者和文本规定的限度之内，他认为作者和文本对意义的生成有着重要的规定性作用。关于埃科对过度阐释的批判，参见《诠释与过度诠释》，王宇根译，三联书店，1997。

② 学者张江在 2014 年第 6 期《文学评论》上发表了一篇题为《强制阐释论》的文章，提出了强制阐释的概念。在张江看来，强制阐释是当代西方文论的基本特征和根本缺陷之一，他用强制阐释来概括背离文本话语、消解文学指征，以前在立场和模式，对文本和文学做符合论者主观意图和结论的阐释。

骂"的问题，也就这样产生了。

二 传释学概念的提出及理论价值

如何解困？叶维廉提出了传释学的理论。起初叶维廉是用"传释学"代替"诠释学"去翻译西方学问"Hermeneutics"，但其在论述中所涉及的内涵已然超出了诠释学的研究边界。何谓传释学，它与阐释学有何不同？叶维廉说"我们不用诠释二字而用传释，是因为诠释往往只从读者的角度出发了解一篇作品，而未兼顾到作者通过作品传意、读者通过作品释意（诠释）这两轴之间所存在的种种微妙的问题"，"我们要探讨的，即是作者传意、读者释意这既合且分、既分且合的整体活动"。[①] 简言之，叶维廉提出传释学的理论，是想引导我们关注作者的传意，提醒读者释意时应该考虑作者的传意，同时提醒作者在传意时考虑读者的释意。在传释学看来，"传"和"释"是同一事物的两个方面，或曰一体两面，而不是可以断为两截、互不相涉的两件事体。从某种意义上说，"传"就是"释"，"释"就是"传"，"传"是为了"释"，"释"亦是为了"传"。"传"和"释"是人类对话交流过程中不可或缺、不可分割的要件，"传"引导着"释"，"释"也影响着"传"，尽管两者各自都有某种程度的相对独立性。

即使在作品开放的时代，读者的释意亦不能离开作者的传意而对文本进行任意的解读，创造性的解读和阐释不是歪曲作者的原意和文本的含义，也不是满足于只言片语的强制阐释，更不是戴着有色眼镜、充满偏见的恶意阐释，[②] 理想的读者应该是充满同情与善意的、愿意与作者沟通对

---

① 叶维廉：《与作品对话：传释学初探》，载《中国诗学》，台大出版中心，2014，第163页。

② 郑晓龙2001年的电影作品《刮痧》中有一个精彩的片段，展现的是美国律师本顿为了证明影片的主人公许大同有暴力倾向而曲解了《西游记》中的孙悟空形象，他说"孙悟空受托管理九千年一熟的桃园……却把桃园占为己有，当别人制止他时，他竟毁坏了全部桃树……一个神仙炼出了长生不老药丸，孙悟空不但吃光了全部药丸，还掀翻炼丹炉，砸烂别人的车间……这么一只顽劣粗鲁的中国猴子，却被许先生当成道德与价值榜样……"影片后来告诉我们这位律师其实懂得《西游记》的故事，了解孙悟空的形象意蕴，但这却不妨碍他对孙悟空做出这样有利于自己观点的解读，真是令人唏嘘。在笔者看来，如果给像他这样对人对事做出的肆意歪曲的解读做个界定，不妨可以称之为恶意阐释，以跟伽达默尔所说的"寻求理解的善良意志"和陈寅恪所提出的"了解之同情"相对应。

话的、对所解读阐释的文本具备一定知识水平和前理解的人，尽管作者的传意与读者的诠释之间必然有差距，因为作者的语言教育背景、生活环境、文化传统和读者的语言教育背景、生活环境、文化传统必然有差距，世界上没有思想表达的运作完全相同的两个人，但读者仍需有做作者的"知音"的良好愿望，仍有触及作者所传"精要"的可能性。《文心雕龙·知音》说"世远莫见其面，觇文辄见其心"，又说"岂成篇之足深，患识照之自浅耳"。在刘勰看来，知音难觅，难在读者的见识难以与作者的见识比肩，而这却并非不可逾越的，刘勰说"操千曲而晓声，观千剑而识器"，"缀文者情动而辞发，观文者披文以入情，沿波讨源，虽幽必显"，只要方法得当、肯下功夫，成为作者的知音也不是没有可能。刘勰给出了"阅文情"的"六观法"，"一观位体，二观置辞，三观通变，四观奇正，五观事义，六观宫商"。① 当然，这自然是专就文本的阅读与阐释来说的，并未谈及异质文化间传播与阐释的问题，但刘勰的理念与方法，在跨文化的传播与阐释中也是适用的。

在传释学看来，读者对作者之意的"心领神会"是可能达成的，读者成为作者的知音也并非遥不可及之事。作者原意的绝对重建虽然有困难，但读者对作者作品中所展现出来的全面意义只做"触及精要"的理解和认知是完全可能的。也正是这种可能性的存在，才使得作者与读者之间的沟通摆脱了自言自语、自说自话的处境，走上有效沟通、对话的道路。在这一点上，传释学与现代阐释学不同，现代阐释学认为作者原意的重建是不可能实现的，并因此而彻底放弃了对作者原意的重建，转而强调文本的多义和意义的生成有待于读者对文本的阅读和读者与作者之间互为主体的对话。在笔者看来，西方现代诠释学片面追求文本意义的多元与流转，其实走进了一个误区，在他们看来，讲求文本的开放是对文本作者原意的叛逆，而对作者原意的叛逆，也就给了读者对文本意义进行创新阐释的机会。但这并不是问题的关键，问题的关键其实是读者寻求对文本进行创造性解读的初心并不是对作者原意的背叛，也并不是作者的原意束缚了读者的解读，如果不愿意接受作者在行文中表达的情志、意图，读者完全可以选择放弃阅读作者的文本，又何

---

① 周振甫：《文心雕龙今译》，中华书局，1986，第 434~441 页。

必费一番周折为着反叛作者的原意而阅读作者的文本，并最终进行所谓的创造性叛逆呢？笔者并没有看到这个必要，读者之所以选择阅读作者的文本，就一定是认为这个作者在文本中所传达的情志、意义对自己有价值或者说有潜在的价值。在笔者看来，我们寻求对文本的创造性解读，我们采取对文本的创造性叛逆，其实不是对作者情志、原意的叛逆，而只是对作者文本的所谓权威性、排他性阐释的反叛与革命。只有理解了这一点，我们才能真正明白作者苦心孤诣地创造经典，而读者皓首穷经地重读经典背后的深刻内涵。中国古人说"诗无达诂"，说"此物此志也，评点笺释，皆后人方隅之见"，说"古人之言，包含无尽；后人读之，随其性情浅深高下，各有会心"，①其实都是在告诉我们，对经典文本的阐释与解读，并无穷尽之可能，不要认为自己的解读就是正确的解读，从而排斥其他的解读，亦不要盲目地奉他人的解读为终极的真理，放弃了自己解读、阐释的权力。

以上是传释学对"释"的规定。再来看"传"，在传释学看来，作者的传意亦必须考虑读者的释意情况，做到心中有读者，才能有效地传意，尽管有时心中的读者形象并不是特别清晰。传释学视野下的作者之传意，是有的放矢的，是要首先建立传情达意的基础、营造传释双方对话沟通的语境，然后才展开传意的。再者，传意也并不是简单地、自顾自地将信息放送出去，作者要考虑使用对方能接受的方式传情达意，尽量传播对方能理解、能接受，或者经过调整之后能接受的内容。也就是说，作者传意要考虑到释意读者的承受度，要寻找最佳途径，要把想要传达的内容限定在读者所可以承受的范围内。如若不然，很可能会产生相反的效果。在《对于参与国际教育运动的意见》一文中，陶行知曾提到未来中国教育要为世界教育做贡献，他说要想让中国教育参与世界合作，第一要自己晓得自己，第二要自己晓得别人，第三要别人晓得自己，概括来说即是"自明"、"明他"和"他明"。② 作者要做传情达意的事情，要想让对方理解自己的用意和苦心，首先就应该自明，只有自明才能

---

① 沈德潜：《唐诗别裁集》，上海古籍出版社，1979，第1页。
② 陶行知：《对于参与国际教育运动的意见》，载《陶行知教育文集》，四川教育出版社，2017，第82页。

真正明他，明他则能够促进自明，只有尽力做到自明、明他，才有可能实现他明，亦即才能做到进行正向有效的传达。也就是说，作者传意，一定要考虑到读者的情况。

孔子说"己所不欲，勿施于人"，就是提醒后人做好自明、明他的功夫，就是教诲我们多考虑对方的感受，多考虑对方能否正向解读我们所传达的信息。如果作为作者的传达方，推敲不出读者方正向解读的可能性，那就不应该盲目向对方传达信息。这是第一层意思。第二层意思，在传释学看来，传意不能只注重将意义"寄出"，还应该学会"包装"，学会讲故事。庄子在《庄子·天道》中曾经借轮扁之口讽刺古之圣人书籍为"糟粕"，轮扁拿治国与斫轮相比，认为无论斫轮还是治国，都有"得之于手而应于心"却"口不能言"的"数""存焉于其间"，在他看来，这个"数"才是精华，而已死圣人之"言"，无疑是"糟粕"。① 庄子此言，颇有"道可道，非常道，名可名，非常名"的味道，表达出了老庄对语言传情达意的怀疑与不信任。值得注意的是，庄子关于古之圣人书籍和言论的评价，在《庄子·天运》中还有一处，庄子借老子之口说"夫六经，先王之陈迹也，岂其所以迹哉……夫迹，履之所出，而迹岂履哉?"② 庄子在此未说"言"与"数"，谈的是"迹"与"履"，这该如何理解?在传释学看来，"言"和"迹"分明是一种传意行为，而"数"和"所以迹"或"履"，则是作者苦心设法所要传的"意"。

道家一向视"言语"为下品，而独尊那迷离惝恍的"道"，但又离不开"言语"，因为倘若离开了"语言"等指意行为，"道"也就无法传达了。老子无计可施，只好仍用语言勉强达"道"，"随说随扫"，庄子高明些，喜欢运用寓言、重言、卮言来传达思想。"三言"虽有不同，但假托他人或另外的事来说明道理、阐发道体的形式却是一致的。庄子说他要运用"三言"达到"言无言，终身言，未尝言，终身不言，未尝不言"③ 的境界。《红楼梦》的作者"将真事隐去""用假语村言，敷演出一段故事

① 陆永品:《庄子通释》，中国社会科学出版社，2006，第205页。
② 陆永品:《庄子通释》，中国社会科学出版社，2006，第227页。
③ 陆永品:《庄子通释》，中国社会科学出版社，2006，第450页。

来"，可谓得老庄体道、得道、传道之三昧。正是建基于此，传释学认为，运用语言传情达意不应"泥滞在名义"，而应"仿佛一指、一火花，指向、闪亮那物物无碍在沉默中相互指认的世界"。① 也就是说，通过讲故事等方式，将道理灌注其中，从而指引人们去体悟那作者所欲传达的"意"，而不是毫无技巧、开门见山地和盘托出自己的思想见解。一来，思想见解难以和盘托出，二来，和盘托出的东西，经过语言的编码、解码，也许早已偏离了作者原意。而以讲故事的方式，借助寓言、重言、卮言，反而能取得曲径通幽之效果。

总之，叶维廉"传释学"理论的提出，是对西方诠释学理论的刷新，他想借助"传释学"理论告诉我们，"传"和"释"是一个事物的两个方面，作者言传身教之"传"，绝不是没有目的的泛泛而谈，他心中必有读者在，必有受众存，他传情达意是想对读者、对受众有影响、有教化、有启发、有帮助，他想让人知道他的思想情感，他想通过文字等媒介与人交流、对话，最终达成他所孜孜以求的他人对他的理解、承认与尊重，而读者充满"观念的冒险"之精神的"释"，读者对作者编码的破译、对作者所讲述"故事"的心领神会，也一定是对作者心存敬畏与善意，在自己多方了解与认知作者其人其事的基础上进行的，他在读书的过程中，一定在经历观念的冒险，在刷新自己的旧思想、旧观念和前理解，他在加深对作品理解的同时，也在加深对作者的认知与了解，一旦他能洞悉作者的意图，定会有摩诃迦叶般的"拈花一笑"。这就是传释学。叶维廉提出这个概念的初衷，是促进文化间的理解与对话，是促进新文化的创生，他提醒作者心中要有读者，传情达意要考虑对方的接受，他也提醒读者心中要有作者，做"观念的冒险"是为了拓展自己的视野，创新自己的思想观念，同时也是为了理解作者、与作者达成共识，为了"拈花一笑"的刹那。

三　传释学视野下的中国国际传播能力建设

明白了传释学的理论，就会发现我们今天要加强国际传播能力建设的

---

① 叶维廉：《言无言：道家知识论》，载《中国诗学》，台大出版中心，2014，第154页。

问题，固然是讲"传播"的问题，但如果深究下去，就会发现"传"中有"释"，而"释"中亦有"传"，不可偏废。我们讲"传"，一定是在"释"的基础上的"传"，一方面我们应该清楚所要传达的内容、思想、情志，应该清楚传达的目的、本心、初衷，应该学会传达的技巧、方法、策略，更重要的是，我们应该了解对方的文化背景、思维方式、关心的问题等，应该了解对方对我们的态度、掌握的信息、已有的成见等，应该了解对方容易接受的传播框架、招式、路数等，一句话，我们应该心中有读者，我们应该首先做好对己对人的"释"的工作，才能做好"传"。我们讲"释"，一方面是将"释"作为"传"的先决条件，这个不难理解，孙子兵法讲"知己知彼，百战不殆"，这个"释"，其实就是知己知彼的过程，先知己再知彼，通过知彼加深知己，知己知彼，文化传播才能有效推进；另一方面是将"释"作为"传"的阶段性成果和再传播的基础，这里的"释"理论上讲已然不同于知己知彼的"释"，它是对文化传播过程中所遇到的新问题的"释"，它是对文化传播过程中两种文化碰撞交融所迸射出的灵感与火花的"释"，它是对异质文化间交融碰撞所产生的新问题、新情况、新境界的总结，这个"释"，是在文化传播、交融与碰撞基础上的"释"，它孕育着来自两种文化但又不同于两种文化的新文化的苗裔，开启着人类文化的新生命。而这也正如有学者所指出的那样，"传播当然是双向的，在这交互的过程中，可以引发我们的自我反省、更新与创造。我们可以在这传播、发展的实践过程当中，建立起中国文化的新层次与新境界，而这个新境界不是在世界文化的传播过程当中，就无法完全实现"。①

我们可以借用叶圣陶先生"自明"、"明他"和"他明"的概念，来论述传释学理论指导下的国际传播能力建设方略。费孝通于1945年访问美国归来之后在《初访美国·余笔》中写道，"我们所谓文化介绍，其实是在用自己文化来和别人的文化相对照。所以要介绍美国文化给中国人，介绍人不但要明白美国文化而且还要能明白中国文化。为美国人解释中国，我们中国人自己反而有时不及美国人。要有这种贯通两国文化的人才实在

---

① 成中英：《文化传播与中国文化的传播》，载《从中西互释中挺立》，中国人民大学出版社，2005，第266页。

不容易"。① 道理很明白，"自明"和"明他"是国际传播能力建设的重要内容，也是基本前提条件。"自明"和"明他"的功夫到位了，有效对外传播的条件也就成熟了。从理论上讲，既然已经做到了"自明"和"明他"，"他明"也就能在有效的传播策略之下水到渠成了。"他明"是传播能力建设的目的，文化传达方与阐释方就文化传播达成了默契与理解，跨文化的对话与交流自然也就能够顺利开展，建基于文化交流双方之上，作为解决全球问题、表述多元文化交融的人类经验的新文化的创生也就不远了。

"自明"，就是搞清楚自身，搞清楚自身的历史与文化，搞清楚自身的现状与前景，解决好传播内容的问题。费孝通在《美国人的性格·后记》中说，"各种文化里长大的人不能互相理解是当前一个严重的问题"，"在各个别文化中生活的人对于不同于自己的文化只觉得可厌甚至可怕"，在费孝通看来，要改变这种异质文化间彼此隔膜甚至敌视的态度，"只有充分发挥人们的理性"，开展"民族自省"，他说："我们必须用科学方法把我们中国人的生活方式，在这生活方式中所养成的观念，——从我们的历史和处境中加以说明。"② 西学东渐以来，有识之士已然开展了多次"整理国故"的工作，致力于重新阐释中国经典、重新构建中国历史。我们今天仍然面临着这个重要的任务，从传释学的角度看，每一次的"整理国故"，其实都是一次对中华经典、中华文化的创造性阐释和创新性发展。新文化运动时期，以胡适为代表的现代知识精英们整理国故，为的是用科学的精神整理民族的遗产，希望通过读本式、索引式、结账式、专史式的整理，解决中国古书佶屈聱牙不易读懂的问题，为中国古代学问建立索引解决资料查找难题，为聚讼纷纭的历史公案勉力做出定论，为中国学问各学科追溯源流撰写梗概，在某种意义上可以说"整理国故"建立了中国学术的现代范式，亦为中国学问的教育普及与传播发展带来了极大的便利。时隔百年，历史发展到中国现代化建设取得举世瞩目成就的今天，发展到不断"增强道路自信、理论自信、制度自信、文化自信"，为解决人类问题贡献

---

① 费孝通：《美国与美国人》，三联书店，2021，第 208 页。
② 费孝通：《美国与美国人》，三联书店，2021，第 277 页。

中国智慧、提供中国方案，构建人类命运共同体的今天，又到了对中华文化再审视、再阐释的时候了，也到了总结中国现代化建设经验、凝练中国制度优势的时候了，我们应该立足当前世界发展形势，直面世界性难题和威胁全人类生存发展的问题，回头认真梳理中华民族先贤哲人们的思想、智慧与精神，并给予创造性阐释与创新性发展。这种适合当下世界发展需求，能够为解决当下问题提供精神资源的中华文化，其实就是我们应该在中外文化交流中进行传播的优质资源。这样的中华文化，是能够参与他国文化建设的资源，是能够促进世界文明前进的资源，而且是能够在与他国文化交流沟通的过程中实现创新发展的资源。

"明他"，就是搞清楚传播的对象，搞清楚读者方的历史与文化，搞清楚读者方的需求与诉求，搞清楚读者方对传播方的误解与偏见及其形成的原因等，这样使传播更加精准有效。从"师夷长技以制夷"开始，中国人就开始了向西方学习的艰难道路，从器物到制度，从思想文化到革命道路，对西方亦步亦趋模仿学习了很多年。经过长期的摸索，我们终于开始超越对西方文化的直接移植和简单模仿，走上了独立、自主发展的道路，走出了中国特色社会主义道路。但这是不是就意味着我们可以不用向西方学习，反而可以成为西方学习模仿的榜样，引领西方文化前进的方向了呢？显然不是。我们虽然向西方学习了百余年，但我们仍然学习得不充分、不深入、不全面，我们还需要继续向西方学习。怀特海说，"人类精神上的奥德赛必须由社会的多样化来供给材料及驱动力。习俗不同的其他国家并不是敌人；它们是天赐之福。人类需要邻人具有足够的相似处，以便互相理解；具有足够的相异处，以便引起注意；具有足够的伟大处，以便引起羡慕。我们不能希望人们具有一切美德。甚至当人们有奇特得令人纳罕之处，我们也应当感到满意"。[1] 我们希望西方能这样理解文明的多样性，能尊重不同的人类文明形态，能够自觉加强文明间的交流与对话，我们也希望自己能像怀特海所说，认真深入研究西方文化与中华文化的相异之处和伟大之处，因为只有将西方文化研究透彻，中华文化的传播才能有的放矢；只有将西方制度与道路分析明白，中国道路和中国制度的优势与

---

① 〔英〕A. N. 怀特海：《科学与近代世界》，何钦译，商务印书馆，1997，第 198 页。

特色才能真正凸显出来。

如前所述，"自明"和"明他"是国际传播能力建设的基本前提，但仅有这些还是不够的。传释学告诉我们，"传"和"释"是一个整体，语言是传释的媒介，前理解①是传释的基础，循环是传释的图式，立场②是传释的保证，我们加强国际传播能力建设，还应有在实际工作中接受传释学理论指导而采取的方式策略的问题。

语言是人们在日常生活中对话、传释的关键媒介，因此它自然也就成为传释学关注的一个核心问题。"语言形成了人们的所见和所想——对于自己和世界的概念。人们对现实的展望由语言形成。人们远未意识到，他们通过语言来表现生活的各个方面——他们的崇拜、爱、社会行为和抽象思维；甚至于他们的感情的形成也与语言一致。"③ 但同时，人们又对语言充满了不信任，孔子说"书不尽言，言不尽意"，庄子说"世之所贵道者，书也。书不过语，语有贵也。语之所贵者，意也，意有所随。意之所随者，不可以言传也。而世因贵言传书。世虽贵之哉，犹不足贵也，为其贵非其贵也"。④ 面对语言的二律背反，传释学给出了以讲故事的方式传情达意的策略建议，如上所述，庄子借助寓言、重言、卮言来传情达意。我们今天提出"讲好中国故事"，正可谓得传释学之语言性原则之三昧。《人类简史》的作者尤瓦尔·赫拉利认为，人类最终成为地球的主宰，秘诀在于人类能创造并且相信某些"虚构的故事"。无论古今中外，人们都喜欢用讲故事的方式进行交流，人类习惯于依靠各种故事和叙事框架来理解和阐释世界与自身。更重要的是，根据认知语言科学的研究，故事绕开理性构

---

① 张隆溪在《诠释学与跨文化研究》中说，"理解是一个逐步改变的过程，此过程不可避免从已经先有的看法开始，然后再修正这种看法，而每次修正又形成新的看法，即新的视野"，这个"先有的看法"，就是前理解。海德格尔称其为"先有、先见、先构想"，伽达默尔称其为理解的先结构。

② 张隆溪在《诠释学与跨文化研究》中，提到了"阐释学的基本立场"，那就是理解是普遍存在、具有本体意义的活动，理解不仅是必须而且总是可能的，在他看来跨文化的理解也是如此。在跨文化的理解中，一直存在如何看待异质文化的问题，简单求同或片面强调差异固然不对，文化沙文主义、文化相对主义与种族中心主义亦是跨文化理解的障碍。

③ 〔美〕肖恩·加拉格尔：《解释学与教育》，张光陆译，华东师范大学出版社，2009，第5页。

④ 陆永品：《庄子通释》，中国社会科学出版社，2006，第450页。

建的重重屏障激活人们心中的"无意识框架"，或曰重建人们的认知框架，从而通过将人们"信念和认识模式里最深层的东西带到意识里"，当然，认知语言科学家说，我们应该表达我们真正相信的东西，"重建框架的核心是诚实和正直"。① 也就是说，用故事交流，可以直抵人们的心灵深处，唤醒被日常理性算计压抑的真性情，从而让故事的解读方能够放下成见和偏见，重新体认传达方所传播的内容，从而使得传释双方能达到较好的理解。

由于现代诠释学的影响，信息的解释者往往具有较强的自主性，他们喜欢按照自己的前理解或前见，按照自己的立场或喜好，对文本、信息进行解读与阐释。如此一来，读者对文本的解释就始终存在误读、误释和过度阐释、强制阐释的危险，作者在文本完成之后完全失去了对文本阐释的干预与支配力量，他对于读者对其作品的阐释只好听之任之，或者也可以加入读者的多元阐释，成为众多喧哗声之一种。所以，为了避免这种在文本信息阐释过程中的失控，这种众声喧哗的解读与阐释，也迫使作者或传播方总是要想法设法引导读者走上作者所预先设定的轨道。也就是说，作为信息的传播方，除了自明、明他，学会讲故事之外，还要下功夫去培养知音，培养了解自己、认同自己的阐释者，或者说，让自己文本信息的阐释者事先接受传播方的教育，培养他们能正向解读传播方价值立场的文化身份，培养他们创造性阐释传播方情志的同情善意，培养他们准确阐释传播方信息的知识能力，努力在阐释方的观念和意识领域消除他们对传播方的偏见与误会，营造有利于双方对话交流的氛围，塑造一个使释者能够正确对待他者、欣赏他者，并与之有效沟通、对话的前理解或前见。

陈寅恪在为冯友兰《中国哲学史》上册所写的审查报告中，说过一句很有名的话，"对于古人之说，应具了解之同情，方可下笔"。② 所谓"了解之同情"，无疑含有笔者上文所说的阐释者在面对文本作品、进行文本阐释时应该具有的同情与善意，"能为古人设身而处地也"，③ "对于其持论

---

① 〔美〕乔治·莱考夫：《别想那只大象》，闾佳译，浙江人民出版社，2013，第6页。
② 陈寅恪：《冯友兰中国哲学史上册审查报告》，载《金明馆丛稿二编》，三联书店，2001，第279页。
③ 章学诚：《文史通义·文德》（上册），叶瑛校注，中华书局，1985，第278页。

所以不得不如是之苦心孤诣，表一种之同情"。① 陈寅恪 "了解之同情"的
思想被研究者概括为陈氏阐释学中 "阐释的先验态度"，② 如果从传释学的
理论来看，陈寅恪 "了解之同情"的阐释方态度，无疑是传达方所寄希望
于阐释方的所与生俱来的善意，也是传达方想方设法汲汲以求的前理解或
前见。在陈寅恪看来，"古人著书立说，皆有所为而发。故其所处之环境，
所受之背景，非完全明了，则其学说不易评论"，③ 而古代哲学家生活的时
代已经距今几千年，当时的时代情形，作者的情志意向，早已湮没在历史
的烟尘中渺不可知了，"必须具备艺术家欣赏古代绘画雕刻之眼光及精神，
然后古人立说之用意与对象始可以真了解"。④ 其实，陈寅恪这样的表述，
移用到跨文化的传播与阐释中，也是非常合适的。中华文化跨文化传播到
距离中华大地万里之遥的异质文化区域，不但无法消除因时间久远而带来
的疏离，更因为地域距离的遥远、语言的障碍等加剧了这样的疏离。在这
样的语境下，我们做中华文化的海外传播，提升中国的国际传播能力，有
一项事业就显得非常必要并迫在眉睫了，那就是国际中文教育和中华文化
教育，希望借助于国际中文教育，培养越来越多知华、友华的学生、学者
和各界人士。

新中国成立以来，国际中文教育和中华文化教育已经走过 70 多个年
头，据统计，截至目前，已有 70 多个国家将中文纳入国际教育体系，180
多个国家开展了中文教育，中国以外正在学习中文的人数约有 2500 万，学
习和使用中文的人数累计高达 2 亿人。⑤ 如此大规模的国际中文教育事业，
无疑已经并将持续为中国国际传播能力的建设和中华文化传播奠定坚实的
基础，无数知华、友华的汉语和中华文化的受教育者，如能怀着对华的善

---

① 陈寅恪：《冯友兰中国哲学史上册审查报告》，载《金明馆丛稿二编》，三联书店，2001，
第 279 页。
② 刘梦溪：《陈寅恪的学说》（第二版），三联书店，2016，第 111 页。
③ 陈寅恪：《冯友兰中国哲学史上册审查报告》，载《金明馆丛稿二编》，三联书店，2001，
第 279 页。
④ 陈寅恪：《冯友兰中国哲学史上册审查报告》，载《金明馆丛稿二编》，三联书店，2001，
第 279 页。
⑤ 马箭飞、刘利主编《国际中文教育 70 周年纪念文集》，北京语言大学出版社，2021，
第 3 页。

意和同情，正向认知中国国际传播能力建设，正向认知中华文化海外传播，中华文化未来则有望达成"他明"的愿景，实现中华文化在与世界文明不断交流互鉴过程中的伟大复兴。

　　叶维廉始终致力于中西文化、文学与诗学的比较研究，始终致力于中西文化交流对话的思考与探索，他坚信"文化与文化之间的关系，其实并不是像美国学者亨廷顿在《文明的冲突》中所提出的那样，是彼此对立、相互冲突，并在不久的将来引发'全球冲突'的对抗关系，而是可以通过彼此对话交流而实现互补、互拓而共存共荣的关系"，① 他给予文化交流的定义是"文化交流的真义是，而且应该是，一种互相发展、互相调整、互相兼容的活动，是将我们认识的范围推向更大圆周的努力"。② 叶维廉提出的"传释学"概念，是在中西文化交流对话的语境中提出的新概念，他把作者传播与读者阐释看成一体两面，是采用东方中国的过程性、系统性、综合性思维方式进行思考的结果，他重视作者的传播、重视传与释之间种种耐人寻味的问题，是援引传统中国美学与诗学资源来与西方诗学进行对话的结晶，对当下中国国际传播能力建设有着重要的指导意义，值得我们深思精研。

---

① 于伟：《叶维廉对比较文学研究宗旨的探究——兼谈关于"共同诗学"的论争》，《华文文学》2021 年第 3 期。
② 叶维廉：《批评理论架构的再思》，载《历史、传释与美学》，东大图书公司，1988，第5 页。

初始规范视角下婚礼礼制的文化传递

——以《左传》最新合译本为例

陶 源 崔 珊*

摘 要:《左传》作为我国第一部叙事详细的编年体史书,是海内外学者研究周代五礼的重要资料。婚礼隶属五礼中的嘉礼,被誉为"礼之本""万世之始",在周代礼制中具有重要地位,然而关于《左传》婚礼文化传递的研究尚不多见。本文以2016年《左传》最新合译本为研究对象,基于图里提出的"初始规范"视角,采用案例分析方法,旨在探究译者翻译选择的倾向性以及周代婚制的文化传递情况。研究发现,译者总体倾向于充分性翻译,对"媵婚"及"烝"等婚姻现象进行了文化传递,但并未向读者明确二者作为礼制的合法性及特点;"宫""内"概念的翻译偏向可接受性,易于读者理解却造成了文化歧义。本文为中华传统典籍中的术语,尤其是婚礼礼制的专业术语在西方的传播和接受研究提供了一定借鉴。

关键词:《左传》最新合译本 婚礼礼制 初始规范 文化传递

一 引言

在中华典籍的国际传播过程中,文化的成功传递对于构建中国对外传播话语体系以及提升中国文化形象具有重要意义。《左传》是中国古代第一

---

* 陶源,大连理工大学副教授,研究方向为典籍英译;崔珊,大连外国语大学硕士研究生,研究方向为典籍英译。

部叙事详细的编年体史书，主要记录了春秋战国时期，周王室逐渐衰微，各国诸侯争霸的史实，书中由此对五礼（吉、凶、军、宾、嘉）制度，道德观念等进行的记录和评述，成为海内外学者研究周代五礼的重要资料。

婚礼隶属周代五礼之嘉礼中的一类，在周代礼制文化中享有崇高地位，被誉为"万世之始""礼之大体"。正如《礼记·郊特牲》记载："天地合，而后万物兴焉。夫昏礼，万世之始也。"以及"故曰：昏礼者，礼之本也。夫礼始于冠，本于昏，重于丧祭，尊于朝聘，和于射乡。此礼之大体也。"① 婚礼文化的研究情况对于探究周代礼制文化有着不可忽视的重要作用。与此同时，婚礼文化在世界各国文化体系中均占有一席之地，因而此类研究对于中国文化与世界文化的交流亦具有积极影响。然而关于《左传》婚礼文化传递的研究尚不多见。

《左传》英译本主要有三版，分别为理雅各（James Legge）译本（以下简称理译本），美国汉学家华兹生（Burton Watson）译本（以下简称华译本），以及美国学者杜润德（Stephen Durrant）、李惠仪（Wai-yee Li）和史嘉柏（David Schaberg）的译本（以下简称合译本）。理雅各的五卷本《中国经典》②（*The Chinese Classics*）于1861年至1872年陆续出版，《春秋》《左传》为其中第五卷。华兹生的节译本《〈左传〉：中国最古老的叙事史选篇》③（*The Tso Chuan：Selections from China's Oldest Narrative History*）主要面对汉学研究者以外的一般读者和学生，更侧重文本的可读性。但是理译本"于现代行文已有较大差距"，华译本"依据作者喜好对原文增添删减程度较大，无法完全传达《左传》的精髓"。④ 2016年合译本《左传》⑤（*Zuo Tradition：Commentary on the"Spring and Autumn Annals"*）为继理译本之后的第二个全译本，此全译本的出现"弥补了理雅各早期译本

---

① （汉）郑玄注，（唐）孔颖达传《礼记正义》，上海古籍出版社，2008。
② J. Legge, *The Chinese Classics*, Volume Ⅴ：*The Ch'unTs'ew with the Tso Chuen*（Taipei：SMC Publishing INC，1991）.
③ B. Watson, *The Tso Chuan：Selections from China's Oldest Narrative History*（New York：Columbia University Press，1989）.
④ 黄淑仪：《美国汉学中的〈左传〉译介与文学性研究》，《江西社会科学》2017年第2期。
⑤ S. Durrant, W. Li, & D. Schaberg, *Zuo Tradition/Zuozhuan：Commentary on the"Spring and Autumn Annals"*（Seattle and London：University of Washington Press，2016）.

过时的语言",① 其在注释和译文中援引最新国内外史学界的发现，统一人物名字帮助读者阅读等，引起了海内外学者的关注。

本文以 2016 年《左传》合译本为研究对象，基于图里（Gideon Toury）提出的"初始规范"视角，采用案例分析方法，旨在探究译者翻译选择的倾向性以及周代婚制的文化传递情况。本文重点研究两个问题：第一，在《左传》最新合译本中，译者对婚礼礼制概念的处理更倾向于充分性翻译还是可接受性翻译；第二，译者是否将《左传》原文本中的婚礼文化概念成功传递到西方。"初始规范"是图里提出的三大翻译规范之一，讨论译者在翻译过程中的实际选择，探究其更倾向于充分性翻译还是可接受性翻译，以此了解译者对源语文化以及目标语文化的态度，是文化及文本对比研究的一大工具。本文旨在为礼制翻译研究以及中国典籍在西方的接受研究提供一定借鉴意义。

二　文献综述

（一）描写性翻译研究

列维（Jiří Levý）、霍尔姆斯（James S. Holmes）以及埃文 - 佐哈尔（Itamar Even-Zohar）将规范引入翻译学科。列维认为，翻译理论趋向于规范性，指导译者找到最佳的解决方案。然而，实际的翻译工作是讲求实效的，译者需决定采用一种可能的解决方案，以最小的努力获得最大的效果。② 列维指出了翻译涉及博弈论以及决策制定过程中的实践推论。十年后，图里将这一概念本身引入翻译研究，将其作为描写性方法中的操作工具。③ 20 世纪 70 年代翻译研究出现文化转向，霍尔姆斯于 1972 年首次提出描写性翻译研究的概念，主张翻译应成为独立完善的学科，强调了翻译研究中描写

---

① 魏泓：《〈左传〉〈史记〉等中国典籍在西方的翻译与研究——美国著名汉学家杜润德教授访谈录》，《外国语》（上海外国语大学学报）2019 年第 3 期。

② J. Levý, "Translation as a decision process," in R. Jakobson, *To Honor Roman Jakobson: Essays on the Occasion of His 70th Birthday* (The Hague: Mouton, 1967), p. 1179.

③ T. Hermans, "Norms and the determination of translation: A theoretical framework," in R. Alvarez, & M. C. A Vidal, *Translation, power, subversion* (Clevedon: Multilingual Matters, 1996), p. 1.

分支的重要性，翻译研究呈现出由规定性研究转向描写性研究的趋势。霍尔姆斯的观点为图里翻译规范理论提供了宏观上的理论支持。埃文－佐哈尔在此基础上提出了多元系统理论，认为文学系统是一种具有层次关系的多元文化系统，可被划分为主要系统和次要系统。他反驳了非经典文学、青年及儿童文学、模仿文学以及翻译文学属于次要文学系统的传统观念，认为文学层次的划分并非一成不变，而是随着时代和背景发生变化。① 埃文－佐哈尔重新阐述了翻译文学在文学系统中的地位，使翻译摆脱文本这一因素的限制，与更多因素联系起来。而后，其进一步提出，翻译文学在特定时期所处的地位可以影响翻译作品和原创作品之间的区别，进而对翻译规范、行为以及政策产生一定影响。② 埃文－佐哈尔的观点对图里潜移默化，他在论述过程中提出的"充分性"概念，就被图里应用于初始规范理论的构建中。

以色列学者图里为首位系统论述翻译规范的学者，他使其逐渐成为描写翻译研究学科的一大重要领域。图里构建的理论体系包括规范、规则、个体癖好之间的区别、译者受到的三种规范的划分以及对翻译规范进行重构的过程等。图里所指的翻译规范并非传统意义上的规定性翻译标准，而是一个概念范畴，其将翻译的过程、功能及产物放到时代背景中研究，对翻译现象进行描写、分析及解释。图里的翻译规范研究摆脱了规定性翻译标准的束缚，以描写性视角探索原文与译文的关系，重新界定翻译"对等"概念，使翻译研究向纵深方向发展。

（二）初始规范

图里在其著作《描写翻译学及其他》（*Descriptive Translation Studies and Beyond*）中构建了自己的理论体系，将译者在实际翻译过程中受到的规范划分为三种类型："初始规范"，"预备规范"和"操作规范"。③

---

① I. Even－Zohar, "Papers in Historical Poetics," in B. Hrushovski, I. Even－Zohar, *Papers on Poetics and Semiotics* (Tel Aviv: Universtiy Publishing Projects, 1978), pp. 21 – 27.

② I. Even－Zohar, "The Position of Translated Literature within the Literary Polysystem," in J. S. Holmes, J. Lambert, & R. van den Broeck, *Literature and Translation: New Perspectives in Literary Studies* (Leuven: Acco, 1978), pp. 117 – 127.

③ G. Toury, *Descriptive Translation Studies – and beyond* (Revised edition) (Amsterdam/Philadelphia: John Benjamins Publishing, 2012), pp. 79 – 87.

"初始规范"体现的是译者的总体翻译倾向，涉及源语规范体系和目标语规范体系。图里认为，根据这一概念，任何译者都必须在两种极端取向中做出总体选择：一种是高度依赖假定的原作，即充分性；另一种是全面遵守源于目标文化本身的准则，从而决定译文的可接受性。如果译者采用充分性翻译倾向，那么翻译行为则为源文本以及其中体现的规范所支配，译本则侧重反映源语言本身的特征，或者源语文化的特征。反之，译者若采取可接受性翻译倾向，那么源语言以及源文化的重要性降至目标语以及目标文化之下，翻译行为则主要受目标语文本及其体现的规范影响。初始规范既可以用于探究宏观层面的译者翻译倾向，也可以用于微观层面的探究，包括译者的每一个决策，即当译作总体倾向比较模糊时，"初始规范"同样可以对具体层面的译者选择进行分析，探究其符合"充分性"抑或"可接受性"。"预备规范"涉及翻译方针和翻译的直接性两方面。翻译方针指的是在特定时间控制文本类型通过翻译译入特定文化或语言的因素，而翻译的直接性涉及目标语文化系统对间接翻译的态度。预备规范体现了社会及文化因素对翻译的影响。"操作规范"则关注于翻译行为的微观层面，是指导翻译行为的具体规范，涉及文本材料的切分，增删以及位置变化等。①

这三种规范之间联系密切，初始规范位于宏观顶层位置，在一定程度上可被理解为文本研究的起点，指导探究译者的翻译倾向。研究者进而可对译者翻译倾向影响下的具体翻译策略和方法进行讨论，而这一步涉及操作规范。研究者若想进一步探讨影响译者倾向以及具体翻译策略的社会及文化因素，则不可避免涉及预备规范。因此，初始规范可用于文本研究的初步分析，探究宏观意义或者微观层面上的译者翻译倾向，这与本文的研究目的相契合，是文本对比研究的一大工具。

三　婚礼礼制文化概念翻译及分析

《左传》中反映的周代婚礼礼制为周王室嫡庶妻等级婚制，具体表现

---

① G. Toury, *Descriptive Translation Studies – and beyond* (Revised edition) (Amsterdam/Philadelphia: John Benjamins Publishing, 2012), pp. 79 – 87.

为一夫一妻多妾。周王室嫡庶妻等级婚制的源头，应追溯至周始祖后稷所娶姞姓之女。史载："姬、姞耦，其子孙必蕃。姞，吉人也，后稷之元妃也。"诸侯元妃即嫡妻。春秋时期的婚制特点为一夫一妻多妾。一个男人不允许有两个及以上的妻子——"并后"被视为"乱之本"，但他可以娶多个女子。不过，在所娶诸女子中，仅一人为妻，其他皆为妾，禁止以妾为妻——"若以妾为夫人，则固无其礼也"。①

在主流嫡庶妻等级婚制之下，还延伸出了春秋战国特有的婚仪制度及现象，比如"媵婚制"，"烝"，以及"宫""内"等概念，以下将进行详细分析。

（一）媵婚制

媵婚制的出现，除了历史遗留原因，如原始亚血族婚的残余及对偶婚的遗留，② 还与当时的时代背景有关。在周代，媵婚作为贵族缔结婚姻的一种方式，已经成为婚姻礼制的一个重要组成部分，是其时血缘宗法制度与婚姻伦理观念的产物，也是宗周社会特有的婚姻现象。③

关于媵婚制度的具体内容，西周时期的媵妾婚主要由嫁女的侄娣和侍从之类的人员陪嫁，基本上没有别国来媵的媵女。④ 除此之外，也有陪嫁者为同姓诸侯国女子的情况出现，如《左传·成公八年》记载："卫人来媵共姬，礼也。凡诸侯嫁女，同姓媵之，异姓则否。"表1列举了"媵"字在合译本中出现的频次、源语及目标语语境。

表1 "媵"字出现频次、源语及目标语语境

序号	源语	目标语
1	公子结媵陈人之妇于鄄	GongziJie escorted to Juan a secondary consort for a Chen leader's bride. (Zhuang 19.3)
2	执虞公及其大夫井伯，以媵秦穆姬，而修虞祀	They seized the Duke of Yu and his high officer Jing Bo. Jin made themescorts for the bride Mu Ji of Qin, then continued the sacrifices of Yu. (Xi 5.8)

---

① 陈筱芳：《春秋以及中国古代的一夫多妻制》，《西南民族学院学报》（哲学社会科学版）1999年第2期。
② 李亚农：《李亚农史论集》，上海人民出版社，1978，第243~244页。
③ 江林：《〈诗经〉与宗周礼乐文明》，博士学位论文，浙江大学，2004。
④ 高兵：《周代婚姻制度研究》，博士学位论文，吉林大学，2004。

序号	源语	目标语
3	卫人来媵	A Wei leaderbrought secondary consorts. （Cheng 8. 11）
4	卫人来媵共姬，礼也	A Wei leaderbrought secondary consorts for Gong Ji. This was in accordance with ritual propriety. （Cheng 8. 11）
5	凡诸侯嫁女，同姓媵之，异姓则否	In all cases when the daughters of princes married，ruling houses with the same clan namesent secondary consorts，while ruling houses with different clan names did not do so. （Cheng 8. 11）
6	晋人来媵	A Jin leaderbrought secondary consorts. （Cheng 9. 6）
7	晋人来媵，礼也	A Jin leaderbrought secondary consorts. This was in accordance with ritual propriety. （Cheng 9. 6）
8	齐人来媵	A Qi leader brought secondary consorts. （Cheng 10. 4）
9	晋将嫁女于吴，齐侯使析归父媵之	The Jin ruler was about to marry one of his daughters to the Wu ruler. The Prince of Qi sent Xi Guifu tobring Qi ladies to serve as secondary wives. （Xiang 23. 3）

如表 1 所示，"媵"字一共在正文中出现 9 次，皆为动词，其中 8 次都与媵婚制直接相关，而剩余的一处出现在僖公五年，此处的"媵"仅为陪同之意，所媵之人秦穆姬为秦穆公的正妻，并非陪嫁女子，因此与媵婚制度没有直接关系。由此得之，原文中与媵婚制有关的"媵"一共出现 8 次，7 次被翻译为"动词 + secondary consort（s）"的形式，一次被翻译为"动词 + secondary wives"，而在此语境下，"consorts"与"wives"表达的意义几乎等同，因此"媵"字术语所译格式基本统一。由此看来，译者并未忽视媵婚现象的存在，且尽力将其翻译成统一格式，意在保留源语的文化现象以及特色，倾向于充分性翻译以传递源文化。但遗憾的是，译者似乎只是重点关注了"媵"字的处理方式，并未将媵婚制度的概念厘清，且未将此概念应用于其他隐形的媵婚制度描述中。

译者在例 1 的注释中介绍了媵婚现象的存在，体现了鲁惠公夫人孟子以及媵妾声子身份的等级特点。

例 1：惠公元妃孟子。孟子卒，继室以声子，生隐公。（《左传·隐公元年》）

英译：Lord Hui's first wife was Meng Zi. When Meng Zi had died, he raised to her place Sheng Zi, who bore Lord Yin.

注释：Meng Zi, Lord Hui's first wife, was a daughter of the ruling clan of Song. Her name literally means "the eldest Zi," Zi 子 being the name of the ruling clan. Zhong Zi, mentioned later in the story, was the second daughter of the Duke of Song. Sheng Zi was presumably a member of the Song ducal household who came to Lu as a member of Meng Zi's entourage. Sheng Zi is an unusual name. Most consorts have names that include a birth sequence marker (e. g., Meng Zi), the name of their native domain or natal family, or their husband's posthumous name (see introduction). Occasionally, a consort may have had a posthumous name of her own, and Sheng in the name Sheng Zi (which means something like "The Illustrious Zi") might be such a case (see Yang, 1：2 – 3, 2：562).

杜注曰："言元妃，明始適夫人也。"① 此处的元妃，即为鲁惠公的嫡妻，而此处的声子则为嫡妻孟子的随嫁女。此处译者对原文进行了直译，并没有在译文中进行信息增补。但值得注意的是，译者在注释中对声子的随行身份进行了介绍，将其直译为声子可能为宋国诸侯家族的一员，作为孟子的随行人员来到鲁国。随后译者在注释中称孟子和声子皆为"consort"，即"统治者的配偶"。综合以上两点，我们可确定此处的声子确为陪嫁身份。之后，译者在继续为读者补充相关信息时，对《史记》中的相关描述进行了引用："A quite different, somewhat more scandalous account appears in *Shiji* 33. 1528 – 29："Lord Hui's main wife had no son, but the lord's lowly concubine Sheng Zi gave birth to a son Xi [i. e., the future Lord Yin]."" 在此注释中，孟子和声子分别以"main wife"以及"lowly concubine"的身份出现，这进一步透露了二者关系的等级特点。

由此可见，译者在译文中延续了《左传》简洁有力的语言特色，而在注释中于一定程度上为读者补充了历史事件背后的文化信息以及人物关系，着重向目标语读者传递源语文化，偏向充分性翻译。然而遗憾的是，译者并未明确向读者成功传递"媵婚制"的概念，以及其作为周代特有婚制存在的合法性。根据媵婚制的内容，陪嫁的女子称为"媵妾"，地位低

---

① （战国）左丘明著，（西晋）杜预集解《春秋经传集解》，上海古籍出版社，1997，第1页。

于正妻，但是也同正妻一样，属于明媒正娶；嫁娶正妻和媵妾，都是巩固两国或者两个家族之间关系的手段，媵妾之子也同正妻的孩子一样，拥有继承权。而妾的身份则比较低微，低于正妻和媵妾，不属于明媒正娶，其子也很难享有继承权，这就形成了"正妻—媵妾—普通妾室"的等级体系。在译者引用的注释中，声子的身份被介绍为"lowly concubine"，混淆了媵妾和普通妾室的身份，没有完全体现媵婚制的等级特点。西方自古以来就是"一夫一妻"制，国王以及王公贵族虽有众多情人情妇，但这并不合于法制，她们没有合法地位，与周代的媵妾身份不同。西方读者可能会误以为声子是没有合法身份的情人，而忽略了其背后真正的礼制文化内涵。

在例 2 中，译者承接例 1 的注释内容，仅介绍了"媵婚"的现象，并未向读者传递在媵婚制作为合法礼制的情况下相关的后代继承特点。

例 2：卫庄公娶于齐东宫得臣之妹，曰庄姜，美而无子，卫人所为赋《硕人》也。又娶于陈，曰厉妫，生孝伯，早死。其娣戴妫，生桓公，庄姜以为己子。（《左传·隐公三年》）

英译：Lord Zhuang of Wei took as wife the younger sister of Dechen, the heir apparent of the domain of Qi. Known as Zhuang Jiang, she was beautiful but had no sons. It was for her that the people of Wei recited the ode "The Great Lady." The lord next took a wife in Chen known as Li Gui. She gave birth to Xiaobo, but he died young. Her younger sister, Dai Gui, gave birth to Lord Huan, whom Zhuang Jiang took as her own son.

注释：It was common for a younger sister, in this case Dai Gui, to be sent along with the main bride as a secondary wife.

此处事件为鲁庄公先娶妻庄姜，无子，后又娶厉妫及其妹妹戴妫，庄姜将戴妫的孩子视为自己的孩子。注释仅简单介绍了戴妫作为陪嫁女子的身份，并未对媵婚制做更多阐述。原文中侧面说明了媵妾的孩子具有合法身份，正妻将媵妾之子视为己子，为礼制之下的正常现象。但西方情形与之相异，国王贵族与情人的孩子为私生子，不具有合法身份，原文中记述的行为在西方读者来看，易理解为正妻无子，对情人的孩子强取豪夺，因而对此处记载的事件产生负面印象。源语读者和目标语读者因文化背景不同，而对此处事件做出的反应的情感色彩可能不同，文化信息未被合理传递出去。

综上所述，译者在正文中对"媵"字的术语翻译进行了规范统一，注意到"媵婚"现象的存在，且在注释中对涉及"媵婚"的人物关系以及背景信息进行了补充，向目标语读者传递文化信息，倾向于充分性翻译。但是，译者似乎没有注意到"媵婚"不只作为一种现象存在，更是周代婚制的一部分。与此同时，译者未向目标语读者明确传递"媵婚制"的概念，自然也无法厘清"正妻—媵妾—普通妾室"的等级特色以及相关的后代继承特点，致使其在文化传递过程中造成了目标语读者情感色彩的差移，或使目标语读者产生负面情绪。

（二）烝

"烝"意为父子、叔侄、兄弟之间先后同娶一妻，可以是儿子继承父亲的姬妾，或弟弟继承兄长的姬妾。在先秦时期，"烝"是婚姻的形式之一，"烝"的妻子可为正妻，所生子也可为嫡子，这是符合礼法的。杜注："夷姜，宣公之庶母也。上淫曰烝。"① 关于"烝"的内容，"子、侄、弟可以上烝父、伯、叔、兄之妻妾（除生母外），甚至孙辈亦可上烝非直系之祖母"。其中最常见者为"子承生母以外之诸母与弟之接嫂"，这在当时不算非礼，"此均家长制大家庭之特色"。

"烝"一共在《左传》原文中出现 17 次，其中婚制相关的"烝"一共出现 5 次，祭祀相关的出现 8 次，宴请相关的出现 1 次，葬礼相关的出现 1 次，人名及地名相关的各出现 1 次。婚制相关的"烝"均为动词，且都被翻译为"consort with"，无一例外，详见表 2。

表 2　"烝"字出现频次、源语及目标语语境

序号	源语	目标语
1	卫宣公烝于夷姜	Lord Xuan of Wei had consorted with Yi Jiang.　(Huan 16. 5)
2	晋献公娶于贾，无子，烝于齐姜	Lord Xian of Jin took a wife in Jia. She had no sons. He consorted with his father's concubine Qi Jiang.　(Zhuang 28. 2)

① （战国）左丘明著，（西晋）杜预集解《春秋经传集解》，上海古籍出版社，1997，第121 页。

序号	源语	目标语
3	齐人使昭伯烝于宣姜	The Qi leaders had urged Zhaobo to consort with Xuan Jiang, Lord Hui's mother. (Min 2.5)
4	晋侯烝于贾君	The Prince of Jin consorted with Lady Jia. (Xi 15.4)
5	其子黑要烝焉	His son Heiyao then consorted with Xia Ji. (Cheng 2.6)

译者仅在两处对"烝"进行了详细注释，如桓公十六年卫宣公"烝"于其父姬妾夷姜。

例3：初，卫宣公烝于夷姜，生急子，属诸右公子。为之娶于齐，而美，公取之。生寿及朔。属寿于左公子。夷姜缢。（《左传·桓公十六年》）

英译：Earlier, Lord Xuan of Wei had consorted with Yi Jiang, who gave birth to Jizi. They entrusted him to the Noble Son of the Right. They selected a wife for him in Qi, and she was beautiful, so Lord Xuan took her for himself. She gave birth to Shou and Shuo, and Shou was entrusted to the Noble Son of the Left. Yi Jiang hanged herself.

注释："To consort with" is our translation for the highly problematic term *zheng* 烝, usually "steam" or "to steam." While the early commentators insist that this means to have an illegitimate sexual relationship "with a member of the older generation," some have argued, Tong Shuye (*Chunqiu Zuozhuanyanjiu*, 209 – 13) perhaps the most noteworthy among them, that the practice of *zheng* originally was not considered improper. Rather, Tong argues, sons of noble lineages had access to the concubines and wives of a deceased father other than their own mother. Confucian commentators who lived in an era when such a relationship could only be branded as "immoral" misunderstood this practice. Yi Jiang was a concubine of Lord Zhuang of Wei, Lord Xuan's deceased father.

庄公二十八年，晋献公"烝"于其父姬妾齐姜。

例4：晋献公娶于贾，无子。烝于齐姜，生秦穆夫人及大子申生。（《左传·庄公二十八年》）

英译：Lord Xian of Jin took a wife in Jia. She had no sons. He consorted with his father's concubine Qi Jiang, and she bore the wife of Lord Mu of Qin and the heir apparent Shensheng.

注释：Du Yu（ZZ 10. 177）says that Qi Jiang was one of the concubines of Lord Xian's deceased father, Lord Wu（d. 677）. But *Shiji* 39. 1641 says, "The mother of the heir apparent Shensheng was a daughter of Lord Huan of Qi, and she died early. " Thus, *Shiji* seems not to regard Qi Jiang as one of Lord Xian's women, or at least leaves the whole issue vague. A comparison of Huan 16. 5 and the *Shiji* version of the same story（see *Shiji*37. 1593）leads to the suspicion that the Han historian either misunderstands or purposely bowdlerizes stories involving relationships that *Zuozhuan* describes with the word *zheng* 烝（on the problem of translating *zheng*, see also Huan 16. 5; and Yang, 1：239）.

在桓公十六年的注释中，译者在对具有礼制含义的"烝"字进行介绍时，援引了童书业的观点，向读者表明，"烝"在周代属于合礼现象，父亲去世后，儿子可以继承（除生母以外）父亲的姬妾。在庄公二十八年的注释中，译者引用多方观点，如杜预以及《史记》中的描述，对人物关系进行探讨，进而讨论"烝"的现象。译者对此二处的处理方式倾向于充分性翻译，在注释中援引童书业、杜预及《史记》中的观点，为目标语读者阐释源文化中"烝"的含义，传递文化特色。

合译本向读者补充了文化信息，但是译者对"烝"字的处理情况仍略显不足，其将"烝"字翻译为"consort with"的合理性存疑。《牛津高阶英语词典》（第8版）对"consort"下的定义为"to spend time with sb that other people do not approve of"（直译为：与其他人不赞成的人在一起）。此词本身带有负面的情感色彩，易引起目标语读者对此类事件的负面感受，尤其是一般读者，受此影响更大。相比于研究汉学的学者，一般读者的阅读程度可能没有那么精深，不会过多纠结于注释中的内容，而是更关注译文本身，此情形之下，不合理的术语翻译容易对其产生误导。在周代，"烝"为婚礼礼制的一个形式，史书《左传》在对其的描述中展现了中立立场。源语读者有此文化背景之后，更关注文字背后的史实以及文化现象，而非负面联想和感受。在周代婚制之中，所烝之人可为正妻，其子可以继承君位，地位非常高，正如"其所烝之人，在无正夫人或正夫人无子时，等于夫人之地位，故其所生之子可以立为太子，继承君位，其女可以嫁为大国夫人"。① "烝"不仅为合礼现象，更是一种重要的婚姻制度。

因此，译者虽向目标语读者传递了"烝"的概念，规范了其术语表述，也在注释中援引多方观点对此进行介绍，总体倾向于充分性翻译；但是，"烝"字本身的翻译"consort with"带有负面情感色彩，有一定情感引导性，可能无法准确地向西方读者传递文化信息，容易使读者，尤其是一般读者，产生负面的情感色彩，从而忽略现象背后的文化内涵。

（三）宫、内以及"harem"

周王室嫡庶妻等级婚制的存在，自然而然地产生了"宫"和"内"的概念，这里的"宫"区别于指代建筑的宫殿，而是指一个集体，即由天子或诸侯的正妻、媵妾以及众多普通妾室共同组成的整体。在《左传》中，"宫"和"内"均有表示此含义的情况，而这一文化概念在进行中西方文化传递时也遇到了一些问题。《左传》英译本中表达此概念的词为"harem"，但是源语中的"宫""内"概念与"harem"表达的含义并非完全一致，涉及的文化背景也有所不同。表3列举了"harem"一词在合译本中出现的频次、源语及目标语语境。

表3　"harem"词出现频次、源语及目标语语境

序号	源语	目标语
1	连称有从妹在公宫，无宠	Lian Cheng had a cousin in the lord's harem, but she had not enjoyed the lord's favor. (Zhuang 8.3)
2	齐侯好内，多内宠	The Prince of Qi was fond of his harem and had many favorites. (Xi 17.5)
3	内嬖如夫人者六人	There were six harem favorites who were treated like wives. (Xi 17.5)
4	易牙入，与寺人貂因内宠以杀群吏，而立公子无亏	Through the help of the harem favorites, he and the eunuch Diao killed many court officers and established Gongzi Wukui as ruler. (Xi 17.5)
5	楚之讨陈夏氏也，庄王欲纳夏姬	Having chastised the Xia lineage of Chen, King Zhuang wished to take Xia Ji into his harem. (Cheng 2.6)

---

① 童书业：《春秋左传研究》，中华书局，2006，第211页。

序号	源语	目标语
6	今纳夏姬，贪其色也	Now you are taking her into your harem because you covet her beauty. (Cheng 2.6)
7	叔孙宣伯之在齐也，叔孙还纳其女于灵公	When Shusun Qiaoru was in Qi, Shusun Xuan had Shusun Qiaoru's daughter taken into Lord Ling's harem. (Xiang 25.2)

如表 3 所示，正文中"harem"一共出现 7 次，译者并没有对此词进行注释。《牛津高阶英汉双解词典》（第 8 版）对"harem"所下的定义为"the women or wives belonging to a rich man, especially in some Muslim societies in the past"①（直译为：属于富人的女人或妻子，尤指在过去的一些穆斯林社会中）。此词在英语世界中的使用与穆斯林一夫多妻制关系密切，"在欧洲人的想象中，一夫多妻制常常与伊斯兰教联系在一起"②。与一夫多妻制联系最密切的伊斯兰教，认为此制度下，各个妻子地位平等，"这种婚姻制度与西方一边支持一夫一妻制，一边默认卖淫不同"③。由此可见，周王室等级婚制与穆斯林一夫多妻制以及西方主流的一夫一妻制皆不同。因此，"harem"一词用于周王室等级婚制文化语境下并不合适。

试举一例对此进行分析。

例 5：齐侯之夫人三：王姬，徐嬴，蔡姬，皆无子。齐侯好内，多内宠，内嬖如夫人者六人：长卫姬，生武孟；少卫姬，生惠公；郑姬，生孝公；葛嬴，生昭公；密姬，生懿公；宋华子，生公子雍。（《左传·僖公十七年》）

英译：The Prince of Qi had three wives, Wang Ji, Xu Ying, and Cai Ji, all without sons. The Prince of Qi was fond of his harem and had many favorites. There were six harem favorites who were treated like wives. Wei Ji the Elder gave birth to Gongzi Wukui, Wei Ji the Younger gave birth to Lord Hui, Zheng Ji gave birth to Lord Xiao, Ge Ying gave birth to Lord Zhao, Mi Ji gave birth to

---

① A. S. Hornby，《牛津高阶英汉双解词典》，商务印书馆、牛津大学出版社，2014，第 432 页。
② J. Chamie, "Polygyny Among Arabs," *Population Studies*, 1986, 40（1）: 55–66.
③ 顾世群：《伊斯兰教婚姻制度的伦理之维——对一夫多妻制、妇女观念及其婚姻禁忌的再思考》，《西亚非洲》2009 年第 11 期。

Lord Yi, and Hua Zi of Song gave birth to Gongzi Yong.

首先,译者在此处将"齐侯之夫人三"直译为"The Prince of Qi had three wives",容易让读者对周代婚制产生误解。按史实记载,这里提到的齐桓公三位妻子均为正妻,王姬去世后,其将徐嬴立为正妻,第二位妻子去世后,又立蔡姬为正妻,三人并非同时并列为夫人,符合西周一夫一妻制的礼法。然而译者直接翻译为齐桓公有三位妻子,且将"内"的概念译为与一夫多妻制关系密切的"harem",读者在此语境下,容易错误地认为周代的婚制类似于穆斯林的一夫多妻制,由此产生错误印象。译者对此概念的处理倾向于可接受性翻译,虽方便了目标语读者阅读,却没有对"宫""内"的概念进行成功传递。

综上所述,译者在处理"媵婚"及"烝"等文化概念时偏向充分性翻译,然而一方面,译者未向目标语读者明确传递"媵婚"作为一种合法礼制的概念;另一方面,译者虽对"烝"的概念进行了明确介绍,但其本身的术语翻译容易使目标语读者产生与源语读者不同的情感色彩,文化传递效果并不理想。译者对"宫""内"概念的处理偏向可接受性,并没有对文化概念进行传递,这造成了目标语读者的文化误解。

结　语

本文旨在研究《左传》合译本中,译者对婚礼礼制概念的处理更倾向于充分性翻译还是可接受性翻译,以及译者是否将《左传》原文本中的婚礼文化概念成功传递到西方。通过对《左传》婚礼礼制的研究,笔者得到以下结论。其一,译者注意到了"媵婚"婚姻现象,在正文中对"媵"字的翻译术语进行了规范,且在注释中对涉及"媵婚"的人物关系以及背景信息进行了补充,倾向于充分性翻译。然而,译者未向目标语读者明确传递"媵婚制"的概念,自然也无法厘清"正妻—媵妾—普通妾室"的等级特色,以及相关的后代继承特点,文化传递并不成功。其二,译者对"烝"字的翻译同样进行了规范,在注释中援引多方观点对此进行介绍,将此概念明确传递给目标语读者,总体倾向于充分性翻译;然而,"烝"字本身的翻译"consort with"带有负面情感色彩,容易使西方读者尤其是一般读者产生负面联想，从而忽略现象背后的文化内涵，文化传递结果可能并不理想。其三，译者对"宫""内"概念的处理倾向于可接受性翻译，使用目标语中具有浓厚穆斯林"一夫多妻制"色彩的"harem"进行直接替换，以便目标语读者理解。不过周代盛行的婚制既不同于穆斯林的"一夫多妻制"，也有别于西方主流的"一夫一妻制"。这对于不了解周代婚礼制度的西方读者来说，既无法从自身文化背景出发，获得正确的理解，又很容易带入穆斯林文化，由此造成文化误解，不利于文化传递。

本文通过对《左传》中婚礼礼制传递情况的研究，首先，为礼制翻译研究提供一定借鉴；其次，对中华典籍在西方的接受和传播产生了积极影响；最后，将《左传》中反映的婚礼礼制文化概念分类厘清，方便相关学者进一步研究。虽然本文对《左传》最新合译本中婚礼礼制在西方的文化传递进行了探讨，发现了最新合译本中关于婚礼礼制文化概念传递不合理的情况，但是仍有许多不足之处。第一，本文仅仅探讨了《左传》中婚礼礼制翻译的三个方面——"媵婚制""烝"及"宫""内"的概念翻译，《左传》中其他婚礼礼制的翻译情况尚待挖掘；第二，译者总体采用充分性翻译的原因仍需进一步分析。

韩国学界"扬州八怪"研究综述[*]

宗千会[**]

摘　要：清朝时期，我国与李氏朝鲜文人的交往在整个文化交流史上具有重要地位，而作为交流纽带的"燕行使"，丰富了两国的学术对话内容。燕行使中，第一个与罗聘交游的是赵秀三，通过与赵秀三交游，罗聘的《张灯握槊图》流入李朝，而罗聘的代表作《鬼趣图》也因赵秀三一行被介绍到李朝。此后，朴齐家以及柳得恭等燕行使也与罗聘有过密切交游，因此"扬州八怪"的画作以及诗文集通过燕行使团流入李朝，并引起了朝鲜画坛的关注，至今"扬州八怪"研究在韩国也是一个十分热门的话题。

关键词：李氏朝鲜　扬州八怪　郑燮　燕行使　韩国

自 20 世纪 70 年代起，韩国便开始了对"扬州八怪"的研究，1972 年徐熙定的论文《扬州八怪研究》,[①] 虽然只是对"扬州八怪"出现的历史背景以及"扬州八怪"的各个成员做了介绍，并无深入研究，但该文开启了韩国"扬州八怪"研究的先河，此后，张容珠的论文《清中期主观主义

---

*　"扬州八怪"之说，由来已久，但 8 人的名字，其说互有出入。《瓯钵罗室书画过目考》中的"八怪"为罗聘、李方膺、李鱓、金农、黄慎、郑燮、高翔和汪士慎。此外，各书列名"八怪"的，尚有高凤翰、华岩、闵贞、边寿民等，说法很不统一。因"八"可看作数词，也可看作约数。

**　宗千会，南昌大学人文学院讲师，研究方向为中韩比较文学。本文系 2020 年度江西省高校人文社会科学研究青年基金项目"扬州八怪作品在朝鲜后期的传播与接受研究"（项目编号：ZGW20205）的阶段性成果。

① 〔韩〕徐熙定：《扬州八怪研究》，硕士学位论文，首尔大学，1972。

水墨画研究：以扬州八怪为中心》、① 李禹钟的论文《关于中国绘画思想与
文学性的研究：以扬州八怪的作品世界为中心》、② 李在殷的论文《扬州八
怪的作品研究》、③ 洪智贤的论文《扬州八怪在近代中国绘画史上的意
义》④ 以及许英桓的论文《扬州与扬州美术——以清代十八世纪前后的绘
画为中心》⑤ 等掀起了"扬州八怪"研究的热潮。这些研究结合当时的社
会背景、扬州的地理特征、"扬州八怪"的师承关系、盐商对"扬州八怪"
创作活动的后援以及"扬州八怪"的绘画作品对"扬州八怪"进行了分
析，其中，值得关注的是李在殷的论文。李在殷通过罗列"扬州八怪"绘
画作品的名称来突出他们与众不同之处，认为无论在素材的描绘还是在色
彩的运用上，这些画作都能充分展现画家独特的个性。同时，他将画作与
题画诗看作一个整体，从诗画相互作用的角度认可了"扬州八怪"的绘画
作品具有很高的文学性。这些论文对"扬州八怪"在中国绘画史以及文学
史上的意义做出了充分的肯定，激发了韩国学者从多个角度对"扬州八
怪"进行研究的兴趣，促使韩国在 21 世纪开始大量出现关于"扬州八怪"
研究的论文，下面就 21 世纪以来韩国学者关于"扬州八怪"研究的概况
做一个简单的梳理。

一　关于"扬州八怪"整体的研究

进入 21 世纪，韩国学者的研究成果在 20 世纪研究成果的基础之上，
有了质与量的飞跃，他们尝试从多角度、多层面对 20 世纪未解决的问题进
行多层次的探讨与摸索。如果说 20 世纪对"扬州八怪"后援进行的研究

---

① 〔韩〕张容珠：《清中期主观主义水墨画研究：以扬州八怪为中心》，硕士学位论文，首
　尔大学，1985。
② 〔韩〕李禹钟：《关于中国绘画思想与文学性的研究：以扬州八怪的作品世界为中心》，
　硕士学位论文，建国大学，1988。
③ 〔韩〕李在殷：《扬州八怪的作品研究》，硕士学位论文，弘益大学，1990。
④ 〔韩〕洪智贤：《扬州八怪在近代中国绘画史上的意义》，硕士学位论文，加图立大学，
　1995。
⑤ 〔韩〕许英桓：《扬州与扬州美术——以清代十八世纪前后的绘画为中心》，《韩国美术史
　教育学术志》1999 年第 13 期。

只停留在浅尝辄止阶段的话，那么到了 21 世纪初期该研究则逐渐深化。例如崔珠演的《十八世纪扬州盐商与扬州画派》，① 通过收集史料，以史学的辩证法和方法论分析了盐商与扬州画派之间的关系，还原了"扬州八怪"为满足市场需求而作画的历史。金研珠的《关于盐商对扬州画派后援现象的考察》② 和许英桓的《盐商和扬州画派》③ 进一步阐释了盐商富可敌国的财力和强烈的购买欲促进了"扬州八怪"创作的现象。

同时，韩国学者较早地关注了"扬州八怪"的人物画，尤其是对冷门成员，如华岩和闵贞等的人物画特点做出了较为详细的研究，如李定恩的《清代扬州画派的人物画研究》，④ 该论文将"扬州八怪"可考的 500 余幅人物画分为道释人物画、故事人物画、风俗人物画、肖像人物画和鬼趣图五个部分并进行了叙述，得出了黄慎的人物画最多（240 余幅）、华岩其次（90 余幅）、闵贞第三（50 余幅）的结论。相比李定恩较为全面的人物画研究，李周玹的《画家的自画像：以十八世纪扬州画派的作品为中心》⑤ 则更加注重对"扬州八怪"自画像的研究，文中通过对华岩、金农、罗聘及高凤翰的自画像以及其自画像上的题画诗进行研究，在了解他们创作自画像动机的同时，也考察他们如何通过自画像来表达文人意识，并通过这一系列考察，丰富华岩、金农、罗聘以及高凤翰的个人史。

与中国学者的关注点相一致的是，韩国学者也十分关注"扬州八怪"的师承关系与交游，他们对传统绘画的认识、革新以及绘画风格等问题。韩国学者普遍认为"扬州八怪"画风的形成主要受石涛的影响，这与石涛曾经居住在扬州有着直接关系。他们认为"扬州八怪"花鸟画主要受沈周、陈淳、徐渭、八大山人以及石涛的影响；山水画主要受李成、米芾、倪瓒、赵孟頫、吴镇、黄公望、沈周等的影响；人物画主要受苏汉臣、马

① 〔韩〕崔珠演：《十八世纪扬州盐商与扬州画派》，硕士学位论文，高丽大学，2006。

② 〔韩〕金研珠：《关于盐商对扬州画派后援现象的考察》，《中国学论丛》2007 年第 23 期。

③ 〔韩〕许英桓：《盐商和扬州画派》，《韩语汉字文化》2010 年第 129 期。

④ 〔韩〕李定恩：《清代扬州画派的人物画研究》，硕士学位论文，梨花女子大学，2003。

⑤ 〔韩〕李周玹：《画家的自画像：以十八世纪扬州画派的作品为中心》，《美术史研究会》2006 年第 20 期。

和之、赵孟頫、陈洪绶等的影响；同时"扬州八怪"也注重仿古。代表性的论文有蒋有情的《十八世纪扬州八怪对传统绘画的认识与表现》、① 赵润静的《中国十八世纪扬州画派研究：传统的继承和革新》、② 金伯昀的《明末清初对于"画"的新认识：以石涛和扬州八怪的绘画思想为中心》③ 以及韩福喜的《扬州八家文人画的逸格研究》④ 等。

文化的流入是伴随一定影响的，跟随燕行使流入朝鲜的"扬州八怪"画作在李氏朝鲜后期受到了文人画家的关注，这自然而然地对朝鲜文人画风格的形成有一定影响。例如，曹美卿在《北山金秀哲的绘画研究》⑤ 一文中认为，金秀哲的梅花图中，梅花枝干呈现出垂直的形态，这种画法来源于李方膺、汪士慎以及罗聘；金秀哲写意荷花图的简笔画法来源于李鱓和黄慎；金秀哲《紫黄牡丹图》中，用没骨法对牡丹进行刻画的方式来源于金农，在怪石上画盛开的花的构图方式来源于高凤翰。因此，曹美卿认为，金秀哲是在南宗画的基础上综合了李氏朝鲜末期十分流行的画法，并灵活运用了"扬州八怪"的画法，形成了自己的绘画风格。

除了上述论文外，提到"扬州八怪"整体成员并具有代表性的论文还有姜志远的《十九世纪朝鲜写意花卉画研究：以莲花图和牡丹图为中心》。⑥ 该文介绍了 18 世纪"扬州八怪"的写意花卉画和 18 世纪朝鲜的写意花卉画，以及 19 世纪朝鲜写意花卉画的形成背景及其特征。姜志远通过随着燕行使团被带回朝鲜的"扬州八怪"花卉画，如李鱓的《牡丹图》和罗聘的《折枝梅》等，了解到早在 17 世纪末，"扬州八怪"的花卉画便流入了朝鲜，并认为"扬州八怪"中，对朝鲜花卉画影响最大的人物是罗聘。到了 19 世纪，包括京华世族在内的富人阶层对花卉逐渐青

---

① 〔韩〕蒋有情：《十八世纪扬州八怪对传统绘画的认识与表现》，硕士学位论文，弘益大学，2005。

② 〔韩〕赵润静：《中国十八世纪扬州画派研究：传统的继承和革新》，博士学位论文，诚信女子大学，2002。

③ 〔韩〕金伯昀：《明末清初对于"画"的新认识：以石涛和扬州八怪的绘画思想为中心》，《美术史学报》2004 年第 23 期。

④ 〔韩〕韩福喜：《扬州八家文人画的逸格研究》，硕士学位论文，京畿大学，2009。

⑤ 〔韩〕曹美卿：《北山金秀哲的绘画研究》，硕士学位论文，东国大学，2004。

⑥ 〔韩〕姜志远：《十九世纪朝鲜写意花卉画研究：以莲花图和牡丹图为中心》，《美术史学》2016 年第 31 期。

睐，他们将花卉栽于自家庭院以供闲时赏玩，导致花卉需求大增，价格大涨。伴随对花卉的越发喜爱，关于花卉的诗与画也多了起来。同时，19 世纪朝鲜与清朝的交流也更为频繁，"扬州八怪"等清朝画家的画作随之流入朝鲜，促进了 19 世纪朝鲜花卉画的形成。

　　在韩国，关于"扬州八怪"整体的研究并不多，以上列举的这些成果便是较有代表性的论文。虽然 21 世纪韩国的"扬州八怪"研究相对 20 世纪，在深度和广度上都有所突破，但无论在质量上还是在数量上仍然存在一些不足，笔者认为这与"扬州八怪"相关书籍的韩文译本不多有着直接关系。目前在市面上可以购买到的"扬州八怪"相关韩译本书籍只有徐银淑译、周时奋著的《扬州八怪》① 一种。当然，韩国中文系的学者可以毫无压力地看懂"扬州八怪"的各种中文书籍，但美术系、哲学系、历史系等其他专业的学者想要多角度地了解"扬州八怪"却要依靠中文系学者的帮助，这就导致了韩国"扬州八怪"研究不自由化的局面。

　　以上便是对韩国"扬州八怪"整体研究进行的梳理，下面对韩国"扬州八怪"各家研究的现状进行论述。

二　"扬州八怪"各家研究的现状

　　韩国关于"扬州八怪"各家的研究水平参差不齐，主要集中在对郑燮、罗聘、金农、李鱓和华岩的研究上，对其他成员的研究则少之又少，其中，关于郑燮的研究最多。

（一）郑燮

　　韩国关于郑燮的研究可分为以下三个大方面：第一，关于郑燮绘画思想的研究；第二，关于郑燮诗歌的研究；第三，关于郑燮书画的研究。

1. 关于郑燮绘画思想的研究

　　这是韩国学者关注最多的一个部分。韩国学者普遍认为郑燮是"扬州八怪"所有成员中，个性最强，艺术成就最高的人。可将其绘画思想分为

---

　　① 周时奋：《扬州八怪》，〔韩〕徐银淑译，沧海出版社，2006。

以下几个部分。

首先是在老子的"有""无"哲学思想下形成的"胸无成竹""胸有成竹"绘画思想。其中,"胸有成竹"绘画思想中又将画竹分为眼中之竹、胸中之竹、手中之竹三个阶段,要求画家通过这三个阶段实现整个作画过程。相关代表论文有:姜英顺的《郑燮的艺术论研究:以"胸无成竹"论为中心》、① 车英心的《郑板桥的绘画思想研究》、② 朴富庆的《郑板桥的写竹论研究》③ 等,这些论文认为郑燮的这一思想来源于道家美学。

其次是"怪"美学思想。郑燮的这种"怪"美学,主要体现在反形式主义和追求独创性上,这种"怪"可诠释为新的、奇异的、反常的事物,或者是被压抑久了之后的一种情绪,或者是一种反世俗的创新精神,或者是美丑相互转化的一种审美意识,或者是指艺术格调上的"怪"以及个人生活行为上的"怪"等。郑燮的这种"怪"美学思想,打破了东亚传统文化思想的束缚,真正地实现了人与自然相融合的理想,并将其上升为艺术之美。郑燮的"怪"美学思想,主要体现在其六分半书、墨竹图、竹石图以及芝兰图上。就这一问题进行详细论述的论文有张珽荣的《关于郑燮"怪"美学思想的研究》、④ 徐水晶的《关于扬州八怪"怪"美学思想的研究:以郑燮的美学思想为中心》⑤ 和朴敬姬的《郑燮和金正喜书画怪美学的同异研究》⑥ 等。

最后是以造物为师的绘画思想。郑燮所谓的"造物为师"绘画思想指的是否定"师承",将千变万化的大自然奉为师,师造物,师造化,追求不同于他人的艺术世界。相关代表论文有徐水晶的《板桥郑燮的书

---

① 〔韩〕姜英顺:《郑燮的艺术论研究:以"胸无成竹"论为中心》,硕士学位论文,首尔大学,2006。

② 〔韩〕车英心:《郑板桥的绘画思想研究》,硕士学位论文,东国大学,2003。

③ 〔韩〕朴富庆:《郑板桥的写竹论研究》,《中国语文学论集》2017 年第 105 期。

④ 〔韩〕张珽荣:《关于郑燮"怪"美学思想的研究》,硕士学位论文,成均馆大学,2008。

⑤ 〔韩〕徐水晶:《关于扬州八怪"怪"美学思想的研究:以郑燮的美学思想为中心》,《韩国思想文化学会》2012 年第 65 期。

⑥ 〔韩〕朴敬姬:《郑燮和金正喜书画怪美学的同异研究》,硕士学位论文,成均馆大学,2017。

画美学思想研究》① 和申英淑的《板桥郑燮研究：以画论及墨竹的造型性为中心》② 等。

除了这些绘画思想之外，还有对郑燮的其他绘画思想进行研究的，但其并不是大家公认且最具代表性的绘画思想，所以就不在这里一一赘述了。

2. 关于郑燮诗歌的研究

关于郑燮诗歌的研究中，有几篇论文写于 20 世纪 80 年代，如柳晟俊的《郑燮及其诗歌研究（1）——生平和交游篇》、③《郑板桥诗的风格一面》④ 和《郑燮诗考》，以及金仁洙的《郑板桥诗研究》。这些论文主要围绕郑燮所处的时代背景及其个人遭遇，把郑燮的诗歌分为社会、历史、田园、自遣和达观等几个方面进行较为全面的考察，从而达到了解郑燮文学思想的目的。到了 21 世纪，郑燮诗歌的研究逐渐趋于细分化。现大致可将郑燮诗歌的研究情况分为两大类：一类为自然诗研究，另一类为题画诗研究。关于自然诗研究，代表论文有金华善的《郑燮的自然诗研究》和裴但以理的《郑燮自然诗的风格特征考察》，前者主要围绕着内容进行论述，后者主要围绕着特点进行论述。与自然诗的研究相比，做题画诗研究的学者偏多，原因在于通过对郑燮题画诗的考察，可以管窥其艺术论；也可以通过对其题画诗进行分类，最终了解郑燮的处世态度以及其平生追求的理想。代表论文有徐水晶的《板桥郑燮的四君子题画诗中体现的艺术观研究》和《郑燮题画诗中体现的艺术论研究》，以及李南钟的《对板桥郑燮的题画诗管见》等。除此之外，柳晟俊的《清代郑板桥诗的事实美和绘画美》一文也值得关注。柳晟俊的论文虽然不是围绕题画诗进行研究的，但作者用美学的观点分析了《道情十首》，即，用分析构图和色彩的绘画技巧分析方式进行了诗歌分析，认为《道情十首》是郑燮的诗作中最能将他卓越的艺术才能体现出来的诗歌。梁贵淑的《郑燮文学研究》也较具代表

---

① 〔韩〕徐水晶：《板桥郑燮的书画美学思想研究》，博士学位论文，成均馆大学，2007。
② 〔韩〕申英淑：《板桥郑燮研究：以画论及墨竹的造型性为中心》，硕士学位论文，东方大学院，2007。
③ 〔韩〕柳晟俊：《郑燮及其诗歌研究（1）：生平和交游篇》，《中国语文学》1981 年第 3 期。
④ 〔韩〕柳晟俊：《郑板桥诗的风格一面》，《火山》1983 年第 2 期。

性，该论文将郑燮的诗、词、家书作为研究对象，将这三项称作"文学"，从用文字构成的文学艺术层面全面地分析了郑燮文艺思想的主要特征，并从文学社会学的角度分析了郑燮的意识世界。这是韩国关于郑燮的研究论文当中，较早、较为广泛且全面地对郑燮的文学作品进行分析研究的一篇论文。

3. 关于郑燮书画的研究

关于郑燮书画的研究，主要是围绕郑燮的六分半书及其书法所体现的美学思想，以及其绘画素材中的竹兰等在造型上的特点进行研究的。主要论文有姜荣珠的《板桥郑燮的"六分半书"考察》、朴富庆的《郑板桥的破格书研究——以"六分半书"为中心》、曹仁淑的《板桥郑燮书艺的老庄美学考察》、文凤宣的《板桥郑燮的墨竹画研究》、玄惠淑的《郑燮的绘画世界研究——以墨竹为中心》和朴贵顺的《郑燮的绘画研究——以墨竹画和墨兰画为中心》等。

除了以上几篇论文之外，还有几篇论文较具代表性。如徐丽娜的《郑板桥与池大雅的文人画比较研究》，将郑燮与日本画家池大雅进行比较，先宏观地从中日文人画的区别与特点进行论述，最后分别阐述二者作品的最大特征是什么；又如李仁淑的《板桥郑燮的绘画世界对我国书画界的影响》和许英桓的《清代扬州画派的绘画思想对朝鲜后期绘画的影响——以板桥（1693—1765）和秋史（1786—1856）为中心》，这两篇论文认为，郑燮的绘画思想对李氏朝鲜后期的画坛是有或多或少的影响的，两位学者将郑燮和金正喜二人在书画思想上的同异进行了比较研究，得出了以金正喜为代表的秋史派模仿了以郑燮为代表的扬州画派的结论。

与郑燮研究论文的多元化相比，对罗聘、金农、李鱓和华岩的研究相对单一，论文数量也远不及郑燮，同时，并没有关于黄慎、李方膺、汪士慎、高翔、高凤翰、闵贞等冷门成员的个人研究，对于这一部分，韩国学者需要更加深入地去开拓和探索。

（二）罗聘

由于罗聘是"扬州八怪"中，唯一与朝鲜文人有过直接交流的成员，所以关于罗聘的研究，主要集中在其生平、作品及与朝鲜文人的交流上。较具代表性的论文有朴玄奎的《朝鲜朴齐家、柳得恭与清朝画家罗聘的画缘》，崔艾斯特的《罗聘（1733—1799）的生平和作品研究》和李钟振的《扬州八怪罗聘的生涯和绘画研究》等。通过这些论文可知，包括赵秀三、朴齐家、柳得恭等在内的朝鲜文人是亲自欣赏过罗聘的《鬼趣图》的，并且罗聘的《张灯握槊图》《月梅图》《朴齐家小照》等作品通过这些燕行使流入了朝鲜，使罗聘在朝鲜获得了一定知名度。

（三）金农

关于金农的研究，主要集中在金农的生平、书法、篆刻、绘画作品和艺术精神上。代表论文有高惠媛的《冬心金农的生平和艺术研究》，文贞姬的《金农的绘画研究》，郑隋珍的《冬心金农的绘画世界》，河荣埈、具顺子的《金农放纵的艺术精神考察》以及金喜珠的《朝鲜后期风俗画与中国清代扬州画派的个性画风研究——以檀园金弘道和冬心金农为中心》。其中，郑隋珍在《冬心金农的绘画世界》一文中，对金农绘画的影响力进行了论述。郑隋珍认为金农不仅是罗聘的恩师，他不趋时流、追求个性解放的绘画观念对赵之谦、吴昌硕、齐白石等人的影响也是十分深厚的。郑隋珍并不否认金农、罗聘和郑燮等人的绘画作品在构图、用笔和淡彩的使用上与19世纪的朝鲜大不相同，她认为，"扬州八怪"绘画作品中的这种造型美在李氏朝鲜后期得到了普及，尤其是闾巷文人画家们的花卉画，普遍受到了"扬州八怪"的影响。

（四）李鱓

关于李鱓的研究，主要集中在李鱓的花鸟画与花卉画上，代表论文有金惠英的《李鱓（1686—1762）的花鸟画研究》和赵润静的《李鱓花卉画的影响关系研究》。这两篇论文具体论述了李鱓花鸟画与花卉画的特点和笔法以及其对海上画派的影响。

（五）华岩

关于华岩的研究，主要集中在华岩的生平和绘画上。代表论文有李周玹的《华岩的生平和艺术》和《新罗山人华岩（1682—1765）的生平和绘画》，白凡瑛的《新罗山人华岩的生平和艺术世界》。这些论文主要对华岩的生平，其人物画、山水画和花鸟画等绘画作品以及他对后世的影响做了具体研究。

三 成就与不足

（一）已取得的成就

韩国学者从 20 世纪 70 年代起便开始了对"扬州八怪"的研究，虽然这些研究都是散篇论文的形式，但它们在引起学界关注的同时也取得了很好的研究成果。主要体现在以下三个方面。

1. 对"扬州八怪"的研究广泛且深入

迄今为止，韩国学界对"扬州八怪"的研究包含诗歌研究、绘画风格研究、师承关系研究、交游研究、对传统绘画的认识与革新研究、盐商对"扬州八怪"创作活动的后援研究等。其中，具有韩国特色的研究为关于"扬州八怪"人物画的研究，李定恩的《清代扬州画派的人物画研究》和李周玹的《画家的自画像：以十八世纪扬州画派的作品为中心》具有代表性。

2. 关于郑燮的研究较为全面

关于郑燮的研究主要涉及绘画思想、诗歌和书画三方面，和国内学者的研究有一定相似性。值得关注的是柳晟俊的《清代郑板桥诗的事实美和绘画美》，文中用分析绘画技巧的方式对郑燮的诗歌进行了美学分析，分析方式十分新颖；除此之外，还有两篇涉及跨国比较分析的论文：朴敬姬的《郑燮和金正喜书画怪美学的同异研究》和徐丽娜的《郑板桥与池大雅的文人画比较研究》。这两篇论文分别将郑燮和韩国以及日本的文人画家进行了对比，具有代表性。

3. 对"扬州八怪"的个别成员进行了研究

关注到罗聘、金农、李鱓和华岩。包含罗聘与朝鲜文人朴齐家的交游研究、金弘道与金农的比较研究、李鱓和华岩的影响研究等。

（二）欠缺与不足

与此同时，韩国在针对"扬州八怪"的研究工作上仍然存在一些不足。

1. "扬州八怪"各家研究的不平衡

韩国对"扬州八怪"的研究主要集中在郑燮、罗聘、李鱓、金农和华岩，对其他成员并没有进行深入研究。虽然曹美卿在《北山金秀哲的绘画研究》一文中，提到了李方膺、汪士慎、黄慎和高凤翰，但并没有用很大的篇幅去分析他们的画法和特点、金秀哲喜欢他们画法的原因，以及他们画作流入朝鲜的过程，这一点是十分可惜的，也是值得后人去进一步挖掘的。同时，关于扬州画派冷门成员，如李葂、陈撰、杨法和边寿民的研究几乎为零，这一领域也是需要后人去不断地研究和探索的。

2. 基础翻译工作的欠缺

上文也提到过关于"扬州八怪"整体研究的韩译本书籍只有徐银淑译的《扬州八怪》一种，除此之外，还有梁贵淑译的《郑板桥集》上下两本，[①] 反映郑燮为人处世智慧的韩静恩译的史晟著《郑板桥难得胡涂经——处世大智慧》，[②] 郑充洛译的郁愚著《郑板桥外传》（韩译本书名为《墨竹鬼才郑板桥》）。[③] 而在认可扬州画派为十五人的前提下，这十五人中的十三人是有诗文集的，除去已遗失的李鱓的《浮沤馆集》和高翔的《西唐诗钞》外，尚有十一家诗文集可考。例如，罗聘的《香叶草堂集》，金农的《冬心先生集》，汪士慎的《巢林集》，边寿民的《苇间老人题画集》，华岩的《离垢集》，黄慎的《蛟湖诗钞》，陈撰的《玉几山房吟卷》等。如果冷门成员诗集的韩译本出现在韩国，不知他们的相关研究会不会引起重视。同时，论文中对引用诗文进行翻译的内容也不够准确，导致研究工作留下了一些遗憾。

3. "扬州八怪"诗文研究的欠缺

如上文所述，关于郑燮的研究偏多，并且研究面非常广，涉及郑燮的文学作品、绘画作品以及绘画思想。虽然其他成员也有很多诗文集作品遗世，但关于他们诗文的研究却少之又少，所以有关这一部分的研究，依然

---

① 郑燮：《郑板桥集》，〔韩〕梁贵淑译，昭明出版社，2017。
② 史晟：《郑板桥难得胡涂经——处世大智慧》，〔韩〕韩静恩译，palabooks，2005。同年，姜经依也将史晟的这一著作译成了韩语版，名为《从傻瓜哲学之中学到的巨商之道》。
③ 郁愚：《墨竹鬼才郑板桥》，〔韩〕郑充洛译，梨花文化出版社，1999。

是一个薄弱环节。因此，期待更多学者可以关注这些不足的部分，多写一些有理论深度的、视角清新的，以及比较研究方面的论著。

结　语

韩国学者在"扬州八怪"研究上取得了卓越的成果，但还有很大的进一步拓展的研究空间。据笔者考察，在金正喜的藏书目录中，载有高凤翰的《南阜山人诗集》两册，① 在《19世纪上半期昌德宫承华楼所藏书画著录及书画》中有汪士慎的画作一帖，② 可见这些作品当时确实已流入朝鲜，但至今尚未被韩国学界关注。如果做好翻译的基础工作，或许能够让更多专业的学者从各个角度关注到"扬州八怪"的文学作品，进而便于进行更深层次的研究。

---

① 藤冢邻：《秋史金正喜研究：清朝文化东传的研究》，〔韩〕尹哲圭译，果川文化院，2009，第943页。
② 〔韩〕黄晶渊：《朝鲜时代书画收藏研究》，新丘文化社，2012，第707页。

2020—2021 年度中华文化
国际传播十大案例[*]

唐润华　韩　蕾　冯明惠　张恒军

- **课题单位**：中国日报网、大连外国语大学中华文化海外传播研究中心、新闻与传播学院
- **报告撰写**：唐润华　韩　蕾　冯明惠　张恒军
- **数据搜集整理**（按姓氏首字母排序）：董继荣　堵文娟　李　杨　刘　芳

中共中央总书记习近平 5 月 31 日在主持中央政治局集体学习时强调，讲好中国故事，传播好中国声音，展示真实、立体、全面的中国，是加强我国国际传播能力建设的重要任务。为了更好地落实习总书记关于加强国际传播能力建设的讲话精神，大连外国语大学中华文化海外传播研究中心联合中国日报网，决定共同举办 2020—2021 年度中华文化国际传播十大案例评选，评选对象为 2020 年 3 月至 2021 年 2 月中华文化国际传播的重大活动和项目、热点事件、优秀作品、先进典型等，以期总结经验，鼓励创新，树立典范，更好地推动中华文化"走出去"。经过主办方组成的评委会的遴选及评审，十大案例已经揭晓，获得 2020—2021 年度中华文化国际传播十大案例的分别如下。

---

[*] 参见《〈2020—2021 年度中华文化国际传播十大案例〉发布》，中国日报网，https：//cn. chinadaily. com. cn/a/202109/16/WS6143084da310f4935fbee1c4. html。

案例一："云·游中国"系列项目架起中外文化交流新桥梁

类型： 重大活动

其他关键字： 文化旅游、线上活动、2020 年全年

评委会评语： 2020 年，面对疫情防控、出行受阻的新常态，在文化和旅游部的指导下，我在全球 114 个驻外使领馆文化处组、43 家中国文化中心、24 家驻外旅游办事处，纷纷利用网站和国外各类社交媒体平台，开展"云·游中国"在线系列活动，内容包括旅游图片暨视频展播活动、中国抗疫主题短片和音乐作品展映、在线实时汉语课程和太极网课等，让各国民众足不出户便可领略中国大好风光，感受中国文化魅力，取得了良好效果。

案例二："阿木爷爷"用灵巧双手展现中国文化之美

类型： 先进典型

其他关键字： 网红、工匠精神、YouTube、2020 年 7 月

评委会评语： 2020 年 7 月，一位名为"阿木爷爷"的 63 岁大爷在海外社交平台走红。"阿木爷爷"通过锯、刨、凿、磨等中国传统木工手艺，不用一根钉子、一滴胶水，制作出了各种精致木器，被网友誉为"当代鲁班"。百万粉丝、上亿流量，"阿木爷爷"展现的"神秘中国技术"，让国外网友叹为观止。他发布在海外社交平台上的视频不用一个英文字母，却"圈"了无数海外粉丝，他用自己的独特方式向世界展现出中国文化之美，传递出中国智慧之光。

案例三：中国网络文学吸引越来越多的海外读者和作者

类型： 先进典型

其他关键字： 网络文学、2020 年全年

评委会评语： 在中国十分火爆的网络文学，近年来在海外也日益走红，关注度和参与度节节上升。据统计，2020 年中国网络文学的海外用户数量已达到 3193.5 万，海外市场规模达到 4.6 亿元人民币。中国网络文学海外门户网站起点国际（Webnovel）截至 2020 年底已经培育超 11 万名海

外创作者，推出海外原创作品超 20 万部，成功将中国特色网络文学创作和商业模式带向全球。中国网络文学与生俱来地带有跨文化传播基因，正在以富有创意的方式推动着不同文化的融合和交流。

案例四：纪录片《寻找功夫》连获国际大奖

类型：优秀作品

其他关键字：传统文化、纪录片电影、国际电影节、2020 年 10 月

评委会评语：美国导演龙安志（Laurence Brahm）拍摄的纪录片《寻找功夫》2020 年先后获得第五届加拿大金枫叶国际电影节"纪录片类最佳制片"和"纪录片导演成就奖"、戛纳丝绸之路电影节"最佳叙事类纪录片"奖。影片从一位国外资深功夫爱好者的视角，探究功夫的起源和发展、功夫所蕴含的武学思想与中国精神、功夫对世界各国的影响。《寻找功夫》是一个通过他者讲述中国故事的成功范例，也是深入挖掘中华传统文化的当代价值和世界意义的有益探索。

案例五：国产游戏海外市场增速加快

类型：热点事件

其他关键字：网络游戏、文化贸易

评委会评语：据统计，2020 年中国自主研发游戏海外市场销售收入154.5 亿美元，同比增长 33.25%，增速超过了国内市场，游戏产业作为中国文化产业出口重要支柱的地位进一步凸显。2020 年 9 月全球上线的游戏《原神》等越来越多的国产游戏，开始以中华传统文化为精神内核进行角色、故事创作和活动设计，让海外年轻群体对中国有了更多更准确的认知。在获得商业成功的同时，国产游戏所蕴含的文化价值和内容意义，通过年轻群体喜欢的表达方式传递到了全世界。

案例六：藏族小伙丁真带火四川甘孜文化旅游

类型：热点事件

其他关键字：文化旅游、四川、2020 年 11 月

评委会评语：2020 年 11 月，新晋网红、藏族小伙儿丁真为家乡四川

甘孜理塘县拍摄的宣传片《丁真的世界》正式上线，瞬间引起了海内外的广泛关注：一周之内"理塘"的网上搜索量猛增620%，前往四川甘孜的航班乘客增加了20%，各国主流媒体纷纷加以报道，国外一些旅游机构也向丁真伸出橄榄枝。吸引人们眼球的，不仅是"甜野男孩"帅气的外表、纯真的笑容，还有康巴草原美丽的原生态风光，更有活态传承的多元多彩的民族文化。

案例七：中国影视"走出去"步伐加快

类型：优秀作品

其他关键字：影视剧、版权发行

评委会评语：2020 年，中国影视"走出去"的步伐并没有因为新冠肺炎疫情而停下。国产综艺节目在海外的热度丝毫不减，《王牌对王牌》等节目还登上了多家海外社交媒体的热搜榜。海外视频平台采购中国作品的力度变得越来越大，多部影视剧在北美及东南亚播出。悬疑剧《隐秘的角落》被美国权威杂志《综艺》（*Variety*）评为 2020 年最佳国际剧集之一，并斩获 2020 年釜山国际电影节第二届亚洲内容大奖"最佳创意奖"。中国影视成为文化"走出去"的一支生力军。

案例八：海外社交媒体外籍粉丝江苏行活动效果显著

类型：创意活动

其他关键字：文化体验、社交媒体、外籍粉丝

评委会评语：江苏省"美好江苏"海外社交媒体账号 2020 年策划组织了四场"Go Jiangsu"（走遍江苏）外籍粉丝线下行活动，共有来自美国、印度等十几个国家的 40 多名外籍粉丝走进江苏，亲身感受各地的风土人情和文化魅力。外籍粉丝们通过个人社交媒体账号分享自己的活动体验和感悟，共发布相关帖文近 80 条，页面帖文覆盖人数超过 350 万，参与互动的人数超过 20 万。这种通过外国人开展线下和线上相结合的传播模式，对于各地做好中华文化国际传播有借鉴意义。

案例九：中国歌剧舞剧院等引领云端演出新模式

类型：热点事件

其他关键字：艺术演出、在线直播、社交媒体、2021 年

评委会评语：面对新冠肺炎疫情对演出行业的巨大冲击，"云剧场"这种新型演出模式应运而生。中国歌剧舞剧院在 2021 年 1 月推出"舞动中国·中国歌剧舞剧云端演出季"，通过海外社交平台直播演出经典原创民族舞剧《孔子》《李白》《祝福春天文艺演出》和《春华国韵民族音乐会》。演出季活动相关视频和帖文在海外社交平台的覆盖量达到 1.3 亿，视频播放量超过 2500 万次。疫情可以阻断人员往来，但阻挡不了中华文化的魅力，阻挡不了中外文化交流的潮流。

案例十：《唐宫夜宴》掀起海外社交平台中国风

类型：优秀作品

其他关键字：传统文化、河南春晚、2021 年 2 月

评委会评语：一群以唐代侍女俑为造型的少女，在充满中国水墨画和各种传世国宝的现代博物馆里婆娑起舞，优美而生动的舞姿与丰富而厚重的历史文化交相辉映，让人目不暇接。郑州歌舞剧院在 2021 年河南卫视春晚上演出的舞蹈《唐宫夜宴》，不但在国内广受好评，也在国外社交平台上引起广泛关注，网民留言称这是"难以置信的美！"把弘扬传统文化与运用现代技术创新表达相结合，这是《唐宫夜宴》的成功带给中华文化国际传播的最大启示。

征稿启事

《中华文化海外传播研究》是以中国文化的海外传播为研究对象，面向全球中国学界的社会科学类中文刊物，创刊于 2017 年，由大连外国语大学中华文化海外传播研究中心和社会科学文献出版社联合编辑出版发行，是我国中华文化海外传播领域唯一的学术集刊。

本刊紧密贴近中华文化海外传播工作实际，着力解决中华文化海外传播中的理论和实践问题，推动构建中国风格、中国气派、中国精神和时代面貌的文化传播理论，促进中华文化海外传播实现国家战略和外交政策目标。自 2018 年起，《中华文化海外传播研究》已被中国知网（CNKI）中国期刊全文数据库全文收录。

《中华文化海外传播研究》每年出版两辑，出版时间为每年 6 月和 12 月；每期容量为 30 万字左右，本刊设"本期特稿""名家访谈""研究发布""传播战略与策略""海外汉学研究""汉语国际传播研究""跨文化传播研究""学术动态""书评"等相关栏目。论文一般以 1.5 万字左右为宜；书评一般不超过 8000 字。

投稿说明：

1. 稿件应为中华文化海外传播相关领域，不仅涵盖社会、历史、文化、经济等科学范畴，更着重将思想的触角延伸至人类科学的各个门类。

2. 稿件应为尚未公开发表的原创性学术作品。本刊以质取稿，特别优秀的文章字数不限。

3. 请尊重学术规范，勿一稿二投。本刊实行匿名评审和三审定稿制度，审稿周期大约 1 个月，作者可随时致电咨询。

4. 本刊不收取审稿费、版面费等任何费用，实行优稿重酬。

5. 投稿邮箱：ccoc@ dlufl. edu. cn，邮件主题格式请用"投稿工作单位姓名职称论文名"，如"投稿××大学××教授海外汉学研究"。

《中华文化海外传播研究》真诚地欢迎来自全球中华文化传播学界的赐稿和监督批评。

联系方式：

联系电话：0411 – 86111821

联系邮箱：ccoc@ dlufl. edu. cn

联系人：芦思宏

联系地址：大连市旅顺南路西段 6 号大连外国语大学中华文化海外传播研究中心《中华文化海外传播研究》编辑部

邮政编码：116044

格式规范：

一　论文内容基本要求

尚未公开发表的原创论文。主题与内容不限，与"中华文化海外传播"相关研究均可。论文字数范围以 7000 ~ 12000 字为佳。所有投稿论文必须包含以下内容模块：题目（中、英文）、摘要（中、英文）、关键词（中、英文）、作者简介、正文、参考文献或注释。获得科研基金资助的文章须注明基金项目名称及项目编号。论文以课题组署名须注明课题组主要成员姓名及工作单位。

二　摘要、关键词、作者简介要求

（一）摘要：字数为 200 字左右，简明扼要地陈述研究目的和结论；摘要，五号，宋体。

（二）关键词：3 ~ 5 个词条，用逗号隔开；英文关键词词组首字母大写。

（三）作者简介：应包括姓名、出生年月、性别、民族、职称或学位、工作单位等内容；请一并附上作者的通信地址、邮政编码、E-mail、联系电话等，并列于文末。

三　正文部分要求

（一）正文标题正文内容，五号，宋体，1.5 倍行间距。正文标题，宋体，三号，居中，加粗。姓名，宋体，四号，居中，加粗。与正文标题隔一行。

1. 一级标题：居中，宋体，无标点，加粗，四号，例："一 标题"。

2. 二级标题：空 2 格，宋体，小四，加粗，例："（一）标题"。

3. 三级标题：空 2 格，宋体，五号，加粗，例"1. 标题"。

4. 四级标题：宋体，五号，例"（1）标题"。原则上不超过三级标题。

注意：一级、二级标题在标题和文章之间空一行。三级标题与文章之间不空行。

"注释"：五号，加粗，宋体。注释内容：五号，宋体，1.5 倍行间距。

（二）图表规范

1. 图表的标题中需加单位；图标题放在图的下方，表标题放在表的上方；图名称不需要"××图"，但是表格中的名称可加"××表"。

2. 注意图表数据和文中数据的统一。

3. 全文图表数据，统一保留小数点后一位。

4. 图表形状的选择：当图表中百分比大于100%，需要注明是多选题，或者造成该结果的原因，同时建议使用柱状图，而非饼状图。

5. 自动生成图表数据，可能会造成数据总量的出入，需要慎用，或者使用后手动检查。

（三）论文中出现的英文作者或英文书名等，需翻译成英文，并在第一次出现时用括号标示英文。

例如：乌尔里希·贝克（Ulrich Beck）

图书在版编目（CIP）数据

中华文化海外传播研究. 总第七辑 / 刘宏，张恒军，
唐润华主编. -- 北京：社会科学文献出版社，2022.11
ISBN 978 - 7 - 5228 - 1046 - 1

Ⅰ.①中… Ⅱ.①刘… ②张… ③唐… Ⅲ.①中华文
化 - 文化传播 - 研究　Ⅳ.①G125

中国版本图书馆 CIP 数据核字（2022）第 222417 号

中华文化海外传播研究　总第七辑

主　　编 / 刘　宏　张恒军　唐润华

出 版 人 / 王利民
责任编辑 / 周　琼
文稿编辑 / 张静阳
责任印制 / 王京美

出　　版 / 社会科学文献出版社·政法传媒分社（010）59367156
　　　　　　地址：北京市北三环中路甲 29 号院华龙大厦　邮编：100029
　　　　　　网址：www.ssap.com.cn
发　　行 / 社会科学文献出版社（010）59367028
印　　装 / 三河市尚艺印装有限公司

规　　格 / 开　本：787mm × 1092mm　1/16
　　　　　　印　张：19.25　字　数：304 千字
版　　次 / 2022 年 11 月第 1 版　2022 年 11 月第 1 次印刷
书　　号 / ISBN 978 - 7 - 5228 - 1046 - 1
定　　价 / 98.00 元

读者服务电话：4008918866